Edmond und Jules de Goncourt
Madame Pompadour

Zu diesem Buch

Neunzehn Jahre lang war Madame Pompadour die Mätresse von König Ludwig XV. Von qualvollem Ehrgeiz und leidenschaftlicher Machtgier getrieben, verlieh sie dem 18. Jahrhundert ihr eigenes, charakteristisches Gepräge. Die Brüder Goncourt haben aus einer Fülle von Dokumenten, Briefen, Memoiren und Journalen das Charakterbild der Madame Pompadour zusammengefügt. Sie skizzieren den Kampf des Bürgertums gegen den Adel und schildern, wie eine Frau dunkler Herkunft mit kraftvoller Entschiedenheit dem absoluten Herrscher das Zepter entriß. Mit Takt und Schlauheit gelang es ihr, den König abzulenken, während sie selbst Frankreich regierte. Intelligent, ehrgeizig und verschwendungssüchtig förderte sie Künstler und Literaten. Die Lebensgeschichte einer berühmten Frau und zugleich eine scharfsinnige und bis heute lesenswerte Studie einer ganzen Epoche.

Edmond de Goncourt (1822–1896) und *Jules de Goncourt* (1830–1870) veröffentlichten gemeinsam ihre Werke. Neben kultur- und kunsthistorischen Studien und Biographien schrieben sie in Bürger- und Künstlerkreisen spielende Romane, in denen sie die Wirklichkeit exakt darzustellen versuchten. »Madame Pompadour« erschien 1860.

Edmond und Jules de Goncourt
Madame Pompadour

Ein Lebensbild

Aus dem Französischen von
Ulrike Nikel

Piper München Zürich

Ungekürzte Taschenbuchausgabe
Piper Verlag GmbH, München
September 2000
© der deutschsprachigen Ausgabe:
1998 Artemis & Winkler Verlag, Düsseldorf/Zürich
Umschlag: Büro Hamburg
Stefanie Oberbeck, Katrin Hoffmann
Umschlagabbildung: Maurice Quentin de La Tour
(»Marquise de Pompadour«, Musée du Louvre, Paris;
Archiv für Kunst und Geschichte, Berlin)
Satz: Fotosatz Moers, Mönchengladbach
Druck und Bindung: Clausen & Bosse, Leck
Printed in Germany   ISBN 3-492-23008-3

Inhalt

»Ein Bissen für den König«

Die Bourgeoisie des 18. Jahrhunderts war nicht mehr die Welt der Freigelassenen und Reichgewordenen – sie war nicht länger eine Schicht ohne Rechte und ohne Namen, zu deren Geld der König gerade in Kriegszeiten Zuflucht zu nehmen gezwungen war. Von einer Regierungsepoche zur anderen war ihr Einfluß gewachsen. Unter Philipp dem Schönen nur einfaches Volk, war sie unter Philipp Valois bereits die dritte Ordnung des Staates. Und von Philipp Valois bis zu Ludwig XV. gewann sie alles, verdiente alles, kaufte alles und stieg zu allem auf – eine verkannte und doch durch überlieferte Fakten bezeugte Wahrheit. Heinrich IV., Richelieu und Ludwig XIV. förderten ihren Aufstieg gegen den Adel von Geblüt; und im Verlauf des folgenden Jahrhunderts, das mit dem Tod Ludwigs XIV. begann und mit der Revolution endete, wurde ihre Stellung im Staat erweitert und kamen neue Machtbefugnisse hinzu. Die Bourgeoisie dominierte die zwölf Parlamente, die Höfe der Adjutanten, die Rechnungskammern, die Gerichtsbarkeit und die Landvogteien, sie stellte in der Armee ein Viertel der Offiziere, sie besetzte in der Kirche einen Großteil der Pfarreien, Kanonikate und sonstiger wichtiger Ämter. Das Verwaltungswesen war ohnehin ihre Domäne: Bürgerliche waren Kriegskommissare, Chefs der verschiedenen Büros, Lebensmittel-, Brücken- und Chausseebeamte sowie Kommis aller Arten. Staatssekretariate, Ministerien, ratgebende Körperschaften, die Intendantenstellen in den Provinzen – alles hatten Bürgerliche sozusagen als Eigentum besetzt.

Aber über die Aneignung von Ämtern hinaus übte diese dritte Kraft im Staat noch einen ganz anderen Einfluß aus, und zwar bezog sich dieser auf ihre intellektuellen Fähigkeiten. Was die Herrschaft des dritten Standes wirklich ausmachte, war ihre Überlegenheit auf wissenschaftlichem und künstlerischem Gebiet – hier wurde Frankreichs Ruhm und Vormachtstellung begründet. Dieser Stand des Geldes, vom Geld geboren, durch das Geld groß geworden und emporgekommen, zu den Ämtern allein durch Käuflichkeit emporgestiegen, herrschte kraft eines Aufschwungs des Handels, herrschte vor allem dank eines Regierungssystems, das alle Mittel, alle Ressorts, alle Vergünstigungen sowie die Erziehung voll im Griff hatte. Ein Heer von fünfzigtausend Mann – vom Aufsichtsbeamten über den Generalpächter, Generaleinnehmer bis zum Schatzmeister – gehörte dem dritten Stand an. Sie nahmen auf finanziellem Gebiet Schlüsselpositionen ein, und das gab ihnen die Gelegenheit zu ungeheuren Bereicherungen. Die Zahl jener plötzlich Reichgewordenen ging in die Millionen: Manche kamen nach Paris mit einem Paket Rasiermesser, andere aus einem Tuchladen oder einer Böttcherei, aus einem Weingeschäft oder irgendeinem Vorzimmer.

Was passierte in jener Zeit mit dem Adel, mit den alteingesessenen Landbesitzern, den Schwertträgern? Er vermischte sich durch Heirat mit jener Partei, die über das Geld im Staat verfügte und der es sogar gelang, auf die ureigenste Domäne des Adels, die Kriegführung, Einfluß zu nehmen. Diesem dritten Stand der Besitzenden und über Einkünfte Verfügenden war es gelungen, im Herzen der Monarchie eine machtvolle plutokratische Kraft zu etablieren. Nicht nur, daß ihm alle denkbaren politischen Einflußmöglichkeiten offenstanden – vielmehr demonstrierte er seinen Reichtum, wo immer sich Gelegenheit bot. Wem gehörte das prächtigste Haus unter zwanzig Häusern, die Promenade unter Orangenbäumen? Wer besaß Bilder der größten Meister, die ausgesuchtesten Marmortische, die kostbaren Porzellankabinette aus Deutschland und China, die japanischen Lacktruhen von eigenartiger Leichtigkeit, die mit kunstvollem Schnitzwerk verzierten Schränke und die erlesenen Möbel, die aus den Werkstätten der hervorragendsten Meister kamen? Irgendein Halsabschneider. Wer waren die Vorbilder, was Kleidung und Lebensstil anging, wer diktierte den Geschmack? Diese Männer waren die Generalpächter und zugleich die Mäzene und Medicis des Jahrhunderts Ludwigs XV. Und betrachtet man das gravierte Porträt von Pâris-Montmartel, auf dem er – umringt von Statuen, Bronzen und Gobelins – die königlich-strenge Miene eines Finanzministers zur Schau trägt, dann scheint sich darin der triumphale Aufstieg dieser Geldaristokratie widerzuspiegeln.[1]

In jener Zeit nun schickte sich eine Frau aus dem Bürgertum an, eine weitere Bastion des Adels zu stürmen und schließlich zu erobern: Sie wurde die erste königliche Mätresse ohne adlige Geburt, und mit ihr drang der Einfluß der Bourgeoisie bis nach Versailles vor.

Nach dem Tod seiner Mätresse, der Herzogin de Châteauroux, hatte der König vergeblich versucht, sich wieder seiner Frau anzunähern, doch Ludwig XV. fand bei Maria Leszczynska und ihrer Umgebung keinerlei Anregung, die ihm einen geselligen Umgang nach seinem Geschmack versprochen hätte. Nach anfänglichem Kummer und Tränen wegen der ersten Affären des Königs hatte Maria sich in ihrem eigenen Bereich bequem eingerichtet. Sie führte ein wenig aufregendes Leben – die unschuldigsten Vergnügungen seien nicht für sie geschaffen, schrieb sie einmal mit traurigem Unterton. Die vielfältigen Demütigungen durch den König, der sie lange stehenzulassen pflegte, ehe er ihr sagte: »Setzen Sie sich, Madame!«, die Entziehung jeglichen Einflusses, die erbärmlichsten Unannehmlichkeiten (sie mußte einen ganzen Sommer lang in Marly mit geliehenem Geld spielen) und die herrischen Gepflogenheiten der Herzogin de Châteauroux – diese lange Folge von Schmerzen, Opfern, Kränkungen und

Entsagungen hatte die Königin verdüstert. In ihren Gemächern eingeschlossen, fern vom Lärm des geselligen Lebens in Versailles, ging sie nur aus, wenn es sich um repräsentative oder wohltätige Zwecke handelte. Inmitten dieses von pulsierendem Leben, von fiebernden Frivolitäten und raschen Veränderungen erfüllten Palastes schien das Dasein der Königin dem monotonen Stundenablauf einer Klosteruhr zu gleichen. Sie brachte die Vormittage gewöhnlich mit Gebeten und erbaulicher Lektüre zu; es folgte ein Besuch beim König, dann malte sie ein wenig, machte Toilette, ging zur Messe und zum Diner. Anschließend widmete sie sich in ihren eigenen Räumen wohltätigen Beschäftigungen, das heißt, sie fertigte Handarbeiten für die Bedürftigen an. Ihre musikalischen Neigungen, denen sie in der ersten Zeit nach ihrer Vermählung mit großem Vergnügen nachgegangen war, pflegte sie nicht mehr.

Nach dem Abendessen, dem historische Lesungen vorausgingen, kam für Maria Leszczynska der Höhepunkt ihres Tages. Verlassen von den Frauen, die in die »Petits Appartements«, die Gemächer des Königs, liefen und denen sie dafür gezwungenermaßen eine Generalerlaubnis ausstellen mußte, sammelte sie ihren geliebten kleinen Hof um sich: den Herzog und die Herzogin de Luynes, dessen Bruder, den Kardinal de Luynes, den Herzog und die Herzogin de Chévreuse, Sohn und Schwiegertochter der Luynes, den Parlamentspräsidenten Hénault. Es waren reizende Abende für die arme Königin, doch arteten diese Zusammenkünfte, die stets ein wenig einschläfernd gewesen waren, mit zunehmendem Alter der Anwesenden zu gemeinschaftlichen Schlafpartien aus – bisweilen jäh unterbrochen durch das plötzliche Erwachen des Kardinals de Luynes, der verlangte, »daß man das Kapitel versammle«. Man sagt, er habe dies in einem solchen Ton gefordert, daß Tintamarre, der alte Hund der Herzogin de Luynes, der sich allabendlich von der allgemeinen Müdigkeit im Salon anstecken ließ, zu schnarchen aufhörte.

Ludwig XV. wußte mit den Gesellschaften seiner Frau nichts anzufangen. Er mied sie und suchte Zerstreuung bei flüchtigen Liebeleien, die ihm jedoch auf Dauer auch nicht zu genügen vermochten. Gerade in dieser Zeit machte eine junge Frau, gerade verheiratet, in der bürgerlichen Welt von Paris wegen ihrer Talente, ihres Geistes und ihrer Schönheit von sich reden.

Herausragende Fähigkeiten, eine selten umfassende Bildung hatten dieser jungen Dame alle Gaben mitgegeben, die aus einer Frau das machten, was das 18. Jahrhundert eine Virtuosin nannte – ein vollendetes Sinnbild der Verführungen ihres Geschlechts. Jéliotte hatte sie in Gesang und Cembalo unterrichtet, Guibaudet im Tanz, und in beidem war ihr Können professionell. Crébillon, der in ihrem Elternhaus verkehrte, hatte sie in Deklamation und Redekunst unterwiesen, und Crébillons Freunde öffneten ihren jungen Geist für die Feinheiten und die Leichtigkeit des damaligen Esprit. Alle Talente, alle Anmut schienen in ihr vereint. Keine Frau, die besser zu Pferde stieg; keine, die mehr Beifall bei einem musikalischen Vortrag hervorgerufen hätte; keine, die besser rezitiert oder so pikant zu erzählen gewußt hätte. Und auch auf dem Feld der Koketterie trug sie den Sieg davon: Mit ihrer genialen Kleidung, dem Wurf, den sie einem Flitter zu geben vermochte, konnte sie aus einem Nichts eine signifikante Kreation machen, die ihren überlegenen Geschmack dokumentierte.

Sie hatte Zugang zum inneren Zirkel der Hochfinanz jener Zeit gehabt, und dort waren ihre hübschen Finger von Künstlern darin unterwiesen worden, einen Bleistift zu halten oder eine Nadel auf dem Kupfer zu führen, wie es bei den Töchtern aus dem Großbürgertum üblich war. Die Salons rissen sich um diese außergewöhnliche Frau, und im Salon der Madame d'Angervilliers kam es dann zu einer folgenschweren Begebenheit: Nach einem musikalischen Vortrag auf dem Cembalo warf sich ein Gast, Madame de Mailly, der jungen

Spielerin voller Enthusiasmus in die Arme und sorgte mit dieser Geste dafür, daß man auch bei Hofe auf dieses bemerkenswerte Geschöpf aus dem Bürgertum aufmerksam wurde. Von Hénault, dem Parlamentspräsidenten, ist folgender Ausspruch überliefert: »Ich traf dort eine der hübschesten Frauen, die ich jemals gesehen habe; es ist Madame d'Étioles. Sie beherrscht die Musik vollkommen, sie singt mit aller Heiterkeit und allem nur möglichen Geschmack, sie weiß hundert Lieder zu singen.«

Es fiel Madame d'Étioles leicht, zu gefallen und zu bezaubern: Ihr Teint war von einem blendenden Weiß, ihre Lippen waren leicht blaß, ihre Augen von einer unbestimmbaren Farbe, in denen sich die verführerische Lockung schwarzer Augen mit der von blauen vermengte. Ihr prachtvolles Haar leuchtete in hellem Kastanienbraun, ihre Zähne waren makellos, ihr reizvolles Lächeln offenbarte auf beiden Wangen Grübchen. Ihre Taille, obwohl leicht rundlich, war von perfekter Form, ihre Hände ebenso. Ihre Gestik und die Bewegungen ihres Körpers drückten Lebhaftigkeit und Grazie aus.[2] Diese verführerische, in ihrer Bildung so vollendete Person, die mit Talenten verschwenderisch bedacht worden war, hatte nur einen einzigen Fehler: ihre Geburt. Sie hatte das Unglück, die Tochter eines Monsieur Poisson zu sein, der Verwalter bei den Brüdern Pâris war und wegen angeblich irregulärer Geschäfte 1725 im Zusammenhang mit Getreidelieferungen zum Tod durch den Strang verurteilt worden war.[3] Ihre Mutter Louise-Madeleine, Tochter eines Lieferanten der Proviantkommissare, war eine Schönheit und wegen ihres Lebenswandels stadtbekannt. Zum Zeitpunkt von Jeanne-Antoinettes Geburt unterhielt sie ein Verhältnis mit dem Generalpächter Le Normant de Tournehem, der sich an der Geburt der kleinen Poisson stark beteiligt fühlte und daher für die Kosten der aufwendigen Erziehung aufkam. Es dauerte nicht lange, und eine Schar von Anbetern umgab Mademoiselle Poisson, aber der Favorit unter ihren Verehrern war ein Neffe Le Normants de Tournehem, Monsieur Le Normant d'Étioles. Die Familienheirat wurde bald ohne irgendwelche Schwierigkeiten ins Werk gesetzt. Le Normant de Tournehem übertrug seinem Neffen die Hälfte seiner Güter; die zweite Hälfte sollte bei seinem Tod an ihn fallen, und aus Mademoiselle Poisson wurde Madame d'Étioles.[4] Sie partizipierte ohne Scheu am Vermögen ihres Mannes und nahm mit Selbstverständlichkeit Besitz von seinem Landgut Étioles in der Statthalterschaft Sens, wo sie einen geselligen Kreis um sich versammelte.

Madame d'Étioles, die aus Vernunftgründen geheiratet hatte, blieb gleichgültig gegenüber der Leidenschaft ihres Mannes, der äußerst klein, ziemlich häßlich und schlecht gebaut war. Die Heirat war für die junge Frau weder Ziel noch Zweck, sondern Übergang und Mittel. Sie ließ sich von Ambitionen leiten, die aus Mädchenträumen entsprangen; sie glaubte den Versprechungen von Kartenlegerinnen, die ihr eine besondere Zukunft voraussagten und deren Dienste sie auch später in Versailles in Anspruch nehmen sollte. Natur und Erziehung bestimmten die junge Frau im voraus zu jenem Beruf, »ein Bissen für den König« zu werden. Seit ihr im Alter von neun Jahren geweissagt worden war, sie werde eines Tages die Mätresse Ludwigs XV. sein, beschäftigte sie sich mit dieser Prognose, pflegte sie diesen Traum, und mag sie dabei auch gelächelt haben – es war kein Spaß, daß sie, obwohl verheiratet, sagte, daß es niemanden auf der Welt gäbe außer dem König, für den sie ihrem Mann untreu werden würde.

Wegen dieser Weissagung drehte sich das ganze Leben der Madame d'Étioles darum, vom König gesehen und bemerkt zu werden. All ihre Gedanken kreisten darum, Aufmerksamkeit zu erregen. Wenn sie sich in Étioles aufhielt, suchte sie ein Zusammentreffen mit dem König im nahegelegenen Wald von Sénart herbeizuführen, wo sich die königliche Jagdgesellschaft zu treffen pflegte. Durch kokette Aufmachung hoffte sie seine Blicke auf sich zu ziehen, und vor seinen Augen wedelte sie mit einem Fächer, auf dem – wie man sagt – Heinrich IV. zu Füßen seiner Mätresse Gabrielle d'Estrées dargestellt war. Immer wieder war sie zwischen den Pferden, den Hunden, dem Gefolge des Königs zu sehen – eine graziöse, herausfordernde Diana, bald in Himmelblau gekleidet in einer rosenfarbenen, bald in Rosa in einer himmelblauen Kutsche. Der König nahm dieses Treiben amüsiert zur Kenntnis und lieferte damit dem Hof neuen Gesprächsstoff.

Als die Herzogin de Chévreuse den König jedoch direkt auf die »petite d'Étioles« ansprechen wollte, war unvermittelt die Herzogin de Châteauroux neben ihr und trat ihr mit allem Nachdruck auf den Fuß. Als sie sich am folgenden Tag dafür entschuldigte, ließ sie mit nachlässiger Miene die Worte fallen: »Wissen Sie wohl, daß man in diesem Augenblick davon spricht, dem König die kleine d'Étioles zu geben, und daß man nur noch die Mittel hierzu sucht?« Doch Madame de Châteauroux ließ es hierbei nicht bewenden, sondern bedeutete Madame d'Étioles, daß sie bei den Jagden des Königs nicht mehr erscheinen solle. Resigniert fand diese sich damit ab, den Tod der königlichen Mätresse abwarten zu müssen, ehe sie neue Versuche wagen konnte.

Die Herzogin starb im Dezember 1744, und der große Maskenball vom 28. Februar 1745, der an diesem Fastnachtssonntag im Hôtel de Ville anläßlich der Hochzeit des Dauphins mit der spanischen Infantin Maria-Theresia gegeben wurde, bot die ersehnte Gelegenheit, sich dem König erneut zu nähern. Als Domino verkleidet, umwarb Madame d'Étioles Ludwig XV. mit neckischen Reden, lüftete auf des Königs Drängen schließlich die Maske und ließ scheinbar aus Versehen ein Taschentuch fallen. Ludwig XV. hob es auf und warf es der Schönen, die nun flüchtete, nach, woraufhin im Saal das Wort die Runde machte: »Das Schnupftuch ist geworfen!«

Einige Tage später, wenn man den Biographen der Zeit Glauben schenken will, vertraute sich der König beim Zubettgehen seinem Kammerdiener Binet an. Er sei der oberflächlichen Liebeleien überdrüssig, die austauschbaren und gefälligen Verbindungen seien ihm widerwärtig. Er vertraute dem Diener seine Abneigung gegen Madame de La Popelinière an, die vom einflußreichen Herzog de Richelieu als neue Mätresse favorisiert wurde, und gegen die Herzogin de Rochechouart, die einer Hofintrige zufolge mit ihm verkuppelt werden sollte und von der böse Zungen scherzhaft sagten, daß sie wie die Pferde aus einem kleinen Stall sei, die immer angeboten, niemals angenommen würden. Binet, ein Verwandter der Madame d'Étioles, erzählte dem König daraufhin von einer Persönlichkeit, die ihm sicherlich gefallen würde und die seit ihrer Kindheit zärtliche Empfindungen für den König von Frankreich hege. Er erinnerte ihn an die Dame aus dem Wald von Sénart, die Dame vom Maskenball ...

In der ersten Aprilwoche sah der Hof bei der Vorführung einer italienischen Komödie in Versailles Madame d'Étioles in einer Loge neben der Bühne und damit im unmittelbaren Blickfeld der vergitterten königlichen Loge sitzen. Die folgenden Tage registrierte man, daß der König ohne Gefolge in seinen Gemächern zu Abend speiste, und ganz Versailles war davon überzeugt, daß Madame d'Étioles ihm Gesellschaft leistete, und gewiß war es an einem dieser Abende, als sie sich dem König erstmals hingab. Dann aber legte Ludwig XV. plötzlich eine vorsichtige Zurückhaltung an den Tag, fast ein Auf-der-Hut-Sein, und stellte sich taub gegenüber den Ermutigungen seines Dieners sowie seines Höflings Bridge, der ein ergebener Freund der Madame d'Étioles war.[5]

Der Grund für die abwartende Haltung des Königs lag darin, daß die von Binet arrangierte Liaison nicht nur auf Zustimmung stieß. Zwar hatte auch Madame de Tencin, Salonière und unermüdliche Intrigantin, wohlwollend diese Entwicklung gefördert, doch Monsignore Boyer, Bischof von Mirepoix und Führer der erzkatholischen Partei bei Hof sowie Hofmeister des Dauphin, erhob lautstarken Protest. Der Jesuit warnte vor der öffentlichen Anerkennung einer

Mätresse, die als nicht-rechtgläubig galt und die in ihrer Jugend mit den freigeistigen Ideen Fontenelles, Maupertuis' und Voltaires in Berührung gekommen war. Boyer bestellte sogar Binet zu sich und drohte ihm, ihn durch den Dauphin fortjagen zu lassen. Binet entgegnete, er sei betrübt über die umlaufenden Gerüchte. Es handle sich um Verleumdungen, die über Madame d'Étioles in Umlauf gesetzt wurden; in Wahrheit sei seine Verwandte lediglich an den Hof gekommen, um für ihren Mann wegen der Stelle eines General-pächters nachzusuchen. Sobald sie diese erhalten habe, werde sie niemals wieder in Versailles erscheinen. Nachdem er seine Worte vor dem Jesuiten und anderen Personen beschworen hatte, ging er ohne Zögern daran, seine Kupplertätigkeit fortzusetzen.

Das Vorpreschen Boyers spornte die Vertrauten des Königs, die der frömmelnden Partei feindlich gesinnt waren, an, sich ganz und gar auf die Seite der Madame d'Étioles zu schlagen. Sie stachelten Ludwig XV. durch provokante Bemerkungen an, sie appellierten an seinen Stolz. Sie hielten ihm die kleinliche Reaktion der jungen Dauphine vor, die in den Gemächern des Königs nicht mehr erscheinen wollte, weil sie bei ihrem Mann wenig Schmeichelhaftes über das Verhalten Ludwigs XV. gehört hatte. Sie führten ihm vor Augen, daß es eine schmachvolle Schwäche sei, wenn er den jesuitischen Intrigen und den Vorhaltungen seiner Familie nachgäbe.[6]

Eines Abends fragte der König lachend Binet, was aus seiner Verwandten geworden sei. Er habe bei ihr Ehrgeiz und Ambitionen verspürt, und im Grunde reize es ihn auszuprobieren, wie sie reagiere, wenn sie sich verschmäht glaube. Ludwig XV. verzichtete jedoch darauf und ließ statt dessen eine neue Zusammenkunft arrangieren, die am 22. April 1745 stattfand. Gemeinsam mit Madame de Bellefonds, die von nun an zu ihrem Kreis gehörte, sowie den Herzögen de Luxembourg und Richelieu wurde Madame d'Étioles zum Abendessen gebeten. Der Abend verlief so heiter, daß der König, der beim Ball des spanischen Gesandten erwartet wurde, dort nicht erschien und die Zusammenkunft bis fünf Uhr morgens dauerte. Von Binet instruiert, verbarg Madame d'Étioles dieses Mal besser ihre ehrgeizigen Pläne, die den König irritiert hatten: Sie beherrschte sich und stellte sich nur als liebenswürdige Frau dar, wie Ludwig XV. sie sich wünschte. Noch in seinen Armen liegend, begann sie von ihrem Mann zu sprechen, der leidenschaftlich in sie verliebt war[7] und – wie sie fürchtete – sich zu einer unbeherrschten Reaktion hinreißen lassen könnte, wenn sein bereits bestehender Verdacht neue Nahrung fände. Sie schilderte dem König auf dramatische Art die mörderischen Wutanfälle, die sie zu Hause erwarteten, und spielte die Komödie einer verängstigten Frau so gut, daß Ludwig ihr schließlich erlaubte, in der ehemaligen Wohnung der Madame de Mailly, ebenfalls eine frühere Mätresse, Zuflucht zu nehmen. In jenem Winkel von Versailles, aus dem sie sich nicht mehr vertreiben ließ, stieg sie zur Herrscherin über den König auf. Er versprach ihr Schutz vor ihrem Mann – Monsieur d'Étioles wurde als Generalpächter in die Provinz geschickt –, er verschaffte ihr Ruhe vor den Intrigen des Dauphin, er stellte ihr ein Landgut in Aussicht, und als Ludwig XV. bei Ausbruch des Zweiten Schlesischen Krieges im Mai 1745 ins Feld zog, blieb sie mit der Zusicherung zurück, daß sie als seine offizielle Mätresse eingesetzt und anerkannt würde, sobald der König aus Flandern zurückkehre.

Während sie auf dieses Ereignis sowie auf einen Umzug in die ehemaligen Gemächer der Herzogin de Châteauroux wartete, die für sie in Versailles neu hergerichtet wurden, hatte sie sich nach Étioles zurückgezogen, wo Voltaire am Morgen der Schlacht von Fontenoy folgende Verse an sie richtete:

> Wenn Ludwig, dieser zauberhafte Held,
> Den ganz Paris sich vorhält als Idol,
> Mit Glanz besteht den Feind im Feld,
> So reiche man vor aller Welt
> Den Kranz des Sieges der Göttin d'Étioles.

Madame d'Étioles hatte es abgelehnt, dem König während des Feldzugs zu folgen, weil auf diese Weise die früheren Mätressen aus der Familie Nesle[8] verschiedentlich Ärger erregt hatten. Auch baute sie darauf, daß die Leidenschaft des Königs durch die Entfernung nur geschürt werden konnte. Ganz zurückgezogen lebend, schienen ihre Tage allein von der Lektüre der Briefe ausgefüllt, die sie von Ludwig erhielt. Anfang Juli konnte sie voll Stolz ihren Freunden über achtzig Briefe zeigen, alle versiegelt mit der Aufschrift: »Verschwiegen und treu«. Einer der letzten Briefe des Königs trug die Überschrift: »An die Marquise de Pompadour« und enthielt den Allerhöchsten Erlaß, der ihr diesen Titel zusprach.[9] Zu den wenigen Gästen, die sie in Étioles empfing, gehörte der Abbé Bernis, der die junge Frau auf den Hof und seine Etikette vorbereitete. Er half ihr auch bei der Abfassung ihrer Depeschen an den König.

Am 9. September 1745, am zweiten Tag nach der Rückkehr des Königs, als zu seinen Ehren im Pariser Rathaus ein großes Essen veranstaltet wurde, tafelte die frischgebackene Marquise inkognito mit zwei Damen und ließ sich von zwei wichtigen Vertretern der Kaufmannschaft über ihre Angelegenheiten Bericht erstatten. Ihre offizielle Vorstellung in Versailles fand fünf Tage später statt. Bei der Zeremonie wurde sie von der Prinzessin de Conti geführt, die schon bei der Zuführung früherer Mätressen die Hand im Spiel gehabt hatte und die in Anbetracht ihrer Verschwendungssucht und ihrer Schulden zu dieser Art von gefälliger Dienstleistung gezwungen war. Begleitet wurde die Marquise von den Gräfinnen Lachau-Montauban und d'Estrades[10], deren Vorstellung bei Hof drei Tage früher stattgefunden hatte.

Um sechs Uhr begab sich Madame Pompadour zum König, wo sich eine große Zuschauermenge an dessen Verlegenheit weidete. Von dort aus ging es zur Königin, wo nicht weniger Schaulustige versammelt waren. Schon vorher war es allgemeiner Gesprächsstoff gewesen, was Maria Leszczynska wohl sagen würde. Man rechnete mit nichtssagenden Worten. Daher war das Erstaunen der Höflinge, die die diplomatische Vorarbeit der neuen Mätresse unterschätzt hatten, groß, als die Königin statt einer banalen Artigkeit über die Garderobe die neue Favoritin auf eine der wenigen Damen aus hohem Adel ansprach, mit der die Bürgerliche verkehrte: »Geben Sie mir doch Nachrichten über Madame de Saissac, ich habe sie sehr gern manchmal in Paris gesehen.« Die mit solcher Güte und Nachsicht unverhofft Bedachte konnte nur stammeln: »Ich habe, Madame, den leidenschaftlichen Wunsch, Ihnen zu gefallen.«

Die Nachricht von diesem Gunstbeweis verbreitete sich in Paris wie ein Lauffeuer, und man wurde nicht müde zu berichten, die Unterhaltung sei sehr lang gewesen, zwölf Sätze seien gewechselt worden. Was den Dauphin betrifft, so blieb er seiner vorgefaßten Abneigung treu: In kaltem Ton richtete er, wie im voraus abgesprochen, einige Worte an Madame Pompadour, die ihre Toilette betrafen. Vier Tage später war sie bereits auf der Reise nach Choisy, das man eben neu hergerichtet hatte und wo die Möbel im Zimmer des Königs mit weißem »Gras de Tours«, einem grobkörnigen Seidenstoff, überzogen waren. Seinem Schwiegervater Stanislaus Leszczynski, der unangemeldet während einer Spielpartie auftauchte, bereitete der frisch verliebte König einen ziemlich kühlen Empfang.

Im Oktober standen dann auch die Gemächer in Fontainebleau, die zuletzt von der Herzogin de Châteauroux genutzt worden waren, für die neue Mätresse bereit. Sie lebte dort zurückgezogen und ging nur aus, um der Königin Besuche abzustatten. An Abenden, an denen der König nicht anwesend war, gab sie erlesene Essen, die von einem eigens mitgenommenen Koch zubereitet wurden. Bis in die allerkleinsten Einzelheiten war ihr Leben geschickt durchgeplant, wobei sie sich sowohl von Madame de Tencin, mit der sie eng befreundet war, als auch von ihrer Mutter beraten ließ, die nach

Aussagen von Zeitgenossen einen Geist wie vier Teufel besaß. Als sie bald darauf schwer erkrankte und im Sterben lag, brachte sie voller Stolz über die glorreiche Unehre ihrer Tochter ihre letzten Stunden damit zu, der neuen Favoritin eine machiavellistische Verhaltensregel für ihre höfische Existenz aufzuzeichnen.[11]

Weibliche Diplomatie

❧

Als seinerzeit Louise de Mailly zur offiziellen Mätresse Ludwigs XV. aufgestiegen war, urteilte die öffentliche Meinung, daß man dagegen nichts einwenden könne, weil die Familie Nesle zu den ersten der Monarchie zähle. Die Liebe des Königs jedoch zu dieser emporgekommenen Namenlosen, die den Titel einer erloschenen Familie erhielt, wurde als Mesalliance betrachtet. Man schimpfte sie »Grisette« oder »Robine«, was leichtlebige Frau oder weiblicher Rüpel bedeutet. In Anbetracht des schwer zu durchschauenden Hoflebens und der Hindernisse, die ihr in der ersten Zeit in den Weg gelegt wurden, war die Vermutung nicht abwegig, die Neue würde sich nicht halten können. Alle hochfahrende Eifersucht der Aristokratie, alle haßerfüllte Verachtung für die bourgeoisen Parvenus wendete sich nun gegen die kleine Bürgerliche, die unverschämt genug war, ein Herz zu erobern, das nach ungeschriebenem Gesetz nur Damen von Geblüt beanspruchen durften. Diese Usurpation war nicht allein ein Skandal, sondern auch eine Überschreitung von Rechten. Kein Wunder also, wenn Verärgerung und Kränkung alsbald in Intrigen mündeten.

Mit scharfem Blick und boshaftem Spürsinn suchten die Damen des Hofes die neue Mätresse bis auf den Grund ihrer Seele zu durchdringen. Sie spionierten ihr nach, studierten und analysierten ihre Sprache, ihre Manieren und fanden schließlich einen Pferdefuß: das Fehlen jener Vornehmheit, die sich weder erlernen noch erwerben läßt, die vielmehr in langer Tradition vererbt werden muß. Die bösesten Zungen, die gefürchtetsten Spötter, die hübschesten Flegel wappneten sich gegen sie, spielten kleine Vergeßlichkeiten und geringfügige Irrtümer in der Etikette hoch. Mußten sie nicht gewonnenes Spiel gegenüber dieser Frau haben, die bei Hof vulgäre Spitznamen einführte und etwa einen Herzog »mein Schwein« und eine Hofdame »mein Wischlappen« nannte. Auch die Töchter Ludwigs blieben von solch volkstümlichen Beinamen nicht verschont, die – was am schlimmsten war – vom König selbst benutzt wurden. Es bildete sich eine Liga, um Ludwig gegen seine Mätresse einzunehmen, sie in seinen Augen herabzusetzen und an seine Eigenliebe, an den guten Geschmack zu appellieren. Immerhin spielten die Höflinge die Rolle der Gutmeinenden so überzeugend, daß der König verlegen und beschämt reagierte, ohne die neue Favoritin jedoch fallenzulassen. »Da gibt es eine Erziehung zu vollbringen, mit der ich mich vergnügen werde«, meinte er. Unerbittlich in ihrer Gegnerschaft war vor allem die geistreiche Madame de Lauraguais, deren eigene Hoffnungen wie ein Kartenhaus eingestürzt waren. Sie ließ der Bürgerlichen keine Bewegung durchgehen; ihre Augen tasteten den Körper wie mit dem Seziermesser ab; ihre Befunde wurden weitergereicht und lieferten die junge Frau wie eine hilflose Puppe dem Gelächter der Höflinge aus.

Auch die königliche Familie, die das Demütigende dieser Verbindung besonders empfand, begehrte gegen diese Mätresse auf: ein Ehebruch und ein standeswidriger dazu! Bald breitete sich der Haß bis hinunter ins Volk aus und entfesselte dort Neugier und Schmähsucht. Wie einen Haufen Unrat durchwühlte man die Herkunft der Favoritin. Eine Flut von schmähenden Liedern und Pamphleten entstand, mit denen das Volk seinem aufgestauten Ärger über ganz andere Mißstände Luft machte. Von überall her sprudelten diese »Poissonaden«, die ihr die doppelte Schande ihrer Geburt, ihren Vater und ihre Mutter, vorwarfen:

Es machen sich die Großen klein,
Die Reichen wollen reicher sein,
Die Fische (Poissons) werden fett und fein.
Es herrscht ein Taugenichts, nichts, nichts.
Verschleudert wird das ganze Geld,
Schlösser baut man für alle Welt,
Indes stets mehr der Staat verfällt, fällt, fällt.

Es ist ein kleines Bürgerweib,
Das macht sich Hurenzeitvertreib;
Sie bringt nun alles auf ihr Maß,
Macht aus dem Hof ein Hundeloch, loch, loch.
Der feine König trägt ihr Joch,
Sie hat die Glut in ihm entfacht;
Die Flammen wecken Spott und Spaß,
Und ganz Paris, das lacht, lacht, lacht.

Die kleine Hure, die gefällt,
Dem König, dem Pantoffelheld;
Bei ihr ist feil die ganze Welt,
Man kauft die Ehren dort für Geld, Geld, Geld.
Man hat sie zum Idol erhoben,
Den Höfling hört man eifrig loben,
Er kriecht vor ihr, dem Hunde gleich,
Und sie, sie macht sich reich, reich, reich.

Schaut nur die klägliche Gestalt,
Die Haut ist gelb und dürr und alt.
Auf jedem Zahne ist ein Fleck;
Das ganze Weib, das ist ein Dreck, Dreck, Dreck.
Der Geist flog ihr schon längst davon;
Käuflich die Seele, klein und faul;
Marktweiberreden spricht ihr Maul;
Gemein ist alles bei der Poisson, son, son.

Ja, wär sie unter allen Schönen
Die Schönste, würde das versöhnen;
Wir stimmten unserm König zu,
Wär seine Hure ein Bijou, jou, jou.

Nun aber seht ihn so entzückt
Für diese elend-platte Fratze –
Ei, das begreift ja keine Katze –
Der König ist verrückt, rückt, rückt.

Wie schon zur Zeit der Madame de Châteauroux war es vor allem Maurepas, der all diese grausamen Pamphlete initiierte. Dieser Feind aller königlichen Mätressen, dem der Ruf der Impotenz anhing, war ein Verehrer alles Frivolen, ein Verächter humaner Ideale, ein einflußreicher Minister und Staatsmann, der alle großen Fragen mit Epigrammen, Spitzfindigkeiten, Sarkasmen und satirischen Versen abhandelte. Seine Geistesschärfe war gefürchtet, und doch drängte die vornehme Gesellschaft zu seinen Abendeinladungen, wo er in ungezwungener Stimmung nach Tisch mit ironischer Verve und karikaturistischem Genie Vorstellungen gab. Auch die neue Mätresse wurde mit ihren Manieren und ihren Äußerungen zur Zielscheibe seiner Parodien. Maurepas, dieser Großsiegelbewahrer des Lächerlichen, war von allen Feinden derjenige, der ihr die schmerzhaftesten Wunden zuzufügen und sie am sichersten, am unbarmherzigsten, am intimsten zu treffen wußte und Geheimnisse ihres Körpers, ihrer Gesundheit, ihres Testamentes zum Besten gab.

Madame Pompadour täuschte sich nicht über die Gefahren, die dieser Feldzug für ihre neue Stellung heraufbeschwören konnte, denn es war nicht ausgeschlossen, daß der Geist des Königs dafür anfällig war. Um über den Adel von Versailles zu triumphieren, mußte sie ein Gegengewicht schaffen und ihr wohlgesonnene Menschen um sich versammeln. Zunächst versuchte sie, ihre weibliche Diplomatie in der königlichen Familie selbst einzusetzen. Sie wußte wohl, daß der frömmelnde, von Monsignore Boyer, dem Bischof von Mirepoix, erzogene Dauphin gegen alle königlichen Mätressen eingenommen war. Sein Verhalten bei ihrer Einführung in Versailles war beredt genug gewesen, und als sie gemeinsam mit ihm und den Prinzessinnen im Wagen zu einem Jagdausflug fuhr, gelang es ihr nicht, welches Gesprächsthema sie auch anschnitt, auch nur ein Wort der Erwiderung seitens des Dauphins und seiner Schwestern zu erhalten. Ebenso war ihr bewußt, daß die Dauphine, wenn sie auf abendlichen Veranstaltungen fehlte, auf Befehl ihres Gemahls die Kranke spielte. Der Dauphin ging sogar so weit, öffentlich zu verkünden, die Gegenwart der väterlichen Mätresse verursache ihm Übelkeit, und seit er sich im Verlauf des gerade beendeten Feldzugs mit dem Herzog d'Ayen, der zum engeren Kreis des Königs gehörte, befreundet hatte, begann er in Verbindung mit diesem Satiriker ziemlich boshafte Wortgebilde gegen die Pompadour zu verfassen oder doch wenigstens die des Herzogs zu kolportieren.

Die Marquise sann darüber nach, wie sie diese feindselige Gruppe von der Königin abspalten könne. Man erinnere sich an die dankbare Äußerung der gerade bei Hof eingeführten Mätresse, ihr leidenschaftlichster Wunsch sei, der Königin zu gefallen. Seit diesem Tag hatte sie keine Gelegenheit ausgelassen, Maria Leszczynska gefällig zu sein. Durch Dritte ließ sie ihr zutragen, daß sie auf den König in ihrem Sinne einwirke, daß sie unbegründete Ressentiments abzubauen und mehr Verständnis zu erreichen suche. Sie schrieb sich das Verdienst an den Aufmerksamkeiten zu, die der König seiner Frau zum großen Erstaunen der Höflinge bezeigte. So setzte er sich – ein außerordentliches Vorkommnis – einmal für einige Augenblicke an Marias Spieltisch, und ein anderes Mal lud er sie zu einem Diner nach Choisy ein. Das auffälligste Ereignis, das auf Madame Pompadour zurückzuführen war, war das Geschenk, das Ludwig XV. seiner Frau am Neujahrstag 1746 machte, nachdem er ihr seit Jahren nichts mehr zu diesem Anlaß geschenkt hatte. Diesmal übersandte er ihr eine goldene Tabakdose mit einer Uhr im Deckel, die allerdings ursprünglich für Madame Pompadours Mutter bestimmt gewesen war, und nur deren unerwartetem Tod verdankte Maria Leszczynska das Geschenk.

Inmitten dieser ganzen billigen Gunsthascherei gab Madame Pompadour plötzlich vor, eine Abkühlung im Verhalten der Königin ihr gegenüber bemerkt zu haben, und beklagte sich darüber bei der Herzogin de Luynes, einer Vertrauten Marias. Diese beeilte sich, im höchsten Auftrag mitzuteilen, die Königin sei im Gegenteil sogar sehr empfänglich für die erwiesenen Aufmerksamkeiten. Dieses Billett bot der Marquise die Gelegenheit, einen Brief zu schreiben, der, wenn er auch die Königin nicht ganz und gar für Madame Pompadour einnahm, aus ihr wenigstens eine mäßigende Instanz im Meer der Feindseligkeiten machte.

»Sie geben mir das Leben zurück, Madame la Duchesse, ich bin seit drei Tagen in einem Schmerz, der seinesgleichen sucht, und Sie werden es ohne Mühe glauben, da Sie, wie ich weiß, meine Anhänglichkeit an die Königin kennen. Man hat mich in abscheulicher Weise bei Monsieur le Dauphin und seiner Gemahlin angeschwärzt; Sie haben genug Güte für mich gehabt, um mir zu gestatten, Ihnen die Falschheit der Scheußlichkeiten zu beweisen, deren man mich anklagte. Man hat mir einige Tage vor dieser Zeit gesagt, daß man die Königin gegen mich eingenommen hätte; beurteilen Sie meine Verzweiflung, ich, die ich mein Leben für sie, deren Gütebezeugungen mir alle Tage kostbarer sind, dahingeben würde. Es ist gewiß, daß, je mehr Güte sie für mich hat, um so mehr die Ungeheuer dieses Landes sich damit beschäftigen werden, mir tausend Schandtaten anzuhängen, wenn sie nicht die Güte hat, gegen sie auf der Hut zu sein und mir freundlicherweise sagen zu lassen, wessen ich angeklagt bin; es wird mir nicht schwer fallen, mich zu rechtfertigen. Die Ruhe meiner Seele in bezug hierauf bürgt mir dafür. Ich bitte Madame, daß die Freundschaft, die Sie für mich hegen, und noch mehr die Kenntnis meines Charakters, Ihnen für das, was ich Ihnen sagen lasse, Bürgen sein möchten. Ohne Zweifel werde ich Sie durch meinen langen Bericht gelangweilt haben, aber mein Herz ist so ergriffen, daß ich es Ihnen nicht habe verbergen können. Sie kennen meine Gefühle für Sie, Madame, sie werden nur mit meinem Leben enden.«[1]

Nachdem sie die Königin für sich gewonnen oder wenigstens entwaffnet hatte, gelang es Madame Pompadour, einen Prinzen von Geblüt, den Prinzen Conti, für sich zu gewinnen. Geschickt verstand sie es, sich den Ehrgeiz der alten Prinzessin Conti, die sie bei Hofe vorgestellt hatte, sowie die Eifersucht dieses Zweiges der königlichen Familie gegen die Condé und die Orléans zunutze zu machen. Indem sie sich über die Schranken empörte, die die Conti von der Thronfolge trennten, und sich gleichzeitig für eine Heirat des jungen Prinzen mit Madame Adelaide, einer der königlichen Töchter, einsetzte, gewann sie wichtige Verbündete.

Der Marquise ergeben waren auch die Gebrüder Pâris, die sie bereits in ihrer Jugend unterstützt hatten. Sie erhob sie zu ihren Vertrauensmännern und Stützen und bestärkte den König in der Idee, daß sie allein die finanzielle Misere beheben und das für die Kriegführung nötige Geld beschaffen könnten. Auf diese Weise stellte sie sich in den Dienst der wahren Herren des Geldes in Frankreich, die mit ihren hochfliegenden Ambitionen ein System stützten, das die Provinz ruinierte, aber immer Geld für den König und die Hauptstadt hatte. Sie öffnete das Ohr des Königs und des Ministerrates den Ideen Pâris-Duverneys, denen sie in ihrer unmittelbaren Umgebung durch den redegewandten und solide wirkenden Pâris-Montmartel Glaubwürdigkeit verleihen ließ. Indem sie die Brüder bei jeder Gelegenheit ihrer Freundschaft und ihres Schutzes versicherte und mit ihren Familien verkehrte, machte sie aus ihnen Hilfskräfte, die von ihren Befehlen abhingen, und Feinde ihrer eigenen Feinde. Mit ihrer Hilfe stürzte sie den Generalkontrolleur der Finanzen Orry, von dem ein Zeitgenosse sagte: »Der gesunde Menschenverstand selbst ist in einem dicken stattlichen Bürger leibhaftig geworden …, aber er war ein lauterer Minister, der sich nicht zu den Vergeudungen der Favoritin hergeben wollte.«

Weitere Stützen der Madame waren der praktisch-schlaue Kardinal Tencin sowie im Ministerrat Saint-Severin und der Marquis de Puisieux. Saint-Severin, aus einer angesehenen Familie des Königreichs Neapel entstammend, war Minister des Herzogs von Parma, bevor er nach Frankreich kam. Als Gesandter in Schweden schloß er innerhalb von vierzehn Tagen den Subsidienvertrag, wobei er allerdings die Früchte der langen und geschickten Verhandlungen seines Vorgängers ernten konnte. Der Herzog de Noailles, oberster Marschall Frankreichs, schickte ihn während des Schlesischen Krieges nach Sachsen. Von dort zurückgekehrt, wurde er zum bevollmächtigten Minister beim Wahlreichstag in Frankfurt ernannt, und obgleich er dort weniger erfolgreich bei der Wahrung französischer Interessen war als in Schweden, galt er dank der öffentlichen Lobpreisungen der Noailles, Pâris und der Madame Pompadour weiterhin als erster Unterhändler seiner Zeit.

Der Marquis de Puisieux, ein Mann von sanften Manieren und höflichen Umgangsformen, war ganz und gar das Werkzeug der Marquise und darüber hinaus der Vertrauensmann oder vielmehr der Strohmann der Brüder Pâris. Durch ihn erhielt Madame Pompadour Zugriff auf die Behörde des Generalpostmeisters Janelle und durfte nun in ihren Briefen all das sagen, was sie wollte, und nichts von dem, was sie nach dem Willen des Königs darin hätte zum Ausdruck bringen sollen. Endlich warf sich Madame Pompadour einem der »großen Genies des kleinen 18. Jahrhunderts«, wie der Marquis d'Argenson es ausdrückte, an den Hals und verführte ihn durch Schmeichelei und zärtliche Worte. Gemeint ist der Herzog de Belle-Isle: Ihn fing sie eines Tages in Versailles ab, machte ihm Vorhaltungen, daß er sich den ganzen Winter hindurch so rar gemacht und auch die kleinen Theateraufführungen im Schloß versäumt habe. Sie sei glücklich, ihm zu sagen, schmeichelte sie, daß der König ihn nicht nur für den größten Feldherrn halte, den es gebe, sondern gleichzeitig für den ehrlichsten, zuverlässigsten und treuesten Mann. Sie fügte noch hinzu, daß man nicht anders könne, als ihm von Herzen zugetan zu sein.

Solchermaßen mit Rückendeckung versehen, begann die Favoritin zu sondieren, ob sich die Einstellung des Herzogs de Richelieu zu ihr verändern ließe. Seit jenem Abendessen, das aus Madame d'Étioles die Mätresse Ludwigs XV. gemacht hatte, fühlte sie die Feindseligkeit dieses einflußreichen Höflings. Er behandelte sie mit Kälte, ihre Schönheit ließ ihn unberührt, und selbst der brillanteste Beitrag zur Unterhaltung blieb ohne Beifall. Unter allen Spöttern, die sich über die Bürgerliche in unmittelbarer Nähe des Thrones lustig machten, war er der Unbarmherzigste. Da er zu Lebzeiten der Herzogin de Châteauroux großen politischen Einfluß gehabt und praktisch durch diese den König von Frankreich regiert hatte, setzte er alles daran, dem König eine neue Mätresse zuzuführen, die ein Werkzeug in seinen Händen wäre. Deshalb versuchte er in den ersten Jahren, als die Stellung der Pompadour noch kaum gefestigt war, eine weitere Dame aus der Familie Nesle, Madame de Flavacourt, zu bewegen, die Nachfolge der Herzogin de Châteauroux anzutreten. Richelieu sorgte dafür, daß die ungeliebte Neue in allen Dingen in die Schranken gewiesen wurde. Wollte sie einen Mann ihres Vertrauens zum Intendanten der Speisezettel ernennen, so antwortete Richelieu zwar mit der ihm eigenen Höflichkeit und Galanterie, daß Madame Pompadour die Herrin sei und nur zu befehlen brauche. Gleichzeitig aber ließ er die Anordnung ergehen, daß den Weisungen der Mätresse keinesfalls Folge zu leisten sei. Ebenso brach er fröhlichen Sinnes einen weiteren Streit vom Zaun, bei dem es um die Theateraufführungen ging, an denen ihr Herz hing. Der Herzog, dem als erstem Kammerherrn im Grunde sämtliche Hoffestlichkeiten unterstanden, untersagte es, von den »Menus Plaisirs«[2] irgend etwas auszuleihen – seien es Requisiten, Handwerker oder Musiker –, wenn von ihm keine formelle Erlaubnis vorlag. Darüber hinaus betitelte er den Direktor des Theaters, den Herzog de La Vallière, als »Rindvieh«.

Madame rächte sich, indem sie die Erhebung des »Rindviehs« zum Ritter des Cordon Bleu betrieb. Zwar mußte Richelieu auf Intervention des Königs sein Verbot zurücknehmen, doch versuchte er weiterhin, alle Unternehmungen der Favoritin zu durchkreuzen. Während der Abendessen machte er sich ein Vergnügen daraus, sie durch verletzende Vertraulichkeiten zu verspotten und sie durch eine offen zur Schau getragene Verachtung, die nichts an ihrer Person respektierte, zu reizen. Vergeblich bat Madame Pompadour den König, Richelieu nicht mitzunehmen, wenn sie selbst ihn auf Reisen begleitete. Es schien, als mache sich der Herzog ein Spiel und ein Vergnügen daraus, ihr zu mißfallen. Manchmal waren es Bubenstreiche – so tanzte er eine ganze Nacht lang in einem Zimmer über dem ihren, als sie sich unwohl fühlte –, doch all die großen und kleinen Unarten dieses arroganten Höflings wurden im Grunde vom König toleriert. Er bestrafte die Schwächen seiner Mätressen, indem er duldete, daß sie gequält wurden, und indem er sie selbst quälte, wenn es ihm gerade gefiel. Dazu paßte, daß er ihnen bisweilen moralisierende Predigten zu lesen gab oder sie ihnen selbst vorlas. Solchermaßen bestärkt, konnte Richelieu Madame Pompadour völlig einschüchtern – sie war gezwungen zu kapitulieren. Zwar fand eine große formelle Aussöhnung zwischen den beiden Feinden statt, doch änderte das nichts daran, daß sie fortfuhren, sich gegenseitig zu verabscheuen.

Eros und Bühne

⌘

Die Hauptbeschäftigungen der Madame Pompadour sahen folgendermaßen aus: Versailles handhaben und beeinflussen; gefallen und verführen; Verbündete und Freunde aus höchsten Kreisen gewinnen und eine ergebene, ihren Interessen verbundene Gefolgschaft um sich versammeln. Mit Liebenswürdigkeit und weiblichen Verführungskünsten suchte sie die Prinzen von Geblüt für sich einzunehmen; sie warb um das Vertrauen der Staatssekretäre, sie wollte in das Hofleben aufgenommen und von den größten Familien Frankreichs anerkannt werden. Intrigen und Ehrgeiz bei Hof verstand sie, ihren eigenen Zwecken dienlich zu machen; Ergebenheit wurde belohnt – wenn auch mit den Gunstbezeigungen des Königs und dem Geld des Staates bestritten. Weit schwieriger jedoch als all das war es, Ludwig XV. zu beschäftigen, ihn ohne Ende von Tag zu Tag und von Stunde zu Stunde der Langeweile zu entreißen.

Wenn eine Zivilisation sich ihrem letzten Grenzpunkt nähert, hinter dem der Zusammenbruch wartet, wenn das gesellschaftliche Leben bereits alle Varianten, jede Verfeinerung erfahren hat, wenn alles vollendet ist wie in der höfischen Gesellschaft der Fall, dann überkommt die Menschheit eine seltsame Krankheit. Auf dem Höhepunkt des vollkommensten Genusses macht sich eine unendliche Müdigkeit breit, die den Dingen den Geschmack und dem Leben die Überraschung nimmt – eine absolute Sättigung; nichts wird mehr gewünscht, nichts gewollt. Dieser Überdruß war die große Krankheit des 18. Jahrhunderts: sie löste die menschliche Seele von allem, was ihr Halt hätte geben können, vom Glauben und der Fähigkeit zu echter Hingabe: Die menschliche Seele langweilte sich. Langeweile war die Grundstimmung dieses Jahrhunderts, das – an der Oberfläche betrachtet – voller Licht, Fröhlichkeit, Lebhaftigkeit und Lebensmut zu sein schien, in dessen Tiefen jedoch Mutlosigkeit und Trägheit lauerten. Langeweile, diese Melancholie des Geistes, war die große Misere dieses Jahrhunderts des Geistes. Sobald diese Männer und Frauen, die sich in Gesellschaft so flatterhaft, so schwatzhaft, so unbeschwert gaben, allein waren, beklagten sie die Leere und Sinnlosigkeit, die sich zwischen zwei Soupers voll ausschweifender Fröhlichkeit und geistvoller Konversation einstellte. Und diese Langeweile der Zeit war so signifikant, trat so deutlich als morbide Gefühlslage zutage, daß man ihr einen neuen, einen ungeheuren Namen verlieh: »Néant«, die Unendlichkeit, das Nichts. Man lese die Briefe der Madame Deffand, die Briefe der Mademoiselle de Lespinasse, die beide bedeutende Salons führten – es sind psychologische Bekenntnisse, die das Zeitgefühl genau widerspiegeln. Sie schrieben, um ihrer Niedergeschlagenheit Ausdruck zu verleihen, um sie zu bewältigen: »Ich bin in das Nichts gefallen«; »Ich falle wieder in das Nichts …«. Die Langeweile war in jener Welt Oben und Unten, Anfang und Ende. Sie wehte über der ganzen Nation wie ein tödlicher Lufthauch, der den menschlichen Geist vergiftete. Im Volk selbst drückte diese Langeweile sich bisweilen in brutaler Weise durch eine gesteigerte Selbstmordbereitschaft aus, wie am Beispiel zweier Soldaten deutlich wird, die nur deshalb aus dem Leben schieden, weil sie neugierig auf den Tod waren. Allerdings war dieser Lebensüberdruß im einfachen Volk weniger ausgeprägt; er stieg proportional mit der sozialen Stellung und fand seine höchste Ausprägung in der verfeinerten Welt des Hofes und schließlich beim König selbst.

In der Tat stellte Ludwig XV. nicht nur die vollendete Verkörperung seines Zeitgeistes dar, sondern er war auch dessen

Opfer. Sinnbildlich repräsentierte dieser Herrscher die Hinfälligkeit und Schwächen der Epoche. Geprägt von den herrschenden Maximen im Frankreich des 18. Jahrhunderts, lebte er danach und ließ sich in seiner Regierung davon leiten – immer begleitet und verzehrt vom Gefühl des Ekels, der Mattigkeit und von äußerster Entnervung. Die Langeweile war der böse Geist des Herrschers: sie lähmte alle glücklichen Gaben seiner Natur, sie drückte seinen Geist hinab, reduzierte ihn aufs bloß Geistreiche, auf Skepsis und Spott – sie ließ ihn unproduktiv werden. Sie schwächte und entwaffnete seinen Willen, sie erstickte sein Gewissen ebenso wie seine Begierden. Sie ließ ihn gleichgültig werden seiner geschichtlichen Verantwortung wie seinem Land gegenüber. Man hat von Ludwig XV. gesagt, daß er das häßlichste Handwerk betreibe, nämlich das Handwerk des Königs und dies noch so widerwillig wie möglich.

Welch seltsamer Kontrast zu seinem Vorgänger, jenem prunkliebenden Darsteller königlichen Glanzes und königlicher Majestät! Nach dem pompösen, charismatischen, von seiner Sendung so überzeugten Ludwig XIV. nun dieser Urenkel, der im königlichen Rollenspiel kein Akteur, sondern ein Zuschauer zu sein schien, der alles um sich herum wie von einem jener Feldherrnhügel aus betrachtete, die den Befehlshabern ein sicheres Verfolgen des Geschehens auf dem Schlachtfeld erlaubten. »Ach Sire«, soll ein Höfling gesagt haben, »das ist ein Ort, wo Sie sich sehr schlecht befinden werden. Ihre Vorfahren haben dort niemals ein Haus bauen lassen.« Ludwig XV. empfand die Regierungsgeschäfte wohl wie eine langweilige Feier – fatal und unerträglich – oder wie ein schlechtes Stück, bei dem man gähnen und pfeifen konnte. Der Mensch Ludwig verleugnete den Monarchen in sich; er war ein Abgrund voller Langeweile. Diese war der Dämon, vertrauter Gefährte und Henker seiner trägen Existenz, seiner spleenhaften Launen, seines ichsüchtigen und vertrockneten Herzens. Alles bei ihm, bis zu seinen Leidenschaften hin, war von der Langeweile abhängig und fiel der Langeweile zum Opfer – so sehr, daß die amouröse Geschichte eines Königs letztlich die Geschichte eines gelangweilten Mannes ist. Und diese Langeweile, die er mit seinen Untertanen teilte, war bei ihm mit einem voyeuristischen Interesse am Tod gepaart, dessen Nähe er suchte und den er wie ein Schauspiel betrachtete. »Ihr seht wohl jene kleine Anhöhe«, sagte Ludwig XV. eines Tages, als er mit Madame Pompadour und anderer Begleitung auf dem Weg nach Crécy war. »Dort steht ein Kreuz, und es ist sicherlich ein Kirchhof; geht hin und seht, ob dort irgendeine neugegrabene Grube ist.«

Das große Geheimnis, warum die Pompadour sich so lange der Gunst des Königs erfreuen und Einfluß auf ihn ausüben konnte, hat seinen Grund in dieser Lebenshaltung. Sie besaß die Geduld und das Vermögen, die kränkelnde Gemütsverfassung Ludwigs wenn auch nicht gänzlich aufzufangen, so doch zu besänftigen, zu zerstreuen. Sie verfügte über mehr wissende Anteilnahme, über mehr Leichtigkeit des Umgangs, über eine vollendetere Intuition als irgendeine andere Mätresse zuvor. Sie wußte ihn zu nehmen mit seinen Launen, seinen nervösen Empfindsamkeiten; sie kannte seinen Charakter durch und durch. Sie besaß die Gabe, allem, was sie darstellte, allem, was sie berührte, den Reiz des Neuen, des Überraschenden zu verleihen. Ihre lebhafte Einbildungskraft, ihr wendiger Geist, ihre unterhaltsamen Umgangsformen machten aus Madame Pompadour jene Person, die prädestiniert war, die Langeweile Ludwigs XV. zu besänftigen. Und sie war es, die durch ständig wechselnde und dadurch immer neu aufregende Zerstreuungen der Seele des Königs ein Höchstmaß an Vergessen und Erleichterung verschaffte und ihm auf diese Weise einen Teil der Freude am Leben wiedergab.

Madame Pompadour bemächtigte sich der Existenz des Königs. Sie nahm ihm bzw. tötete ihm seine Zeit. Sie raubte ihm die Monotonie der Stunden und erfüllte sie statt dessen mit Hast. Sie schützte ihn vor dieser nie endenden Langeweile, die zwischen einem Morgen und einem Abend lag. Sie füllte ihn aus und beschäftigte ihn, ohne ihn einen Augenblick zu verlassen, ohne ihm zu gestatten, sich auf sich selbst zu besinnen. Sie entzog ihm die Arbeit, sie verbarg ihn vor Ministern und Gesandten, sie entfernte ihn sogar vom Königtum. Sie hielt jede düstere Wolke, jeden Schatten von ihm fern, sie schützte seinen Geist vor Kümmernissen und Ermüdung; sie schläferte den Herrscher ein. So sagte sie einmal zu Maurepas, der seine Rapporte vortrug: »Nun aber! Monsieur de Maurepas, Ihre Gegenwart macht den König wieder gelb. Leben Sie wohl.« Und sobald Maurepas hinausging, tadelte sie den König, lächelte ihm als Liebende zu, erheiterte ihn. Diese Art des Umgangs war nur ihr vorbehalten. Mit einem hübsch vorgetragenen Lied, einer pikanten Erzählung vermochte sie die Sorgenfalten von der Stirn des Königs zu vertreiben.

Sie hielt Ludwig XV., sie führte ihn spazieren und riß ihn mit sich fort von Unterhaltung zu Unterhaltung. Sie erfand immer neue Zerstreuungen und Amüsements, um ihn aus seiner Apathie zu reißen. Sie sorgte für immer neue Ortswechsel, Reisen und kurzfristige Aufenthalte; es war ein ständiges Kommen und Gehen von Versailles nach Crécy, von Crécy nach La Celle, von La Celle nach Bellevue, von Bellevue nach der Einsiedelei Compiègne, von der Einsiedelei Compiègne nach der Einsiedelei Fontainebleau – ein teuflischer und bezaubernder Wirbel eines unaufhörlich gepeitschten und stets wechselnden Lebens, durch den die Favoritin Geist und Körper Ludwigs XV. betäubte und entspannte. Als all diese Vergnügungen sich erschöpft hatten, zog Madame Pompadour sogar eine neue Geliebte in Betracht – ein Gedanke, auf den zuvor noch keine Mätresse verfallen war.

Schon seit einigen Jahren bot Madame Pompadour während der Fastenzeit, um des Königs Gewissensnöte zu erleichtern, in ihren Gemächern geistliche Konzerte und Motetten dar, in denen sie selbst mit anderen – darunter prominente Künstler aus Paris – sang. Aber im Grunde diente dies alles dem Zweck, den König für das Theater aufgeschlossen zu machen. Dieses Medium mit seinen mannigfaltigen Ressourcen, seinen wechselnden Sujets, seinen Illusionen, seiner Magie schien in den Augen der Pompadour das sicherste und geeignetste Mittel zu sein, die Sinne des Königs anzusprechen, seine Phantasie neu zu beleben, ihn für einige Stunden aus dem Alltag in die zauberhafte Lüge eines lebendigen Traums zu entrücken. Und was konnte tatsächlich besser für eine Mätresse sein, als dem König das zu geben, was Blaise Pascal ein Jahrhundert zuvor als das größte Glück eines Königs bezeichnet hatte, »die Ablenkung von sich selbst und die Verhinderung, an sich selbst zu denken«.

Die Liebe zum Theater entsprach dem Geschmack der Zeit. Bis in die untersten bürgerlichen Schichten hinein ließen die Menschen sich von geistreich-anmutigen Aufführungen faszinieren, waren sie leidenschaftlich besessen von Gesellschaftskomödien. Neigung und Kalkül gingen also bei Madame Pompadour Hand in Hand. Ein Theater bei Hof half ihr nicht nur, den König zu unterhalten, sondern entsprach auch ihren eigenen Bedürfnissen. Sie sehnte sich zurück nach Erfolgen, nach den Tagen, da sie als Darstellerin im Theater des Monsieur de Tournehem in Étioles oder in dem der Madame de Villemur in Chantemerle Ovationen und Beifallssalven ernten konnte.

Um den Plan in die Tat umzusetzen, genügte es, die Neugierde des Königs zu entfachen – eine leichte Aufgabe, der sich auch seine Freunde mit Eifer widmeten. Die Herzöge de Nivernais und Duras, die mit Madame Pompadour in Chantemerle aufgetreten waren, und selbst ihr Gegenspieler Richelieu, der sie dort hatte spielen sehen, gewannen das Ohr des Herrschers für die Ideen des Schauspiels, der Komödie: Sie flüsterten ihm ein, die Geliebte sei begabt, habe so viele Talente und Reize, die sie bislang gar nicht habe offenbaren können. Solchermaßen durch Schmeicheleien neugierig gestimmt, erfüllte Ludwig XV. lächelnd den Wunsch der Pompadour nach einem kleinen Theater. Und wie durch Zauberhand entstand in einer an das Medaillenkabinett angrenzenden Galerie eine Bühne, das »Theater der kleinen Appartements«.

Ein Spielplan wurde aufgestellt, ein Ensemble gebildet; Proben mußten organisiert werden – an all diesen Tätigkeiten ließ die Favoritin den König teilhaben und triumphierte damit über seine Launen. Mit einem Stück von Molière, dem *Tartuffe*, wurde dieses Theater am 17. Januar 1747 eingeweiht, und zum ersten Mal in Frankreich durfte das Publikum in Gegenwart des Königs frei seine Meinung äußern und Beifall spenden. Um Ludwig XV., der auf einem einfachen Lehnstuhl saß, hatten sich vierzehn Personen versammelt, darunter Madame d'Estrades, Madame du Roure, der Marschall von Sachsen, die Herren Tournehem und Vandières, vormals Abel Poisson, sowie andere Leute aus der vertrautesten Umgebung. Abgewiesen worden waren unter anderen Prinz Conti und der Marschall de Noailles, die um eine Einladung gebeten hatten. Das Orchester wurde nicht von Berufsmusikern gebildet, sondern von Mitgliedern der »Menus Plaisirs«, darunter waren der Herzog de Chaulnes, der Marquis de Sourches und Monsieur de Dampierre. Neben Madame Pompadour, die am Schluß dieser Vorstellung vom König mit den Worten bedacht wurde: »Sie sind die reizendste Frau, die es in Frankreich gibt«, traten als Schauspielerinnen auf : Madame de Sassenage und Madame de Pons sowie die Herzogin de Brancas, eine der engsten Vertrauten der Marquise. Als Schauspieler fungierten die Herzöge de Nivernais, d'Ayen, de Meuse und La Vallière sowie Monsieur de Croissy, der sogar sehr gut gespielt haben soll.

Die kleine Bühne entwickelte sich bald zu einem vorzüglich organisierten und gut bestückten Theater[1], als dessen Direktor Madame Pompadour den besten Sachwalter der französischen Komödie, den Herzog de La Vallière ausgewählt hatte. Als Souffleur diente ihr Sekretär und Bibliothekar, der Abbé de La Garde. Das Orchester wurde erweitert durch die berühmtesten Amateure des Königreichs: den Prinzen de Dombes, der mit Marlières auf dem Fagott um den ersten Rang wetteiferte, den Marquis de Sourches, der mit unvergleichlichem Geschick die Viola spielte, und Monsieur de Courtomer auf der Violine. Mit Dehesse, einem Darsteller der italienischen Komödie, gewann sie für ihre Inszenierungen einen fähigen Mann. Sehr stolz war man darauf, mit dem Herzog de Nivernais einen Schauspieler zu besitzen, dessen Spiel manches Mal der Comédie française eine Lektion erteilte. Überhaupt verfügte diese hochwohlgeborene Truppe über gute Akteure – so den Grafen de Maillebois, der mit seinem genialen Spiel in Dufresnys *Mariage fait et rompu* beeindruckte.

Auch Singspiele und Opern wurden von Mitgliedern dieses blaublütigen Ensembles bestritten. Es waren Marquis, Grafen, Herzöge, und für den Tanz konnte sogar ein Prinz von Hessen gewonnen werden. Zur Vervollständigung des bunten Reigens unterstützte eine Schar von Figuranten und Figurantinnen zwischen neun und zwölf Jahren die Solisten. Zur Truppe gehörten ferner ein Mann, der die Notenblätter kopierte, sowie der Perückenmacher Notrelle, berühmt wegen seiner Schöpfungen für die »Menus Plaisirs«, wo er Götterdämonen, Heroen und Hirten, Tritonen, Zyklopen und Furien kreierte. Sieben Schneider nahmen Maß; Garderobieren kümmerten sich um die Lagerräume, in denen Tanzschuhe und Seidenstrümpfe, schwarze Schnurrbärte, feuerfarbene Roßhaarschöpfe, zweihundertundzwei Männer- und hundertunddreiundfünfzig Frauenkostüme neben allerlei Flitterkram im Gesamtwert von zweitausendeinhundertunddreißig Livres aufbewahrt wurden. Man verfügte über alle erdenklichen Geräte und Requisiten, man konnte die himmlischen Gefilde ebenso vergegenwärtigen wie eine Einschiffung oder eine Pilgerfahrt. Es war wirklich ein Theater, dem es an nichts fehlte, nicht einmal an einem Reglement. Madame Pompadour hatte für ihre Truppe eine Sammlung von Vorschriften erlassen und mit zehn Artikeln die Aufnahmebedingungen geregelt:

1. Um als Mitglied Aufnahme zu finden, muß man vorweisen können, daß man nicht zum ersten Mal Komödie spielt.
2. Jeder muß seine Aufgabe deutlich kenntlich machen.
3. Man kann ohne die Einwilligung der anderen Mitglieder keine andere Aufgabe übernehmen als jene, für die man in die Truppe aufgenommen worden ist.
4. Im Falle der Abwesenheit kann ein Vertreter gewählt werden – ein Recht, das ausdrücklich der Gemeinschaft vorbehalten bleibt. Die Ernennung muß mit absoluter Mehrheit erfolgen.
5. Bei der Rückkehr geht das übertragene Amt wieder an den ursprünglichen Inhaber zurück.
6. Niemand darf eine Rolle zurückweisen, die seinem Bereich zugehörig ist, selbst wenn sie wenig vorteilhaft oder zu ermüdend ist.

Diese sechs ersten Artikel gelten gleichermaßen für Schauspielerinnen wie Schauspieler.

7. Lediglich die Schauspielerinnen sollen das Recht erhalten, die aufzuführenden Werke auszusuchen.
8. Sie sollen gleicherweise das Recht haben, den Tag der Vorstellung festzusetzen und über die Zahl und Zeit der Wiederholungen zu bestimmen.
9. Jeder Schauspieler ist unter Androhung einer Geldstrafe, deren Höhe die Mitglieder untereinander bestimmen, angehalten, zur Probe äußerst pünktlich zu erscheinen.
10. Die Schauspielerinnen erhalten eine halbstündige Gnadenfrist und dürfen, wenn diese abgelaufen ist, über die Höhe der Geldbuße selbst bestimmen.

Eine Abschrift dieser Statuten wird jedem Mitglied ausgehändigt, auch dem Direktor und dem Sekretär, der sie bei jeder Probe mitbringen soll.

Selbst Eintrittskarten gab es in diesem Privattheater. Etwa von Spielkartengröße, trugen sie die Aufschrift »Schauspiel« und zeigten eine Kolombine auf der Rampe einer Gauklerbühne, die mit dem Fächer spielt, während neben ihr Leander, die Hand an sein Herz gepreßt, ihr seine Liebe erklärt und im Hintergrund der Pierrot den Kopf durch den Vorhang steckt. Nur wer im Besitz eines solchen »Sesam öffne dich« war, durfte das Theater von Madame Pompadour besuchen.

Da dieses erste Theater zu klein und die Bühne zu weit von den Zuschauern entfernt war, nutzte man den jährlichen Umzug des Hofes nach Fontainebleau, um an anderer Stelle ein neues zu errichten. Das bewegliche Theater im Treppenhaus der Gesandten, das am 27. November 1748 eröffnet wurde, war ein maschinelles Kunstwerk; vierzehn Stunden genügten, um es abzubauen, vierundzwanzig Stunden, um es wieder zusammenzusetzen. Es bot, nach Aussagen des Herzogs de Luynes, vierzig Zuschauern und vierzig Musikanten Platz und verfügte über zwei Balkone, die besonders begünstigten Höflingen vorbehalten waren. Die königliche Familie verfolgte die Aufführungen von einer Galerie aus.

Ein Aquarell von Cochin läßt uns am dritten Akt der heroischen Pastorale *Acis und Galathea* beiwohnen, als Polyphem von der Höhe seines Felsens ausruft: »Du wirst sterben, Allzukühner, und Jupiter selbst wird nicht dein Haupt meinem Zorn zu entziehen wissen.« Und da haben wir das Theater und den Saal, das funkelnde Parkett und das berühmte Orchester mit dem Prinzen de Dombes, der – den Heilig-Geist-Orden auf der Brust – in ein Fagott bläst. Der König im grauen Gewand sitzt da mit Maria Leszczynska zur Rechten, die gut zu erkennen ist an ihrer matronenhaften Kleidung, die sie schon in jungen Jahren trug, und an ihrer Frisur, die ihre Zeitgenossen als schwarzen Schmetterling bezeichneten. Hinter ihr sitzen die Töchter des Königs. Im zweiten Rang zur Rechten und zur Linken sitzen oder stehen, auf Stöcken mit Rabenschnäbeln gestützt, die vornehmsten Vertreter der französischen Aristokratie.

Die Decke des kleinen, in Blau und Silber gehaltenen Saals zeigt einen Sommerhimmel; unter dem Gesims ruhen auf

Pfeilern elegante Konsolen. Die reliefgeschmückte Galerie erweitert sich in der Mitte, wo die Plätze der königlichen Familie sind, zu einem bauchigen Rokokobalkon. Farbiger Marmor schmückt den Orchesterbereich und das Parkett, wo man die reizvollste Ansammlung gepuderter, eng aneinandergedrängter Köpfe sieht, die das Geschehen auf der Bühne verfolgen.

Die Hauptdarstellerin selbst, Madame Pompadour, hat Cochin mit soviel Sorgfalt gemalt, daß der Kopf fast wie ein Relief erscheint. Sie trägt ein Opernkostüm, das die Inventarlisten folgendermaßen beschreiben: großer Rock aus weißem Taft, mit Schilfblättern, Muscheln und Wasserstrahlen bemalt, mit silberner Stickerei in netzförmiger Arbeit aus grüner Seidenschnur; ein Leibchen aus zartrosa Taft; ein großer geraffter Faltenwurf aus silberner und grüner Gaze, mit silberner Netzarbeit aus grüner Chenille garniert; der Mantel aus grüner Gaze und Silber mit kleinen Streifen, verziert mit Perlenquasten und Gittermuster.

Dieses Theater, in dem die Aufführungen nur während der königlichen Jagden unterbrochen wurden, entwickelte sich in Versailles fast zu einer Institution. Es dauerte nicht lange, bis es die Aufmerksamkeit des ganzen Hofs auf sich zog. Es beschäftigte die Höflinge, weil durch dieses Theater, das dem König Vergnügen bereitete, der Einfluß und die Macht der Favoritin gewachsen waren. Folglich war es ebenso begehrt, seinen Namen auf der Liste der Geladenen zu finden wie auf einer Pfründenliste. Das Publikum, das sorgfältig in ganz Versailles auserwählt wurde, war klein, erlesen und der Pompadour ergeben. Sein Grundstock bestand aus ihrer Familie, ihren Freunden und dem, was man ihren Hof nennen könnte. Dazu gehörten ihr Bruder Abel, ihr Onkel Tournehem, der Marschall von Sachsen, Madame d'Estrades, Madame du Roure. Freien Zutritt hatten jederzeit die Mitglieder des Ensembles, die selbst nicht auftraten. Die Damen pflegten in der Loge Platz zu nehmen, wo zwei Plätze für Madame Pompadour reserviert waren, von denen sie den einen stets ihrer Freundin, der Marschallin de Mirepoix, anbot. Die Favoritin zeichnete durch eine Einladung gerne Autoren aus, deren Werke aufgeführt wurden, oder erlaubte es einem Komponisten, selbst das Orchester zu dirigieren. Überall waren die Einladungen begehrt – bei den Parlamentspräsidenten ebenso wie bei den Marschällen. Eifersüchtig stritten die größten Herren des Hofs, die größten Namen des Königreichs um diese Auszeichnung. Ehrsüchteleien waren auch bei der Rollenverteilung im Spiel, und auf diese Weise unterwarfen sich alle Mitglieder der Truppe und alle, die es noch werden wollten, der Madame Pompadour. Selbst die kleinsten Rollen, selbst die geringste Mitarbeit bei einer Aufführung waren so heftig und voller Intrigen umkämpft, als ob es um die ehrenvollsten und interessantesten Begünstigungen ginge. So hat Madame du Hausset, die Kammerfrau der Favoritin, berichtet, daß ihr ein Marquis seine Leutnantsstelle zur Verfügung stellen wollte, damit sie ihm zur Rolle des Gendarmerieoffiziers im *Tartuffe* verhalf.

Das Theater war der Triumph der Frau wie der Schauspielerin. Hier gab es keine Rivalin, hier stand allein sie im Rampenlicht. Sie entfaltete in der Komödie die Feinheiten der Rede, die Nuancen des Ausdrucks und die Kunst der Augensprache. Sie offenbarte in der Oper alle Verlockungen ihrer Stimme. Gleich zwei Musen schienen an ihrer Wiege gestanden und sie verschwenderisch mit ihren Gaben bedacht zu haben. Dazu diese Liebenswürdigkeit, diese Schönheit, die kokette Anordnung der Theaterkleidung! Wahre Wunder waren es, die Supplis, der berühmte Damenschneider, für sie erfand. Mal war es das rustikale Gewand eines Bauernmädchens, mal ein Prunkstück aus blauem Taft, das von Gazevolants umflattert wurde, oder ein Dominokostüm aus weißem Taft mit Blumen verziert. An einem Tag erschien sie in einem griechischen Gewand aus gebauschter Goldgaze, an einem anderen Tag im orientalischen Kostüm, einem hermelinverzierten Dolman aus kirschrotem Atlas, oder sie glänzte in einem rosa-silbernen Kleid von asiatischem Schnitt.

In der Oper war sie die Olympia, sie betrat die Szene als Göttin in Gaze und Seidenspitzen. Als Urania ließ sie die silbernen Paillettensterne auf ihrem Rock erstrahlen. Sie war Venus selbst in einem Kleid aus Silbermosaik, und majestätisch wie einen Königsmantel zog sie eine große Schleppe hinter sich her. Stellen wir uns das Verführerische all dieser Vergnügungen vor, all dieser Kostüme, die die Schönheit der Favoritin noch steigerten und mit jeder Rolle wundersam veränderten. Stellen wir uns die Wirkung all dieser Toiletten vor – damals war es Magie, Blendung. Heute ist das alles nur noch totes Inventar, vergänglich und durch Worte nicht wiederzubeleben.

Ehrungen und Privilegien

~⊙⊙~

D ie Machtstellung der Madame Pompadour festigte und
vergrößerte sich. Mit jedem Tag wuchs ihr Einfluß beim
König, gewann ihr Auftreten an Sicherheit und spielte sie ihre
Souveränität nachdrücklicher aus. Wie weit ihr Einfluß ging,
zeigt folgende Kontroverse mit Maurepas. Als der Staatssekretär eines Tages beim König war, forderte Madame Pompadour die Aufhebung des königlichen Geheimbriefes und erteilte gleichzeitig den entsprechenden Befehl im Namen des
Königs. Als Maurepas einwandte: »Es ist nötig, daß Seine Majestät es befiehlt«, sagte Ludwig XV.: »Tun Sie, was Madame
will.«

Diese wachsende Allmacht und Verfügungsgewalt über den
königlichen Willen, die auch durch Spottlieder nicht zu erschüttern war, ließ den ohnehin gereizten Maurepas vollends
die Haltung verlieren. Er steigerte sich zu unbesonnenen Re-
aktionen und schreckte vor Beleidigungen nicht zurück. Mit
ätzenden Worten suchte er die Frau, die Schwäche ihres Geschlechts zu treffen. Madame Pompadour stellte Maurepas
direkt zur Rede: »Wann er denn wissen würde, wer der Urheber der Lieder sei.« – »Sobald es mir bekannt sein wird«, erwiderte dieser, »werde ich ihn dem König nennen.« – »Mein
Herr«, erwiderte die Marquise, »Sie legen nicht viel Wert auf
die Mätressen des Königs«, worauf Maurepas ohne Verwirrung antwortete: »Ich habe sie immer respektiert, von welcher
Art sie auch waren«, und verstärkte mit den Augen die Un-
verschämtheit seiner Worte. Als man Maurepas später auf diesen Besuch der Favoritin ansprach, spottete er: »Ja, das wird

ihr Unglück bringen. Ich entsinne mich, daß Madame de Mailly mich auch zwei Tage, bevor sie durch Madame de Châteauroux fortgeschickt wurde, besuchte. Ich bringe ihnen allen Unglück.«

Maurepas hielt sich für unersetzlich, seit er vor fünfzehn Jahren zum Staatssekretär ernannt worden war. Er verfügte über die Gabe, die Menschen zu durchdringen, über die Kunst, Bittsteller mit Worten zu befriedigen, dazu über ein exaktes und lexikalisches Gedächtnis, das man jederzeit über Menschen und Dinge seines Verwaltungsbereichs abfragen konnte. Sein Talent bestand jedoch darin, daß er seine Arbeit mit dem König amüsant zu gestalten vermochte, und genau dies bestärkte ihn in der Zuversicht, daß Ludwig XV. sich niemals von ihm trennen würde. Außerdem konnte er sich der Unterstützung des Dauphins und der Zuneigung von Maria Leszczynska sicher sein.

Nach einer erneuten Szene, in deren Verlauf die Favoritin den Staatssekretär offen einen Lügner und Schurken nannte, berichtete Madame Pompadour dem König von den Beleidigungen, die ihr zugefügt worden waren, und von dem geringen Respekt seines Ministers. Da Ludwig XV. argwöhnisch war und für jede Verdächtigung schnell ein offenes Ohr hatte, vor allem, wenn es seine Kinder betraf, flüsterte sie ihm ein, Maurepas stachele die königliche Familie gegen ihr Oberhaupt auf, wobei sie sich hinterlistig auf die unbestreitbar enge Beziehung des Staatssekretärs zum Dauphin bezog. Sie bezichtigte Maurepas, der Urheber all jener Spottlieder und Verse zu sein, die gegen sie und den König selbst in Umlauf waren. Doch wären alle Bemühungen vielleicht gescheitert, wenn ihr nicht eine wirkungsvolle List in den Sinn gekommen wäre. Immer und immer wieder redete sie auf den König ein, Maurepas wolle sie möglicherweise vergiften. Unermüdlich spielte sie ihm eine abgrundtiefe Angst vor, jeden Augenblick von der Hand desjenigen zu sterben, der vielleicht auch beim Tod der Madame de Châteauroux die Hand im Spiel gehabt hatte. Sie steigerte das fingierte Entsetzen so weit, daß sie verlangte, ein Arzt müsse neben ihrem Appartement schlafen und ein Gegengift bereithalten.

Den Ausschlag gab dann eine kleine Reise nach La Celle, auf der sie den dieser Schreckensbilder bereits überdrüssigen König endgültig auf ihre Seite ziehen konnte. Sie veranlaßte den König zur Abfassung eines Geheimbriefes, mit dem man Maurepas, der am Abend zuvor eine Hochzeit besucht hatte, um ein Uhr morgens aus dem ersten Schlummer riß. »Ich habe Ihnen versprochen, daß ich Sie benachrichtigen würde«, schrieb Ludwig XV., »und ich halte mein Wort. Ihre Dienste sagen mir nicht mehr zu. Sie werden Monsieur de Saint-Florentin Ihre Entlassung geben. Sie werden nach Bourges gehen. Pontchartrain ist zu nahe. Ich gebe Ihnen den Rest der Woche Zeit, um abzureisen. Sie werden nur Ihre Familie sehen. Antworten Sie mir nicht.« Maurepas war aus Paris auf seine Besitzungen verbannt. Aber selbst jetzt noch zeigte er ein Lächeln. Seine Feindschaft gegen die Favoritin gab er als Erbe an seinen Kabinettskollegen d'Argenson weiter, dessen Gegnerschaft sich jedoch anders ausdrückte. Seine Leidenschaften waren dumpfer, seine Seele kälter, seine Haßgefühle erbitterter.

Nach Maurepas' Entlassung konnte die Herrschaft der Marquise richtig beginnen. Sie nahm einen hochmütigen und anmaßenden Ton an; Pläne, Projekte und Bittschriften bedachte sie mit einem majestätischen »Wir werden sehen.« Den Ministern bedeutete sie: »Fahrt nur fort, ich bin mit Euch zufrieden, Ihr wißt, daß ich schon seit langem zu Euren Freunden gehöre«; die Gesandten fertigte sie mit den Worten ab: »Es gibt eine Menge von Diensttagen, an denen der König Euch nicht wird sehen können; denn ich glaube nicht, daß Ihr uns aus Compiègne werdet holen können.« Mit diesem »Uns«, das ihr ständig von den Lippen floß, schien sie die Hälfte des Königtums unter ihren Befehl zu stellen. In Versailles hatte sie sich in den Gemächern der Marquise de Montespan, der Mätresse Ludwigs XIV., eingerichtet. Sie hatte fleißig Memoiren und Manuskripte studiert, um die Etikette am Hof des Sonnenkönigs kopieren zu können. Bei Empfängen saß nur sie, die anderen hatten aufrecht vor ihr stehenzubleiben, und es gab in diesem gedemütigten Versailles nur wenige, die es wagten, sich auf die Lehne ihres Sessels zu setzen.

Die Marquise erhob sich über die anderen. Im Hoftheater war ihr eine vergitterte Loge vorbehalten, in der sie sich mit dem König einschloß. In der Hofkapelle saß sie während der Messe allein auf einer Tribüne, die eigens für die königliche Mätresse auf dem Balkon über der Sakristei erbaut worden war. Sie führte ihren Haushalt in großem Stil und mit beachtlichem Aufwand; Mitglieder aus den ältesten Familien Frankreichs standen ihr zu Diensten. Ein verarmter Edelmann aus der Guyenne trug ihre Mantille, begleitete zu Fuß ihre Chaise, wartete im Vorzimmer auf ihre Befehle. Vor der Tür der Madame Pompadour meinten Spötter am Hof sogar eine Zeitlang die beiden Leibgarden der Madame de Montespan erspäht zu haben. Und in den Memoiren des Prinzen de Ligne liest man: »Wie groß war meine Verwunderung, als nach der Runde der Verbeugungen, die man mich vor allen Personen der königlichen Familie zu machen veranlaßte, man mich zu einer Art zweiten Königin hinführte, die viel mehr danach aussah als die erste.«

Als wollte sie ihren Höhenflug krönen, als ob ihr Hochmut auch vor dem Tod nicht haltmachte, kaufte die Marquise ein Grabgewölbe in der Kapuzinerkirche an der Place Vendôme, in das sie den Leichnam ihrer Mutter überführen und das sie als prächtiges Mausoleum ausgestalten ließ. Zweifellos war Madame Pompadour entschlossen, ihre Familie an ihrem Wohlstand, ihrer hohen Stellung teilhaben zu lassen. Sie wollte das Dunkel ihrer Geburt unter Titeln und Ämtern begraben. Nichts sollte sie mehr an ihre Herkunft erinnern. Ihren Vater versteckte sie hinter dem Landgut Marigny, ihren

Bruder wertete sie als Monsieur de Vandières auf. Aber weit hochfliegendere Pläne verfolgte sie für ihre Tochter und ihr Ebenbild. Alexandrine d'Étioles, 1744 geboren, wuchs in einem Kloster auf, in dem die Töchter aus den besten Familien des Königreichs erzogen wurden. Diese wetteiferten um die Freundschaft des Mädchens, da sie sich durch die Tochter der Favoritin spätere Protektionen erhofften. Die junge Alexandrine wurde in der Tat wie eine Prinzessin erzogen und nannte sich, wie bei Prinzessinnen üblich, nur mit ihrem Taufnamen. Auch bei ihr war der Dünkel schon so ausgeprägt, daß sie einmal sogar einer echten Prinzessin, Mademoiselle de Soubise, den Vortritt streitig machte.

Eines Tages stellte die Marquise ihrer Statistenschar in Bellevue einen schönen Jungen vor, der in seinen Zügen, seinen Bewegungen, seiner Haltung ganz das Ebenbild des Königs, seines Vaters, war. Dieser Junge war der Graf de Luc, der Sohn Ludwigs XV. und der Pauline de Vintimille. Madame Pompadour versuchte, das Herz des Königs für die Verbindung ihrer Tochter mit dem schönen Knaben einzunehmen, um eine Linie zu begründen, in der sich ihr Blut mit dem des Königs mischte. Doch der König erwärmte sich nicht dafür, und die Marquise sah sich genötigt, ihrem liebevoll gehegten Traum zu entsagen. »So ist er«, beklagte sie sich mit Tränen in der Stimme bei Madame du Hausset, »aber nicht wahr, diese beiden Kinder sehen aus, als wäre das eine für das andere geschaffen? Wenn es Ludwig XIV. wäre, so würde er aus dem Jungen einen Herzog de Maine machen, ich verlange nicht einmal so viel: ein Amt und einen Herzogstitel für seinen Sohn, das ist sehr wenig, und es ist darum, weil es sein Sohn ist, daß ich ihn allen kleinen Herzögen des Hofes vorziehe. Meine Enkelkinder würden die Ähnlichkeit des Großvaters und der Großmutter teilen, und diese Mischung, die ich die Hoffnung zu sehen hätte, würde einmal mein Glück ausmachen.«

Als nächstes verfiel Madame Pompadour auf eine Verbindung mit dem Herzog de Fronsac, dem Sohn Richelieus, den sie durch diesen Vorschlag endgültig an sich zu binden hoffte. Doch der Herzog reagierte gekränkt auf die zweifelhafte Ehre und antwortete der Marquise ironisch, daß er sehr empfänglich für ihre Vorschläge sei, aber sein Sohn habe die Ehre, mütterlicherseits zu den Prinzen des Hauses Lothringen zu gehören, und sei genötigt, deren Zustimmung zu erbitten.

Auch die neuerliche Schlappe vermochte die Favoritin weder zu entmutigen noch von ihren ehrgeizigen Ambitionen abzubringen. Sie nahm Unterhandlungen mit dem Herzog de Chaulnes auf, den sie künftig in freundschaftlicher Vertraulichkeit »mein Schwein« nannte. Man kam schließlich überein, daß Alexandrine nach ihrem dreizehnten Geburtstag den Herzog de Picquigny heiraten sollte – unter der doppelten Bedingung, daß der Herzog de Chaulnes, sein Vater, die Stelle des Erziehers beim Herzog von Burgund, dem Sohn des Dauphins, erhielte und daß die Herzogin, seine Mutter, Erzieherin der anderen königlichen Kinder würde. Nachdem die Dinge solchermaßen zur gegenseitigen Zufriedenheit geregelt waren, machte ein Fieber, das Alexandrine sich beim Salve im Kloster geholt hatte, alle Hoffnungen zunichte. Das Mädchen starb, und Madame Pompadour blieben nur ein Bruder und der Vater.

Was konnte, was wollte Madame Pompadour anderes für ihren Vater tun, als ihn gut zu versorgen und zu verbergen, wie es auch andere Kurtisanen aus Schamgefühl getan haben. In den wenigen Aussagen, die über ihn erhalten geblieben sind, erscheint Vater Poisson wie der Typus eines niederen Steuerpächters – ein dicker, robuster Mann, von grober Gestalt und grobem Benehmen, allen Genüssen des Lebens zugetan. Seinen zweifelhaften Ruf ertränkte er im Wein, und seine Durchtriebenheit hatte ihn schon in die Nähe des Galgens gebracht. Er war ein Spötter, der sich mit brutaler Schamlosigkeit über alles lustig machte – über sein Glück ebenso wie über sein Unglück. Der Verachtung der anderen kam er zuvor, indem er sich selbst verachtete. Er erteilte der Tochter Befehle und erzwang Gunstbezeugungen, indem er sie durch seinen Anblick und sein lärmendes Auftreten einschüchterte. Und doch gibt es eine Reihe von Briefen, die echte Zärtlichkeit zwischen Vater und Tochter erkennen lassen. Es scheint, daß dieser vierschrötige, gewöhnliche Mensch seiner distinguierten Tochter eine demütige Verehrung entgegenbrachte, auf die seine »Reinette«, wie er sie nannte, seine kleine Königin, mit dankbarer Rührung reagierte. Am 3. September 1741 schrieb sie:

»Seien Sie nicht mehr beunruhigt wegen meiner Gesundheit. Ich bitte Sie, sie ist augenblicklich vorzüglich. Ich habe zwei Anfälle von Wechselfieber gehabt, aber es ist zehn Tage her, und ich bin jetzt ganz damit durch. Ich habe sehr viel Opium genommen; zwei Blutschröpfungen und ebensoviel Medizin haben mich ganz von der Sache befreit. Ich werde mich heute sogar, um mich etwas wegen all dieser schlechten Drogen zu trösten, in der Oper amüsieren.«

Sie fügte folgende Zeilen hinzu, in denen die Lobreden auf Monsieur Poisson ein wenig verwundern:

»Gibt es irgendein Mittel gegen den Kummer, den mir Ihre Abwesenheit bereitet, so sind es die Lobsprüche, die in ganz Paris über Sie in Umlauf sind. Ich wundere mich nicht darüber, aber es ist sehr günstig, daß das Publikum Ihnen Gerechtigkeit widerfahren läßt. Sie wissen, daß es der Bestätigung nicht bedarf. Übrigens, Sie schreiben wirklich Ihren großen Freunden in einem bewunderungswürdigen Stil; man hat Recht zu sagen, daß in einem großen Franzosen immer Würde steckt ... Auf Wiedersehen mein lieber Papa, bleiben Sie gesund und schonen sie ein Leben, an dem Ihre Tochter hängt.«

In einem anderen Brief nahm Madame Pompadour 1745 Bezug auf die Trennungsvereinbarungen mit ihrem Mann, der auf gerichtliche Anordnung dreißigtausend Livres zurückerstatten sollte, die er als Teil der Mitgift erhalten hatte:

»Der Prozeß, von dem Sie mir sprechen, kann natürlich leicht verlorengehen, da alles, was dem Urteil der Menschen untersteht, ungewiß ist, aber es müßte dann sein, daß sie gegen das Gesetz das Urteil fällten; die Gerüchte, die man Ihnen zusendet, sind durch die feindlichen Parteien in Umlauf gebracht; ich kenne sie von allen Zeiten her und verachte sie, sie verdienen keine anderen Gefühle.

Aber lassen sie uns einen Augenblick voraussetzen, daß der Prozeß verloren sei, so wird meine Tochter mit ihrem Vater und dem ihrer Mutter zusammenbleiben; in Wahrheit ist ihr Schicksal immer noch ein ziemlich schönes, es gibt wenige, die ihm ähnlich sind. Im übrigen können Sie wohl urteilen, daß, da ich nicht wegen eines Prozesses eingekommen bin, von dem Ihr Ruf abhing, ich auch sicherlich nicht für einen einkommen werde, wo nur von den Glücksgütern die Rede ist ... Verlieren oder gewinnen wir, aber lassen Sie uns niemals einander Vorwürfe machen, und möchten die Reichtümer niemals unser Glück verändern; dieses ist und wird stets meine Denkungsart bleiben, von der ich hoffe, daß Sie ihr zustimmen werden.«

Die Briefe der Marquise an ihren Vater waren sozusagen ganz den Ereignissen und Problemen der Familie gewidmet, wie beispielsweise Hochzeiten, die sie arrangiert, und Festen, die sie für Verwandte ausgerichtet hatte. Oft war die Rede von ihrem Bruder Abel, von dem sie 1750 glaubte, daß er es niemals zu einer höheren Aufsichtsposition bringen würde. Drei Jahre später sprach sie davon, untröstlich darüber zu sein, daß er sich nicht verheiraten lassen wolle. Und als es um das Vorsteheramt von Paris ging, das man ihm zusprechen wollte, schieb sie in empörtem Ton:

»Es ist niemals die Rede von der Pariser Vorsteherschaft für meinen Bruder gewesen; auch haben weder er noch ich Fonds anzulegen, diese Charge ist sehr teuer, bringt wenig ein und würde ihn nicht zu einem größeren Herren machen, als er ist. Aber es ist ganz sicher, daß alles, was offen ist, ihm vom Publikum gegeben werden wird: Es ist an unersättliche Menschen gewöhnt. Es wäre mir wohl unlieb, diesen infamen Charakter zu haben oder zu wissen, daß ihn mein Bruder hätte.«

Am häufigsten jedoch war in den Briefen der Marquise die Rede von Alexandrine, ihrer Tochter, die mit zehn Jahren starb und die der alte Poisson liebte, wie Großväter gewöhnlich lieben. Madame Pompadour berichtete ihrem Vater ebenso von Problemen beim Zahnen wie von den Reisen, auf denen sie das Kind mitnahm. Sie teilte ihm ihre Sorgen mit, wenn Alexandrine an Gewicht verlor, und ihre Überlegungen, als das junge Mädchen unschön zu werden begann – Zeilen, in denen sie die Schattenseiten ihrer eigenen Schönheit reflektierte:

»Ich finde, daß sie sehr häßlich wird. Wenn sie nur nicht schockiert, werde ich froh sein, denn ich bin weit entfernt davon, ihr ein himmlisches Antlitz zu wünschen. Das dient nur dazu, uns das ganze weibliche Geschlecht zu verfeinden.«

Im Oktober 1752 hieß es:

»Es ist nicht artig von Ihnen, mein lieber Vater, mir seit einem Jahrhundert kein Lebenszeichen gegeben zu haben. Ich habe zehn Tage das Fieber gehabt, der König hat mir die Ehren einer Herzogin angedeihen lassen, alle diese Ereignisse haben Sie nicht berührt. Der Aderlaß am Fuß und ein starker Kopfschmerz haben mich übrigens nicht gehindert, meinem Bruder zu sagen, daß er Ihnen die Gnade des Königs mitteilen möchte, da ich es selbst nicht konnte. Ich sehe wohl, daß die kleine Alexandrine Ihre »Reinette« aus Ihrem Herzen verdrängt hat, das ist nicht recht, und es ist nötig, daß ich sie recht warm liebe, um ihr zu vergeben.«

Obwohl Madame Pompadour sich in ihren Briefen so desinteressiert an Gütern und Ehren zeigte, setzte sie alles daran, für ihren Vater eine offizielle Würdigung zu erhalten. Die Übertragung des Gutes Marigny im Jahr 1750 war eine richtige Posse. Die Eigentümer wollten es loswerden, weil es nicht rentabel für sie war, und Poisson wollte es haben. Was tat man? Die Bruderschaft, der Marigny gehörte, verkaufte es für neunzigtausend Livres an den König, der beim Vater seiner Mätresse mit exakt dieser Summe für nicht bezahlte Lieferungen und Vorschüsse verschuldet war. Poisson konnte sich seines vermehrten Wohlstands noch einige Jahre erfreuen. 1754 – sein Besitz Marigny war zum Marquisat erhoben worden[1] – starb er siebzigjährig an der Wassersucht, die er mit der Flasche zu kurieren versucht hatte.

Von ganz anderem Schlag war Madame Pompadours Bruder, der weder in Aussehen noch Charakter dem Vater ähnelte. Bevor er an Gewicht zulegte, war er von der gleichen edlen Schönheit wie seine Schwester. Abel Poisson, Monsieur de Vandières, war elegant und anmutig, von hübscher Figur und angenehmen Manieren und verfügte damit über Gaben, die am eleganten Hof Ludwigs XV. von Nutzen waren. Der König mochte ihn, bat ihn zu intimen Soupers mit der Marquise, nannte ihn den »kleinen Bruder«. Abel Poisson gefiel und hatte Erfolg; weder stellte er unangemessene Ansprüche, noch benahm er sich kompromittierend, und vor allem war er seiner Schwester völlig ergeben.

Und doch legte dieser vielversprechende Bruder eine Eigenschaft an den Tag, die den Ambitionen, welche die Schwester für ihn hegte, im Weg stand. Der Bruder der Favoritin, vom Vater in einem äußersten Mißtrauen seiner selbst erzogen, war bis zur Schüchternheit bescheiden; er hatte die Scham, die dem Ehrgeiz die Sicherheit und der Haltung die Ungezwungenheit nimmt. An einem Hof wie Versailles war er mit solchen Schwächen unerbittlichem Spott und boshafter Verleumdung ausgesetzt, denn die Höflinge gingen so weit, die Schüchternheit des jungen Mannes mit Bedeutungslosigkeit gleichzusetzen, und dichteten Spottverse über ihn.

Das Gespött kränkte die Marquise, doch gleichzeitig erschütterte es ihre Liebe zum Bruder, der seine neue Würde in ihren Augen nicht gebührend ernstnahm und die Spötter durch seine Arglosigkeit zudem noch ermutigte. Sie versuchte, ihn aufzurütteln, sie stachelte ihn an, sich um Positionen, einflußreiche Beziehungen und Ehrungen zu bemühen. Vergeblich – es gelang ihr nicht, seine Trägheit und seine Bescheidenheit zu überwinden, die ihn zehnmal in seinem Leben einen Ministerposten ausschlagen ließen.

Schließlich gelang es der Marquise, dem Bruder die Anwartschaft auf des Amt des Monsieur Le Normant de Tournehem als Generaldirektor für das Bauwesen zu sichern, das er nach dessen Demissionierung antreten sollte.

Um ihn darauf vorzubereiten und seine künstlerische Erziehung zu vertiefen, schickte die Schwester ihn auf eine zweijährige Reise durch Italien, wobei sie selbst seine Reisegefährten, die zugleich seine Ratgeber und Lehrer waren, auswählte. Es waren der Baumeister Soufflot, der Zeichner Cochin mit Sohn sowie der Abbé Leblanc, bekannt als Kunstkritiker durch seine *Lettre sur les tableaux exposés au Louvre 1747*. Im Dezember 1747 brach Monsieur de Vandières, wie er inzwischen hieß, mit seinem Gefolge auf. Seine Schwester hatte ihm neben Ratschlägen, Instruktionen und Empfehlungen die Weisung mit auf den Weg gegeben, »herrlich zu leben und freigebig zu tafeln«.

In Lyon erhielt er den ersten Brief:

»Sie haben recht getan, mein Brüderchen, mir nicht Adieu zu sagen, denn trotz der Nützlichkeit dieser Reise für Sie und dem Wunsche danach, den ich seit langer Zeit in Ihrem Interesse hatte, hätte es mir Schmerz verursacht, Sie zu verlassen. Ich empfehle Ihnen nicht, mir oft Nachricht von Ihnen zu geben, denn ich bin ganz sicher, daß Sie es hier an nichts fehlen lassen werden, aber was ich Ihnen vor allem empfehle, das ist die größte Höflichkeit, eine sich gleich bleibende Diskretion und daß Sie sich wohl eingedenk bleiben, daß, da Sie für die Welt und für die Gesellschaft bestimmt sind, Sie gegen die ganze Welt liebenswürdig sein müssen, denn wenn man es bei den Leuten bewenden ließe, die man schätzt, so würde man fast von dem ganzen menschlichen Geschlecht gehaßt werden. Lassen Sie nicht die Unterredungen außer acht, die wir miteinander gehabt haben und glauben Sie nicht, daß, weil ich jung bin, ich nicht gute Ratschläge geben könnte. Ich habe so viele Dinge gesehen seit den viereinhalb Jahren, die ich hier bin, so daß ich mehr davon weiß als eine Frau von vierzig Jahren. Guten Abend, lieber Bruder, gehaben Sie sich wohl und lieben Sie mich ebensosehr, wie ich Sie liebe.«

Während der ganzen Reise beriet die Schwester den Bruder, dirigierte und leitete ihn. Im zweiten Brief schrieb sie:

»Ich bin fest überzeugt, daß man nur Gutes über alle Herrscher sagen kann, die Sie sehen werden. Da aber die Zurückhaltung bezüglich Königen und ihrer Familie nicht groß genug sein kann, so hüten Sie sich wohl, wenn Ihnen irgendein lächerlicher Einfall käme, dessen Ihr Alter fähig ist, davon jemals irgend etwas, wem es auch sei, zu schreiben, sogar mir nicht. Denn Sie werden leicht beurteilen können, daß die Briefe des Bruders von Madame de Pompadour in Turin geöffnet werden. Also behalten Sie wohl das, was Sie mir aufzutragen haben, wovon Sie nicht möchten, daß es bekannt werde, und schreiben Sie es mir erst, wenn Sie über Kuriere verfügen.«

In den einunddreißig Briefen, die von der Korrespondenz zwischen den Geschwistern erhalten sind, kommentierte Madame Pompadour die Unternehmungen des Bruders – ob Theaterbesuche oder wichtige Gespräche –, gab aus der Ferne Hinweise für die passende Kleidung, etwa anläßlich der Festlichkeiten beim Herzog von Savoyen; sie berichtete über Neuigkeiten am Hof, doch ebenso ausführlich über Geschichten, die dem Vater widerfahren waren:

»Mein Vater hat Ihnen eine Geschichte geschickt, die nicht von zwei Personen gesagt worden ist. Man hat ihn offenbar ausersehen, ihm diesen Roman auszuhändigen, der nie existiert hat. In Paris gibt es so viele Offiziere, Bösewichter, die, um einen unter dem Mantel der Freundschaft zu quälen, einem dauernd derartige Dinge anvertrauen, daß man in Wahrheit aus dem Loch einer Flasche gekommen sein müßte, um daran zu glauben. Diese Geschichte gehört wohl in diese Reihe. Wenn ich Ihnen etwas entbiete, so glauben Sie es, weil die Erfahrung, die ich erworben habe, nicht zuläßt, daß ich mich von solchen Berichten düpieren lasse, aber mein Vater, der alles glaubt, wenn es sich um seine Kinder handelt, und der sich als erster aufregt, wenn es um ihr Wohl oder ihr Weh geht, ist bei solchen Gelegenheiten argwöhnisch, um so mehr, als er alle Leute für ehrlich hält, denen er begegnet ist und gegen die er Dankbarkeit hegt, sobald sie ihm Freundschaft bezeigen. Kann er der Narr all dieser Grimassen dort sein, und ist es nicht möglich, ihm in den Kopf zu setzen, daß, sobald die Gunst verloren wäre, nicht mehr die Rede davon sein würde? Ich habe es ihm hundertmal gesagt, aber sein gutes Herz verführt ihn immer wieder und läßt ihn die anderen so sehen, wie er selbst ist.

Was die Höflinge anbetrifft, so bin ich gezwungen, Sie über sie aufzuklären. Sie beurteilen sie nicht so, wie sie sind. Wenn Ihre Geburt Ihnen gestattete, in ihre Fußstapfen zu treten, der Ämter wegen, um die Sie sich bewerben, so könnten Sie wohl dessen sicher sein, daß sie im geheimen versuchen würden, Ihnen zu schaden. Da aber dieser Fall nicht zutrifft, sind Sie für diese Leute ein indifferentes Objekt. Glauben Sie nicht doch, daß die Leute, die sich in so großer Vertraulichkeit befinden, jemals vor ihrem Meister von anderen als sehr oberflächlichen Dingen zu reden wagen und mit noch mehr Recht über irgend etwas, was auf mich Bezug hat. Das ist die exakte Wahrheit. Ich habe mich wohl umgesehen und gut nachgedacht, seitdem ich hier bin; ich habe aber zum wenigsten dabei die Kenntnis des Menschlichen gewonnen, und ich versichere Sie, daß es dieselben in Paris, in einer Provinzhauptstadt wie auch am Hofe sind. Der Unterschied der Gegenstände macht die Dinge mehr oder weniger interessant und läßt die Laster in einem größeren Licht erscheinen.«

Ein anderes Mal ging sie auf den glänzenden Empfang ein, den der Papst ihrem Bruder hatte zuteil werden lassen:

»Ich bin sehr einverstanden mit dem Empfang, den der Heilige Vater Ihnen bereitet hat. Die Rücksicht, die man auf mich nimmt, wundert mich nicht in diesem Lande, wo alle Welt meine Dienste nötig hat oder haben könnte; aber ich habe mich darüber gewundert, daß sie bis Rom reicht. Trotz dieser Annehmlichkeiten, die man genießen muß, verdreht sich mein Kopf nicht, und abgesehen von dem Glück, geliebt zu werden von dem, den man liebt, welches allen Ständen gleich ist, ist ein einsames und weniger glänzendes Leben wohl vorzuziehen. Ich hoffe, daß Sie wie ich denken werden und daß Sie sich nicht wegen der vergänglichen Ehren, die man der Stellung und nicht der Person zollt, für größer halten. Das heißt genug philosophieren. Ich werde Ihnen also sagen, um uns mit den Menschen, sowohl den alten als den neuen, in Verbindung zu setzen, daß alles, was ich von Rom gelesen und sagen gehört habe, mich auf die Bewunderung vorbereitet hat, die Sie dabei empfinden, und ich glaube gegenwärtig, Sie werden mir oft dafür erkenntlich sein, daß ich Sie zu dieser Reise aufgefordert habe.«

Und im darauffolgenden Brief fügte sie hinzu:

»Die Schilderung, die Sie mir von den Vergnügungen Roms machen, hat mich nicht verführt, mein lieber Bruder, trotzdem glaube ich, daß Sie sich dort nicht langweilen werden, da Sie so viele schöne Dinge zu sehen bekommen und so viele gute erfahren.«

Endlich schrieb die Marquise in einem Brief vom 12. Januar 1751:

»Monsieur de Tournehem erwartet, wie man sagt, Ihre Rückkehr, um seine Entlassung zu nehmen. Ich hoffe, daß nichts daraus wird, aber für den Fall, daß es doch stattfände, würde ich ihn mit aller Macht hindern, erstens seinetwegen, weil er deswegen sterben würde, und nach diesem auch Euretwegen. Obwohl Sie Kenntnisse gesammelt haben, sind Sie noch nicht fünfundzwanzig Jahre alt; wenn Sie mit achtundzwanzig oder dreißig an seine Stelle treten können, so wird das noch besser sein.«

Monsieur de Vandières war diese Wartezeit nicht mehr vergönnt. Le Normant de Tournehem starb im November 1751, und der Bruder der Pompadour wurde zum ordentlichen Generaldirektor für Bauwesen, Gärten, Künste und Manufakturen ernannt. In diesem Amt wurde er, wie Zeitgenossen es ausdrückten, zum »Arbiter elegantiarum«, indem er ein neues Stilgefühl für die Architektur und Gestaltung von Innenräumen schuf. Trotzdem gelang es ihm ungeachtet seines großen Einsatzes nicht, die Vorurteile und vorgefaßten Meinungen bei Hof abzubauen. Quesnay, der ansonsten nicht gerade als nachsichtiger Mann galt, hat die Situation treffend umrissen:

»Er ist ein Mann, der sehr wenig bekannt ist; niemand spricht von seinem Geist und von seinen Kenntnissen und auch nicht über das, was er für die Förderung der Künste tut; keiner seit Colbert hat ebensoviel an seiner Statt getan; er ist im übrigen ein sehr ehrlicher Mann, aber man will ihn nur als den Bruder der Favoritin ansehen, und weil er dick ist, hält man ihn für einen trägen und schwerfälligen Geist.«

Madame Pompadour wollte den Bruder eigentlich nicht als Wächter über die Kunst sehen; sie erstrebte für ihn die Position eines königlichen Haushofmeisters; ihr Ehrgeiz sah ihn als Ordensritter des Cordon Bleu, ein Projekt, das unter den Höflingen dahingehend kommentiert wurde, »der Fisch sei noch nicht dick genug, um ihn blau werden zu lassen«. Wenigstens gelang es ihr, nachdem das Landgut Marigny Marquisat geworden war, daß ihr Bruder 1756 zum Sekretär der Ritterschaft des Heiligen Geistes ernannt wurde, was ihm nunmehr erlaubte, das blaue Ordensband zu tragen.

Bei all diesen Rangeleien um Vorrechte, Gnadenakte und Gunstbezeugungen kam erschwerend hinzu, daß es außerdem Kämpfe kostete, den Bruder zur Annahme zu bewegen. Trotz aller schönen Worte mußte die Marquise bisweilen aufgeben – so blieb der Bruder hartnäckig bei seiner Weigerung, sich um die Anwartschaft auf die Nachfolge Saint-Florentins für das Innenressort oder um die von Machault im Ministerium für Marineangelegenheiten zu bemühen.

»Ich erspare Ihnen viel Kummer, wenn ich Sie einer kleinen Genugtuung beraube. Das Publikum wäre ungerecht gegen mich, was ich auch Gutes in meiner Stellung täte, was aber diejenige des Monsieur Saint-Florentin anbetrifft, so kann er noch fünfundzwanzig Jahre leben, und das würde mich um nichts weiterbringen. Die Mätressen werden genug gehaßt durch eigene Ursache, ohne daß sie sich auch noch den Haß aufladen, den man den Ministern entgegenbringt.«

Die heftigsten Debatten zwischen Bruder und Schwester jedoch, die oft zum Streit entarteten, entzündeten sich an der

Heiratsfrage. Madame Pompadour erträumte für ihren Bruder eine illustre Verbindung, an deren Glanz sie teilhaben konnte. Mal bot sie ihm eine Tochter des Marschalls Lovendal an, mal eine Tochter ihres Theaterdirektors, des Herzogs de La Vallière, mal eine Tochter der Prinzessin de Chimay. Sie versuchte, ihn durch das Versprechen zu ködern, ihn per königlichem Dekret zum Herzog ernennen zu lassen. Doch allen Verlockungen hielt der Bruder entgegen, daß er »allem seine Unabhängigkeit vorziehe«. Er sei nicht bereit, »das Opfer dieser Unabhängigkeit anders als für eine Frau zu bringen, die er wirklich liebte, und sicherlich nicht, um sich in die Fesseln einer Konvenienzheirat einfangen zu lassen«.

Madame du Hausset hat den Ärger der Madame Pompadour über den brüderlichen Starrsinn festgehalten:

»Das sieht meinem Herrn Bruder ähnlich, der nicht gewagt hätte, mir das zu sagen; jetzt schreibt er es mir; ich hatte für ihn eine Heirat mit der Tochter eines titulierten Mannes ins Werk gesetzt, er schien sich dazu herzugeben, und ich hatte mich engagiert. Heute läßt er mir sagen, daß er Informationen erhalten hat, daß der Vater und die Mutter von einem unerträglichen Hochmut sind, daß die Tochter sehr schlecht erzogen ist und daß er so sicher, daß nicht daran zu zweifeln ist, weiß, daß sie, nachdem sie Kenntnis der Heirat erhielt, sich mit der äußersten Verachtung über uns ausgedrückt hätte; daß er dessen sicher ist und daß man mich noch weniger geschont hat als ihn; endlich bittet er mich, die Heirat rückgängig zu machen, aber er hat mich allzu scharf vorgehen lassen, und nun macht er mir unversöhnliche Feinde.«

Die Jahre flossen dahin, ohne den Marquis de Marigny den Vorhaben der Schwester gefügig zu machen. Zufrieden mit dem Erreichten, fern vom Hof, den er nicht liebte, glücklich darüber, bequem leben zu können in der Welt der Künstler, die er zu seiner eigenen gemacht hatte, wollte er dieses Leben und seine Freiheit nicht für eine noch so glanzvolle Verbindung aufs Spiel setzen. Aber auch für diesen überzeugten Junggesellen kam der Tag der Eheschließung – er heiratete die

Tochter der Madame Filleul, einer Schwester der Gräfin de Séran. Die schöne, geistreiche Julie entsprach dem Ideal ihrer Gesellschaft, indem sie ein verführerisches Gesicht mit Sanftmut, Güte, Heiterkeit und einem liebenswürdigen Wesen verband. Unglücklicherweise entwickelte der Marquis bald eine argwöhnische Empfindlichkeit, ob ihm auch genügend Achtung und Zuneigung entgegengebracht würde. Er lebte in immerwährender Besorgnis, war mißtrauisch und quälte mit seiner düsteren Laune sich selbst und andere. Eifersüchtig beobachtete er das gute Verhältnis seiner Frau zu Mutter und Schwester, warf ihnen vor, daß seine Gegenwart ihnen lästig falle, daß Julie es nicht erwarten könne, daß er fortginge.

Zwar brachten die Eheleute ihr Zerwürfnis immer wieder in Ordnung, doch ihr Leben gestaltete sich als eine endlose Folge von Ehestreitigkeiten. Und diese Verbindung zwischen zwei Menschen, die sich bald nur noch verabscheuten und verletzten, verkürzte das Leben des Bruders von Madame Pompadour.

Besitztümer und Schlösser

cᴏᴏᴏ

Madame Pompadour dachte nicht nur an ihre Familie und an das Wohl jener, die sie unterstützten. Vor allem nutzte sie ihre Stellung dazu, ihr persönliches Vermögen zu mehren und zu wahrhaft königlichem Ausmaß zu steigern. In ihrer Natur schien der Trieb zu liegen, Ländereien zu sammeln, und so besaß sie am Ende so viele Schlösser, Güter und Domänen, wie keine königliche Mätresse vor ihr es auch nur zu erträumen gewagt hätte.

Da war zunächst das Landgut Crécy bei Dreux, das Madame Pompadour für sechshundertfünfzigtausend Livres kaufte, neu untermauern und wiederherstellen ließ. Gleichzeitig wurde der Park völlig neu angelegt, und so entstand, nach einer Beschreibung der Herzogin de Luynes, ein exquisites Schloß mit eigenen Gemächern für den König, mit reich verzierten Salons und einem Versammlungssaal von neunundvierzig Fuß Länge, mit einer Terrasse hoch über dem Tal der Blaise und mit kunstvoll gestalteten Parkanlagen. Dort im Schloß von Madame versammelte sich für einen Moment sogar die Welt des Hofes – die Welt von Choisy, Compiègne, Fontainebleau mit ihren grün-goldenen Uniformen –, als Ludwig XV. nämlich in Crécy seinen Staatsrat abhielt.

Bald genügte das Schloß den Ansprüchen der Favoritin nicht mehr. Sie kaufte erst Montretont – das »Tréton« ihrer Briefe –, um es jedoch rasch wieder zu verkaufen, erwarb dann von einem Kammerdiener des Königs für zweihundertsechzigtausend Livres La Celle, das eine Meile von Versailles entfernt gelegen war. Das »kleine Schloß«, wie man diesen Besitz nannte, war auf drei großen Terrassen zwischen zwei kleinen Gehölzen erbaut, die gärtnerisches Geschick zu Arkaden und Bogenlauben geformt hatte. Auf einem Kanal lag eine Schaluppe vor Anker; am Ufer blühten Kolonnaden von Stockrosen in duftigem Rosa und zartem Schwefelgelb, die sich im unbeweglichen Wasser widerspiegelten. Eines Nachts im August 1748 waren der Kanal und die Gondel erleuchtet, und in den Arkaden der beiden Gehölze wiegten sich Gaslaternen: Madame Pompadour gab eine Feier zu Ehren des Königs, zu der ein kleiner Kreis von Auserwählten, darunter d'Argenson, Maurepas, Puisieux und Saint-Florentin, Eintrittskarten erhalten hatte, auf denen die Worte standen: »Gutschein zum Eintritt«. Nachdem das Fest um zehn begonnen hatte, erschien noch während des Desserts die Marquise im Nachtkostüm und rief: »Kommt alle mit«, und die ganze Gesellschaft folgte ihr in eines der Wäldchen, wo ein Kinderballett tanzte und ein Chor sang. Schließlich nahmen die Damen und Herren bereitliegende Masken und verschwanden im erleuchteten Park.

Obwohl das kleine Schloß von Grund auf umgestaltet worden war und immerhin siebzehn herrschaftliche Wohnungen enthielt, hatte es – entsprechend den Intentionen seiner Besitzerin – ein eher bürgerliches Gepräge und sollte vor allem privaten Zwecken dienen. Hier konnte man ungestört dinieren, vor der Hitze des Sommers fliehen oder einfach ein paar Tage auf dem Lande ausspannen. Nach Crécy und La Celle kamen die Eremitagen dran. Die erste war die Eremitage von Versailles: Auf sechs Hektar Boden, die vom kleinen Park neben dem Drachentor abgeteilt waren und die der König ihr durch eine Urkunde vom 1. Februar 1749 zum Geschenk gemacht hatte, ließ die Pompadour ein kleines, einfaches Haus mit persischen Behängen und gemalten Paneelen errichten, in dessen Garten ein Adonis aus weißem Marmor stand.

Die Eremitage von Fontainebleau war eine fast bäuerlich anmutende Behausung, zu der ein großer Hof mit vier Hühnerställen gehörte, und ursprünglich zu dem Zweck errichtet, den Herrscher mit frischen Eiern zu versorgen. Das Haus umfaßte im Erdgeschoß lediglich einen Speisesaal und ein Kabinett, das sechs Spieltische aufnehmen konnte; im ersten Stock gab es zwei Appartements – das eine für die Hausherrin, das andere für die Herzensfreundin, Madame d'Estrades.

Die Eremitage von Compiègne, ein kleiner Bau im italienischen Stil, war die einfachste und hinsichtlich der Baukosten die mit Abstand preiswerteste. Hier gab die Favoritin 1756 während des Siebenjährigen Kriegs ein Fest aus Anlaß der Einnahme Mahons durch Richelieu.

In Versailles ließ sie auf einem Grundstück, das Ludwig XV. ihr 1752 überlassen hatte, ein Haus bauen, das durch einen Gang direkt mit dem Schloß verbunden war. In Paris begnügte sich Madame Pompadour nicht lange mit jenem Appartement, das Ludwig XV. ihr 1751 als Zeichen seiner Gunst überschrieben hatte[1] und das sich im ersten Stock des Hôtel Pontchartrain befand, das den Gesandten als Residenz diente. Vielmehr erwarb sie für siebenhundertdreißigtausend Livres das Palais des Grafen d'Évreux im Faubourg St. Honoré, das sie unverzüglich umbauen und umgestalten ließ. Für die Wände wählte sie eine Tapete mit dem Monogramm L und einer Königskrone darüber und für die Fenster kostbare Gardinen, so daß sie neben dem Kaufpreis an die hunderttausend Livres für diese Residenz in einem einzigen Jahr ausgab.

Madame Pompadour bezahlte alles, was man von ihr forderte; die Verkäufer profitierten von ihrer Gier, zu erwerben und zu besitzen. Dennoch stellten die Kaufpreise selbst – so gewaltig sie erscheinen mögen – nur den geringeren Posten dar. Was Unsummen verschlang und Frankreich rund sechsunddreißig Millionen kostete, das waren all die Maler, Bildhauer, Stukkateure, Vergolder, Gießer, Schreiner, Gärtner und andere mehr, von denen die Favoritin jede dieser neuen Domänen ihrem Geschmack entsprechend ausgestalten ließ. Dieser bedingungslosen Hinwendung zum erlesensten Luxus, zu einem bis dahin unbekannten Kunstgeschmack verdanken wir jene Prunkschlösser, deren herausragendstes Beispiel Bellevue war.

Dieses kleine, entzückende Modell eines königlichen Schlosses, dieses Museum der französischen Kunst war wie ein Wunder aus dem Boden gestiegen. Die Marquise selbst hatte den Ort entdeckt und – überwältigt von der Schönheit des Anblicks, den sanften Hügeln, die sich wie eine natürliche Terrasse über der Seine erhoben – den beiden Baumeistern L' Assurance und L' Isle den Auftrag zum Bau erteilt, wobei sie sich an der Planung und Ausführung intensiv beteiligte. Der erste Spatenstich erfolgte am 30. Juni 1748, und obwohl der sandige Boden die Arbeiten erschwerte, schafften achthundert Arbeiter die Fertigstellung so schnell, daß die Einweihung am 25. November 1750 stattfinden konnte. Jedoch verlief dieses Richtfest nicht glücklich: Alle Kamine rauchten, und der König und die geladenen Gäste waren gezwungen, in einem Gartenhäuschen zu speisen.

Die wirkliche Einweihung von Bellevue fand am 2. Dezember mit der Aufführung des Balletts *Amor als Architekt* auf dem im chinesischen Stil dekorierten Theater statt. In diesem Ballett sah man einen kreißenden Berg mit dem Schloß der Favoritin niederkommen und auf der Straße nach Bellevue einen Wagen umkippen, der einen Korb voller Frauen auf der Bühne ausschüttete.

Die Front des Hauptbaus zierten Marmorbüsten, die in den Fensterpfeilern standen. Bedeutende Künstler jener Zeit hatten an der Ausgestaltung im Inneren mitgewirkt. Im Vorzimmer wetteiferten zwei Werke der Bildhauer Falconet und Adams miteinander; den Speisesaal schmückten Jagd- und Fischereiszenen von Jean-Baptiste Oudry, einem für dieses Genre herausragenden Künstler. Für das Gesellschaftszimmer hatte der Niederländer Van Loo, der »erste Maler« Ludwigs XV., sechs Wandbilder geschaffen. Eine Galerie mit einem marmornen Amor von Saly führte zum Musiksaal und weiter zu den

Gemächern des Königs, die ebenfalls von Van Loo ausgestaltet worden waren. Durch ein mit dunkelblauem Tuch ausgeschlagenes Boudoir, dessen Türen chinesische Malereien schmückten, gelangte man in das Reich der Marquise, das im wesentlichen durch Werke von Brunetti geprägt wurde: durch Figuren von Olympia, Ariadne und Bacchus, Zephyr und Flora, Diana und Endymion. Louis Boulogne, der Begründer einer berühmten Malerfamilie, und Josephe Vernet, einer der bedeutendsten damaligen Landschaftsmaler, zeichneten für die Gemächer des Dauphins und seiner Gemahlin verantwortlich, die Madame Pompadour bei der Raumaufteilung trotz des gespannten Verhältnisses berücksichtigt hatte.

Der ganze Stolz der Marquise galt jedoch der Galerie, die sie selbst entworfen hatte. Nach ihren Plänen waren Girlanden von erstaunlicher Leichtigkeit von Verbreck geschaffen und in zarten Farben von Dinant und du Fort ausgemalt worden. Den Gemälden von Boucher entsprachen die Stoffe der Möbel. Perrots Pinsel hatte in fröhlichen Farben das Spiel des Lichts eingefangen und die Wand mit einem Band ländlicher Allegorien bemalt. Alles in Bellevue war harmonisch abgestimmt – die blendend vergoldeten Salons ebenso wie die hügeligen Gärten mit ihren Grotten, Quellen und Kaskaden, mit ihren Alleen, unter deren Bäumen eine Gesellschaft promenierte, die ebenfalls dem Stil des Ortes entsprach. Die Herren trugen purpurnes goldbesticktes Tuch, die grauweißen Satinwesten mit einer purpurnen Verschnürung überzogen und von einer breiten, mattgoldenen Stickerei umsäumt; die Roben der Damen waren den Westen der Herren angeglichen. Im Winter steigerte die Marquise den Zauber von Bellevue noch, indem sie das Parterre in einen Märchengarten verwandeln ließ, in dem wohlriechend alle Blumen des Frühjahrs, alle Blumen des Sommers prangten, nachgebildet aus parfümiertem Vincenner Porzellan.

Eines Tages jedoch war Madame Pompadour auch Bellevues überdrüssig und verlegte sich aufs Mieten: Für zwölftausend Livres übernahm sie den komplett möblierten Besitz des Herzogs de La Vallière, und in das gemietete Anwesen des Herzogs de Gesvres – seit Jugendjahren ein Freund des Königs – steckte sie im Verlauf von fünf Jahren fünfhunderttausend Livres. Die letzte Akquisition der Madame Pompadour war schließlich das Marquisat von Ménars – ein Landgut, dem sie nur einen einzigen Besuch abstattete und das sie jahrelang in Raten abzahlte, welche Summe insgesamt, ist unbekannt.[2]

Doch nicht nur die eigenen Besitzungen waren es, denen sie ihren Stempel aufdrückte: Sie ließ auch die Schlösser des Königs nach ihrem Geschmack umgestalten. So war Choisy am Ende beinahe ihr Eigentum – so sehr hatte sie bis ins kleinste Detail das Erscheinungsbild des Schlosses wie auch die Lebensformen dort ihrem Stil unterworfen. Ihrem Erfindungsreichtum verdankte sich der Einbau mechanischer Einrichtungen – wie der Tisch, der sich maschinell nach oben bewegte. Ihr ganzes Trachten ging dahin, für Abwechslung zu sorgen, den König durch Kontraste zu überraschen und zu zerstreuen. Sie verstand sich meisterlich darauf, alles in ein Zaubergespinst zu hüllen; sie führte Ludwig XV. durch einen Tunnel hundertjähriger Bäume in eine Einsiedelei, wo ein einfacher ländlicher Geschmack regierte, wo das Haus einer Schäferidylle gleichkam, wo die Gärten, vom Pomp der französischen Gartenanlage befreit, nur aus Myrten- und Jasminlauben bestanden, aus Rosenbüschen und versteckten Statuen, aus Feldern von Narzissen, Nelken, Veilchen und Tuberosen, die die Luft mit ihrem vielfältigen Duft schwängerten.

In solchem Ambiente erneuerte sie auch ihre Schönheit und unterhielt den König durch immer neue Varianten ihrer Persönlichkeit: Mal erschien sie vor ihm als Sultanin, mal im Gewand einer Gärtnerin – ein Kostüm, das der Nachwelt durch ein Bild überliefert ist. Sie selbst hat dieses Gemälde als das treffendste bezeichnet: Es zeigt die Marquise, auf dem

Kopf einen Strohhut, der mit jenem Blau gefüttert ist, das ihre Lieblingsfarbe war; am linken Arm baumelt ein Blumenkorb, in der rechten Hand hält sie einen Hyazinthenstrauß. Oder aber sie bezauberte die Augen des Königs durch ein »Désha-billé«, ein elegantes, großzügig dekolletiertes Hauskleid, in dem sie alles zeigte, was sie sehen lassen, und alles andeute-te, was sie verhüllen wollte, und das man seitdem »Négligé à la Pompadour« nannte.

Auf der Lauer

Trotz aller variantenreichen Verführungen mußte Madame Pompadour jeden Tag aufs neue um ihre Machtstellung kämpfen: Es war eine nie endende Schlacht, eine Anspannung, die sie nicht zur Ruhe kommen ließ, eine Aufgabe, um die ihr ganzes Denken kreiste. Jeder Tag brachte die gleiche Mischung aus Intrigen, Heimlichkeiten und listigem Taktieren, ohne die es der Mätresse unmöglich gewesen wäre, sich dauerhaft in dieser labilen Stellung allerhöchster Gunst zu halten, um die sie ständig beneidet und deretwegen sie ständig angegriffen wurde, in der sie unentwegt Gefahr lief, in eine Falle zu gehen – jederzeit konnte ihre Macht wie eine zarte Wolke verweht werden. Den König zu besitzen, seine Langeweile zu zerstreuen, seine Müdigkeit wegzuwischen, sein Leben zu erfüllen mit immer neuen Überraschungen, schön zu bleiben trotz Erschöpfung und Krankheit, sich die Frische zu bewahren – das waren die geringeren Sorgen der Pompadour. Sie zählten nichts im Vergleich zu der Notwendigkeit, zu jeder Stunde wach und auf der Hut zu sein, um bereits in einem Lächeln die sich anbahnende Drohung und in einem Erfolg die heraufziehende Gefahr zu erkennen. Sie schonte weder ihren Geist noch ihren Körper, wenn es darum ging, allem zu widerstehen, was den König umgab, allem, was sich ihm näherte – den heimlichen Feinden, den geheimen Verschwörungen, den Parteien, dem Hof, der königlichen Familie, den politischen Beratern, kurzum allen verhüllten und offenen Gefahren!

Trotz der Entlassung von Maurepas hatte die Marquise im

Kreis der Staatssekretäre weiterhin einen erbitterten Gegner, der sogar weitaus gefährlicher und ernstzunehmender war, denn anders als Maurepas war der Graf d'Argenson in jeder Situation Herr seiner selbst. Er wahrte stets die Form und war weit davon entfernt, seine langfristigen Pläne etwa durch ein kleines siegreiches Wortgefecht im Salon zu gefährden. Ludwig XV. betrachtete ihn als einen ihm unbedingt ergebenen Minister ohne persönliche Interessen, der ihm in mehrjähriger Zusammenarbeit äußerst angenehm geworden war, weil er ihm die Details ersparte und ihn langsam und geduldig zu den entscheidenden Punkten hinführte. Der Graf hatte viel vom Kardinal Fleury übernommen, der einst den jungen König geführt hatte. Wie dieser verstand d'Argenson sich darauf, Ludwig durch Worte zu umschmeicheln, stets in seiner Nähe zu sein, auch wenn er von der Gicht so geplagt wurde, daß er nicht mehr er selbst zu sein schien. Er stand ihm bei in den Stürmen, die seine Mätresse bisweilen entfachte, und erzeugte beim König Gefühle der Dankbarkeit und einer fast kindlichen Anhänglichkeit: Ludwig wurde gleichsam zum politischen Mündel. Ein Staatsmann ohne Gewissen, erzogen in einem Geist, der die Menschen in zwei Klassen teilte – in geistreiche Lumpen und ehrliche, aber törichte Leute, die tunlichst von Geschäften fernzuhalten waren – bediente d'Argenson sich heimlich jedes Mittels, und jeder noch so verschlungene Pfad war ihm recht, um ans Ziel zu gelangen. Seinen Ehrgeiz und seinen Groll verstand er geschickt durch die höfischen Tugenden der Verstellungskunst und der Geduld zu bemänteln. Sein Streben ging dahin, im Lauf der Zeit mittels jesuitischer Machenschaften zum Herrn des Ganzen aufzusteigen, ohne daß andere diesen heimlichen Prozeß der Besitzergreifung, die sein Bruder, der Marquis d'Argenson, als freundliche Tyrannei bezeichnete, überhaupt richtig wahrgenommen hätten.

Seinem großen Ziel, Leitender Minister zu werden, dessen Herrschaft auf der Schwäche des Königs beruhte, stand hartnäckig in der Gestalt der Madame Pompadour ein schier unüberwindliches Hindernis entgegen. An ihr scheiterte es, daß der Graf in der Nachfolge des alten Kardinals den Herrscher und damit die Politik lenken konnte. Zwischen d'Argenson und der in ihren Haßgefühlen zutiefst starrsinnigen Madame Pompadour entbrannte ein zäher Kampf. Die Marquise nahm es dem Grafen übel, daß er sich nicht wie andere als willfähriges Werkzeug erwies. Sie verzieh ihm nicht, daß er nicht den Mann ihrer Wahl zum Generalkontrolleur der Finanzen gemacht und ein anderes Mal bei der Vergabe eines Postens ihren Vetter, der für ihr Theater Musikstücke komponierte, übergangen hatte. Vor allem aber konnte sie ihm nicht seine beleidigende Anmaßung verzeihen, mit der er sie – wenn er sie schon nicht zu stürzen vermochte – auf die eitle und leere Aufgabe reduzieren wollte, lediglich für die Vergnügungen des Königs da zu sein. Grundsätzlich hegte die despotische Favoritin gegen d'Argenson, wie dessen Bruder es ausdrückte, »einen von Ranküne erfüllten Haß, in dem es bald Rückfälle auf Rückfälle gab«.

Dieser Krieg wurde nur selten offen geführt, sondern fand mehr im verborgenen und auf indirekte Weise statt. Es kam zu scheinbaren Aussöhnungen und falschen Friedensverträgen, doch ungebrochen versuchten beide Seiten, die Kräfte des Gegners zu schwächen. So konnte es geschehen, daß d'Argenson heimlich im Haus des Präsidenten Hénault mit Richelieu zusammentraf, um dessen Groll gegen die Favoritin zum eigenen Vorteil auszunutzen, daß er gleichzeitig für die Rivalin ein großes Diner gab, das in ganz Paris als Beweis endgültiger Aussöhnung diskutiert wurde. Monatelang schien es, als ob sie alle Beschlüsse gemeinsam faßten: Madame Pompadour und Madame d'Estrades taten nichts mehr, ohne d'Argenson zu befragen, und d'Argenson seinerseits traf keine Entscheidung, ohne den Rat der Favoritin einzuholen. Im Mai 1750 nahmen die beiden Damen sogar an einer Ratssitzung im Kriegsministerium teil, und im Dezember 1750 registrierten die Höflinge, daß der Graf als einziger Minister beim Coucher in Bellevue zugelassen worden war.

Aber selbst in diesen Phasen scheinbarer Versöhnung arbeitete die Favoritin daran, dem Grafen die Unterstützung seines Kollegen Machault, des Generalkontrolleurs der Finanzen, zu entziehen. Machault, eher zögerlich und unsicher, ergab sich leicht der Madame Pompadour und wurde von ihr gerne vorgeschoben. Sie pries überall seine Verdienste und steigerte sein Ansehen beim König, während sie Ludwig gleichzeitig aus dem Kreis der Königin geschickte Indiskretionen zuspielen ließ, die d'Argensons Gegnerschaft gegen die Favoritin verrieten. Ihre Taktik ging auf: Eines Tages, während Machault als Siegelbewahrer im Rat Platz nahm, beschied der König d'Argenson mit einer gewissen Härte: »Monsieur, es heißt jetzt eine Stufe niedriger steigen!« Die Höflinge, die diesen Vorfall fast als Ungnade werteten, sahen sich in ihren Vermutungen bestärkt, als einige Tage später Machault dem Dauphin die Instruktionen eines Ratsbeschlusses überreichte – eine Aufgabe, die eigentlich dem Grafen d'Argenson als Alterspräsident der Staatssekretäre zugekommen wäre. Die Zeichen sinkender Gunst mehrten sich, und der Graf schien einen Augenblick an seiner Stellung zu verzweifeln. Er sagte, »daß er nur noch an einem Faden hinge, daß er allein wäre wie ein Pique-As«.

Aber so krank und gichtig, so erloschen und ermattet er auch war, so sehr Machaults Einfluß wachsen mochte und dieser Personen seines Vertrauens ins Ministerium berief – ungebrochen hielt d'Argenson fest an seinem feindseligen Haß gegen Madame Pompadour und machte sich daran, dieser die vertraute Freundin auszuspannen.

Madame d'Estrades, diese angeheiratete Verwandte, die auf Betreiben der Marquise zur Kammerfrau der Töchter des Königs ernannt worden war und die bei allen Entscheidungen immer zu Rate gezogen wurde, hegte desungeachtet heftige Gefühle der Eifersucht und des Neides gegen Madame Pompadour, wie es bei derart ungleichen Frauenfreundschaften nicht selten vorkommt. Und in Versailles tuschelte man hinter vorgehaltener Hand sogar über ein ziemlich unverblümtes Angebot, das die kleine Frau mit den dicken Wangen dem angetrunkenen Monarchen einmal gemacht hatte.[1] D'Argenson, dessen hervorragendstes Machtinstrument aus einem exzellent aufgebauten Spionagesystem bestand, bekam Wind von den geheimen Ambitionen der Madame d'Estrades und hatte sogleich die Idee, diese Freundin als Schutzschild zu benutzen, hinter dem er seine Attacken gegen die Favoritin starten konnte. Er erkannte sofort, daß er ihren Ehrgeiz und ihre Rachsucht, ihre Verbitterung und ihre Selbstliebe, die durch die Marquise oft genug gekränkt worden waren, für seine Zwecke einsetzen konnte. Indem er all diese dumpfen Leidenschaften der gleicherweise protegierten wie gedemütigten Frau ansprach, indem er ihr mit Feingefühl schmeichelte und sie mit der Überzeugungskraft eines geübten Plauderers einlullte, gelang es ihm, sich die Gräfin d'Estrades vollkommen dienstbar zu machen. Dieses Bündnis, das der Favoritin zunächst verborgen blieb und dann ihrer Kontrolle entglitt, erlaubte d'Argenson einen unmittelbaren Einblick in die »Petits Appartements«. Jetzt wußte er von allen Gedanken der Marquise, ihren Vorhaben und Plänen, von vertraulichen Gesprächen und Zusammenkünften. Und er wußte von ihren Ängsten, die aus der nachlassenden Leidenschaft des Königs erwuchsen.

Schließlich holte er zu seinem kühnen Schlag gegen die Favoritin aus und griff zu jenem letzten verzweifelten Mittel, dessen sich königliche Ratgeber zu allen Zeiten bedient haben: Er versuchte, Ludwig eine neue Mätresse, eine Rivalin, zuzuführen. Seine Wahl fiel auf die junge Charlotte-Rosalie de Choiseul-Romanet, eine Nichte der Madame d'Estrades, an deren Gefälligkeit und heiterem Leichtsinn sowie an deren herausfordernden Reizen der König Gefallen zu finden schien. Nun sollte aus der Sache Ernst werden! Mit Billigung

der Marquise, die in der jungen Frau keine ernsthafte Kon-
kurrentin sah, wurde Madame Choiseul auf allen Reisen mit-
genommen und zu allen Abendessen in den Kabinetten geladen. Überall ließ sie laut vernehmen, daß sie unfähig sei,
ihrem Mann gegenüber eine Verfehlung zu begehen, daß sie
alle jungen Leute bei Hof verabscheue und der König der einzige sei, dem sie nicht widerstehen würde. Der König war geschmeichelt, gerührt, bewegt, erobert, und wenn Madame
Choiseul sich bei den Töchtern des Königs aufhielt, pflegte er
Versailles nicht zu verlassen.

Es war an der Zeit, daß der König nicht mehr durch finste-
re Stiegenhäuser wandeln mußte, um eine platonische Liebe
zu pflegen, und so wurde der Tugendsturz der jungen Madame
Choiseul beschlossen. Dubois, der Sekretär d'Argensons, hat
später über die Szene berichtet, die sich im Kabinett des
Staatssekretärs abspielte, wo die Hauptanstifter mit einigen
Vertrauten auf das Resultat des Rendezvous warteten. Schließlich kam Madame Choiseul mit unordentlichem Haar und in
einer gewissen allgemeinen Unordnung, die das Zeichen ihres Triumphes war, angelaufen. Als Madame d'Estrades sie
mit offenen Armen empfing und sie fragte, ob die Sache endlich gelungen sei, erwiderte sie: »Ja, es ist soweit, ich werde geliebt, er ist glücklich, man wird sie wegschicken, er hat mir
sein Wort gegeben«, worauf es im Kabinett einen Freuden-
ausbruch gab.

Schon bald ging in Versailles das Gerücht um, die Marquise sei in Ungnade gefallen, als ein unerwarteter und unwahr-
scheinlicher Zufall die angezettelte Intrige zunichte machte.
Madame Choiseul hatte einen Brief vom König erhalten, und
da sie sich das Geschenk ihrer Person mit allen erdenklichen
Ehren und Vergünstigungen bezahlen lassen wollte, jedoch
nicht recht die Antwort zu formulieren wußte, wandte sie sich
in ihrer Verlegenheit an einen Verwandten, den Grafen de
Stainville, später Herzog de Choiseul. Zu jener Zeit war der
Graf einer der erbittertsten Feinde der Madame Pompadour

und nannte sich selbst den Ritter von Maurepas, um auf diese Weise seine Verbundenheit mit dem wegen seiner Haßtiraden gegen die Favoritin vom Hof verbannten Minister zu demonstrieren. Vielleicht hat es seinen Stolz gekränkt, daß eine Choiseul Mätresse des Königs werden sollte, vielleicht aber auch hat ihn eine gerissene, ehrgeizig-berechnende Eingebung bewogen, sich plötzlich auf die andere Seite zu schlagen. Jedenfalls suchte der Graf um eine Audienz bei Madame Pompadour nach und übergab ihr den Brief. Zwar verspüre er keine Zuneigung zu ihr, sagte er, doch empfinde er Hochachtung für sie, weil sie dem König nützlich sei. Im übrigen schulde sie ihm nichts, denn er habe diesen Schritt nur zum Wohle des Staates getan. Der Rest der Zusammenkunft zwischen der Favoritin und dem späteren Leitenden Minister wurde darauf verwandt, Mittel zu ersinnen, um Madame Choiseuls Ambitionen zu durchkreuzen. Bereits wenige Tage später, im Januar 1753, wurde sie, nach Aussagen des Marquis d'Argenson, »gleich einer Hure, die ein schlechtes Benehmen und auf den König ein Auge habe«, aus Versailles vertrieben. Nur ihren Dienst als Gesellschaftsdame bei den Töchtern des Königs durfte sie weiter versehen.

Obwohl die Marquise sehr wohl wußte, daß diese Intrige maßgeblich von Madame d'Estrades und d'Argenson angezettelt worden war, fühlte sie sich nicht stark genug, ihre Vertraute wegzuschicken. Sie begnügte sich damit, ihr weitere Kontakte mit der Nichte untersagen zu lassen, und wählte die Herzogin de Brancas zu ihrer neuen Vertrauten. Indessen baute d'Argenson durch geschickte Manöver seine Machtposition wieder auf, indem er von neuem Männer für sich gewann, mit denen die Favoritin zerstritten war. D'Argenson verbündete sich jetzt mit den rigorosen Gegnern der Marquise und näherte sich damit dem frommen Kreis der Königin an. Er lehnte es aber ab, der Favoritin zu begegnen und ignorierte umlaufende Gerüchte, daß er in seinem Amt ersetzt werden sollte. Darüber hinaus tat er alles in seiner Macht

Stehende, um das Ansehen von Madame d'Estrades bei der königlichen Familie zu steigern. Madame Pompadour ihrerseits versuchte, die gefürchtete Bundesgenossin des Grafen loszuwerden, indem sie die d'Estrades beschuldigte, Geld angenommen zu haben. Aber die Gräfin zog sich aus der Affäre, in die statt dessen ein Verwandter von ihr, der Graf de Maillebois, hineingezogen wurde.

Es kam der Augenblick, da die Favoritin über die täglichen Einflußmöglichkeiten der d'Estrades auf die Familie des Königs, die sie als Gesellschaftsdame hatte, ernsthaft beunruhigt war und Gegenmaßnahmen ergriff, indem sie selbst Annäherungsversuche bei den Töchtern des Königs unternahm. So bat sie Ludwig XV., seiner vierten Tochter, Madame Adelaide, eine Wohnung einzurichten, die durch eine Treppe direkt mit den königlichen Gemächern verbunden war. Über die Töchter erhoffte sie sich einen verstärkten Einfluß, denn der König unterhielt sich gerne mit ihnen und fragte sie um Rat. Ein engeres Zusammenleben hätte ihren Stimmen noch mehr Gewicht verleihen können, doch Ludwig widersetzte sich dem Plan seiner Mätresse. Und der ersichtlichste Vorteil, den die Marquise aus diesem Versöhnungsversuch zog, war der, daß die Töchter des Königs sie »Maman Putain« nannten.

Alles schien sich gegen Madame Pompadour zu verschwören, denn zusätzlich stieg d'Argenson erneut in der Gunst des Königs, der sich gerade mit Berichten über den luxuriösen Lebenswandel und die immensen Ausgaben der Marquise konfrontiert sah, die Madame d'Estrades in übertriebener Weise publik gemacht hatte. Das Blatt wendete sich durch das Verschwinden eines Briefes: Ludwig XV. hatte der Favoritin, die krank im Bett lag, ein Schreiben geschickt, in dem er ihr über die Parlamente berichtete. Dieser Brief hatte auf einem kleinen Tisch neben dem Bett gelegen, als Madame d'Estrades ihre Aufwartung machte, und danach war das Billett nicht wieder aufzufinden. So lautete zumindest die Anschuldigung der Marquise, die über diese Verletzung von

Staatsgeheimnissen und über diese Mißachtung königlicher Unantastbarkeit dermaßen in Zorn geriet, daß sie von Ludwig die Entlassung der Gräfin verlangte. Der König verteidigte sich und hielt den Vorwürfen die positiven Eindrücke entgegen, die seine Töchter von Madame d'Estrades gewonnen hatten. Hénault, der Präsident des Pariser Parlaments, vermutete sogar, daß Ludwig XV. die Gräfin schonte, um seine Mätresse in Rage zu bringen. Die Marquise ihrerseits hielt sich an Madame Adelaide, von der sie wußte, daß sie im Augenblick mit ihrer Gesellschaftsdame unzufrieden war, weil »Madame d'Estrades sie einigermaßen langweile«. Nachdem sie den König mit diesem Ausspruch seiner Tochter konfrontiert und sie in einer Szene all ihre schauspielerische Kunst und all ihre Koketterie eingesetzt hatte, entschied sie mit äußerster Anstrengung eine lange und ungewisse Schlacht zu ihren Gunsten: Eine Stunde, nachdem er Madame d'Estrades zum Souper eingeladen hatte, ließ der König ihr am 7. August 1755 einen Siegelbrief zustellen, der sie aus Versailles verbannte.[2]

D'Argenson reagierte auf diese neue Entwicklung damit, daß er der in Ungnade gefallenen Gräfin eine Wohnung in Chaillot, auf dem Weg nach Versailles, mietete. Zwar verdoppelte er seine Anstrengungen beim König, doch weigerte er sich, ein Arrangement mit der Favoritin zu treffen – als Grund schützte er vor, sie habe ihn durch die Entlassung der Gräfin persönlich beleidigt. Im übrigen zügelte er seine Haßgefühle, übte sich wieder einmal in Geduld und wartete auf eine für ihn günstige Wendung. Währenddessen tröstete er sich damit, heimlich die Entstehung von Pamphleten gegen die Marquise zu fördern und Gerüchte wie Affronts zu schüren.

So stellte sich das ganze Leben der Madame Pompadour, das nach außen als glanzvoll und gesichert, als wohlgefestigt und in beständigen Bahnen verlaufend erschien, im Grunde als ein einziger elender, ungewisser Zustand dar, als tägliche Qual angesichts einer stets bedrohten Machtposition. Tag für

Tag, Stunde um Stunde, war sie gezwungen, auf einem Terrain zu kämpfen, das sie noch kaum erobert hatte. Nicht einen Augenblick lang konnte sie die Gunst ihrer Stellung voll und friedlich genießen; nie war ihr jene Sicherheit und jenes Vertrauen vergönnt, das glücklichere Favoritinnen bei ihren königlichen Geliebten gefunden hatten. Für Madame Pompadour gab es nicht einen Moment der Ruhe, nicht einen Moment gelöster Hingabe; selbst in intimen Situationen mußte sie notwendigerweise den König quasi ausspionieren und kaltblütig hinter der Maske des Mannes nach den Geheimnissen des Herrschers suchen. Sie mußte alle Tage eine immerwährende Komödie spielen und mit aufgesetzter Fröhlichkeit ihre sorgenvollen Gedanken und ihre ureigensten Wünsche verbergen. Sie war gezwungen, ihr Leben auf den Hof auszurichten; sie mußte versuchen, die Menschen um sich herum zu durchdringen, und spannte dabei den Generalpostmeister Janelle sowie den Polizeileutnant Berryer, die ihr Einsicht in Briefe und Berichte gewährten, für ihre Zwecke ein. Sie verzehrte sich in schlaflosen Nächten, wenn Entmutigung, Furcht oder Einsamkeit sich ihrer bemächtigten und die Pläne und Hoffnungen des Tages wie ein Kartenhaus einstürzten. Sie übte sich im Beobachten und Ausspionieren, in Verdächtigungen und fortwährendem Mißtrauen gegenüber Freunden, die sie umringten, und Frauen, die sie umarmten. Sie lebte in angstvoller Neugierde, immer auf der Lauer und vom Schatten einer möglichen Rivalin verfolgt. Ein Brief, den sie in der Tasche Ludwigs XV. gefunden hatte, versetzte sie in Panik; ein Blick, ein Wort, das der König mit einer anderen Frau wechselte, machte sie krank. Überall witterte sie diese Gefahr; sie konnte vom Hof ausgehen oder aus Paris kommen. Sie selbst war es, die ihr Leben einen immerwährenden Kampf nannte.

Arme Favoritin! Wie viele Male, nachdem sie die Maske der Heiterkeit abgelegt, die Tür ihrer Gemächer hinter sich geschlossen und ihre herrischen Gesten im Vorzimmer zurückgelassen hatte, warf sie wohl mit nervöser Bewegung ihren Mantel und ihren Muff weit von sich und ließ der Entkleidung des Körpers die Entblößung der Seele folgen? Dann machte sie ihrer aufgestauten Verbitterung und ihrem Ärger, an dem sie zu ersticken drohte, Luft und brach in bittere Klagen aus über die Insolenz der Höflinge, über die Höllenstrafe, ständig dieser wütenden, unerbittlichen Neugierde ausgesetzt zu sein. Sie blickte auf den vergangenen Tag zurück und dachte bereits an Morgen, wenn das Spiel erneut beginnen würde mit all seinen Kränkungen, die der König zu ermutigen schien! Empfindlichkeiten des Augenblicks, ganz frische Wunden, ungünstige Zeichen, Bitterkeit und Verzweiflung, aber auch unerbittliche Gegenangriffe – daraus bestand das Leben der Marquise, das sie oft in Tränen ausbrechen ließ.

Aber mit diesem nicht endenden Kampf war es nicht getan. Madame Pompadour war zudem gezwungen, sich selbst zu bekämpfen und daran zu arbeiten, sich zu besiegen. Sie mußte ihrem Temperament Gewalt antun und ihren Körper so anstacheln, daß er den Begehrlichkeiten des Königs genügte. Gegen Alter und Überdruß, gegen Krankheit und Müdigkeit bot sie alle nur erdenklichen Mittel auf, die sie aufpeitschten und ihre Sinne anregten, die ihr die nötige Glut verleihen konnten. Sie hoffte, sich auf diese Weise jene Hingabe und jene Kraft erhalten zu können, die unabdingbar waren für ihre Rolle als königliche Mätresse. Sie tötete sich, um über ihren Körper zu triumphieren und über ihre eigentliche Natur, ihre »trauerentenhafte« Kälte, wie sie es selbst genannt hat.[3]

Ersonnene List

❦

Der Tag sollte kommen, an dem der Körper der Favoritin, dieser gequälte und abgemagerte, zum Vergnügen gezwungene Leib, sich ihrem Willen widersetzte. Sie verlor alle Hoffnungen, den König halten zu können, und gab von sich aus den Weg frei für neue Liebesaffären. Die Räumlichkeiten, in denen die amourösen Treffen stattfanden, erhielten den Namen »Le Trébuchet« – Vogelfalle. Die erste jener Damen, die ihren Wohnsitz im Hirschpark nehmen sollten, war eine junge Frau irischer Abstammung, eine Louise O'Murphy, gemeinhin »La Morphise« genannt.[1] Erstaunlich an dieser Liaison des Königs war, daß die junge Frau ihm von Madame Pompadour selbst zugeführt worden war, was belegt, daß sie zwar den Sinnen des Königs die Freiheit zurückgab, nicht aber darauf verzichtete, diese Freiheit zu beherrschen. Indem sie ein unbedeutendes Mädchen ohne Zukunft auswählte, schützte sie sich selbst vor dem Ehrgeiz einer ernsten Rivalin. Es wird behauptet, sie selbst habe das hübsche Mädchen für ein Bildnis der Heiligen Familie ausgewählt, welches das Betzimmer der frommen Maria Leszczynska schmückte, und des Königs Blicke seien auf diese Weise auf die himmlische Schönheit des jungen Körpers gelenkt worden.

In den folgenden Jahren beherbergte das kleine Haus im Hirschpark, das höchstens zwei Frauen mit ihren Dienern Platz bot, eine wechselnde Reihe junger Mädchen,[2] die sich durch einen reichen vornehmen Herrn, dessen Namen sie nicht wußten, unterhalten glaubten, durch einen polnischen Großgrundbesitzer, einen Verwandten der Königin, der im

Schloß wohnte. Daß es sich um den König selbst handelte, blieb – in der Regel wenigstens – verborgen.[3] Wenn eines der jungen Mädchen schwanger wurde, brachte man es in ein Haus in der Avenue de Saint-Cloud, wo es sich bis zur Entbindung aufhielt. Für das Kind wurde eine Rente in Höhe von zehn- oder zwölftausend Livres festgesetzt, die Mutter erhielt eine Mitgift von zehntausend Livres, um sich in der Provinz zu verheiraten.

Madame Pompadour sah dem ganzen Treiben ohne Eifersucht zu, kümmerte sich um die verschiedenen Arrangements und wurde endlich zur großen Organisatorin der heimlichen Niederkünfte. So gab sie in Gegenwart des Königs an Madame du Hausset folgende Order aus: »Es ist nötig, daß Sie sich für einige Tage in ein Haus an der Avenue de Saint-Cloud begeben, in das ich Sie werde führen lassen; Sie werden da eine junge Person finden, die ihrer Entbindung nahe ist. Sie werden die Herrin des Hauses sein und wie eine Göttin dem Wunder der Niederkunft beiwohnen. Man hat Sie nötig, damit sich alles gemäß dem Willen des Königs und im geheimen zutrage; Sie werden der Taufe beiwohnen und die Namen des Vaters und der Mutter bezeichnen.«

Der König, der bis dahin geschwiegen hatte, begann zu lachen und sagte: »Der Vater ist ein sehr ehrlicher Mann.« – »Von der ganzen Welt geliebt und von denjenigen angebetet, die ihn kennen«, erwiderte Madame Pompadour, und der König küßte sie und sagte: »Wie schön Sie sind!«

Daraufhin wandte er sich an Madame du Hausset: »Guimard wird Sie alle Tage sehen, um Ihnen zu helfen und Sie zu beraten; und wenn der große Augenblick da ist, werden Sie ihn benachrichtigen lassen, daß er sich zu Ihnen begibt. Aber wir sprechen nicht vom Gevatter und der Gevatterin; Sie werden sie ankündigen, als ob sie ankommen sollten, und einen Augenblick später werden Sie zum Schein einen Brief empfangen, der Ihnen sagen wird, daß sie nicht kommen können. Dann werden Sie so tun, als wenn Sie verlegen wären, und

Guimard wird sagen: Es bleibt nichts anderes übrig, als die ersten besten zu nehmen; und Sie werden die Dienerin des Hauses nehmen und einen Armen oder einen Sänftenträger und werden ihnen nur zwölf Livres geben, um nicht die Aufmerksamkeit zu erregen ... Guimard wird Ihnen die Namen des Vaters und der Mutter sagen. Er wird der Zeremonie beiwohnen, die abends stattfinden soll, und das Zuckerwerk spendieren. Es ist wohl an der Ordnung, daß Sie das Ihrige bekommen.« Und Ludwig XV. zog fünfzig Louis heraus, die er mit einer Grazie übergab, die er stets in das Geben zu legen wußte. Dann fügte er hinzu: »Sie werden Sorge tragen für die Wöchnerin, nicht wahr? Es ist ein sehr gutes Kind, das nicht das Pulver erfunden hat, und ich vertraue Ihnen wegen der Diskretion; mein Kanzler wird Ihnen den Rest sagen.«

Als der König hinausgegangen war, fragte die Marquise, die das Erstaunen im Gesicht ihrer Kammerfrau peinlich berührt hatte: »Wie finden Sie meine Rolle?« – »Einer hochstehenden Frau und einer treuen Freundin gemäß«, erwiderte Madame du Hausset mit den fünfzig Louis des Königs in der Tasche. »Es ist sein Herz, von dem ich mich gekränkt fühle«, sagte die Favoritin, fügte dann aber hinzu: »Alle diese kleinen Mädchen, die keine Bildung haben, werden ihn mir nicht rauben.« Und nachdem sie ihre geheimsten Gedanken geäußert hatte, gab sie in kälterem Ton ihrer Kammerfrau genaue Instruktionen hinsichtlich Taufe, Amme und erstem Kirchgang – kurz über alle Details eines Wochenbetts, die für eine noch eifersüchtig liebende Frau wie ein Stachel im Herzen gewesen wären.

Seit vier oder fünf Jahren ließ man sich in den Kabinetten darüber aus, daß zwischen Ludwig XV. und der Pompadour nur noch eine platonische Beziehung bestehe. Die beiden seien lediglich durch geistige Bande verbunden, durch Sympathien, Gemeinsamkeiten des Geschmacks und Gewohnheiten. Für die Favoritin war diese neue Rolle nicht unvorteilhaft, weil sie eine Erneuerung und Bestätigung ihrer Macht bot, die jetzt unabhängig war von den Unwägbarkeiten einer Liebesbeziehung. Ihr Ziel war es, aus ihrer neuen Position eine Art politischen Regiments zu machen, Teilhaberin des Königsamtes zu werden. Sie stellte sich schon vor, wie sie Ludwig XV. vor dem Ernst der Geschäfte abschirmte, sie sah sich bereits als sanftmütige Mittlerin zwischen ihm und den politischen Gruppierungen, und in ähnlicher Weise träumte sie davon, zwischen ihm und seiner Familie einen versöhnlichen Ausgleich zu stiften. Aber um diese Rolle zu spielen und zu dieser Autorität berechtigt zu sein, brauchte sie den offiziellen Gnadenzustand, die Absolution der Kirche.

Auf einmal hörte man die Marquise während einer Reise nach Fontainebleau von der katholischen Religion reden. Ganz ernsthaft erklärte sie, daß sie sich jetzt mit ihrem Heil befassen und christlich leben wolle, daß sie seit dem Tod ihrer Tochter Alexandrine innere Einkehr gehalten habe, und reuig fügte sie in traurigem Ton hinzu, daß sie nicht den rechten Zugang zu wahrer Andacht besitze, ihn aber durch inbrünstige Gebete zu erlangen hoffe. Man sah sie endlich alle Tage bei der Messe in der Kapelle nicht etwa auf ihrer Tribüne, sondern unten gemeinsam mit ihren Leuten, nach deren Fortgang sie allein und in endlosen Anbetungen versunken zurückblieb. Während der Hof verstohlen von der Gnade sprach, die scheinbar über die Marquise gekommen war, und Vermutungen anstellte über die zugemauerte Verbindungstür zwischen den Appartements des Königs und denen der Favoritin, sann diese über eine geeignete Zeremonie nach, die ihre Bekehrung öffentlich demonstrieren, ihre gegenwärtige Reinheit offiziell anerkennen und damit alle Skandale ein für allemal beenden könnte.

In dieser Situation war Père de Sacy genau der Richtige – ein Jesuit und Edelmann, der nachsichtig war gegenüber den Schwächen des Jahrhunderts, umgänglich in der Leichtgläubigkeit seiner schönen Seele, anpassungsfähig und wenig vertraut mit den Raffinessen falscher Vorspiegelungen. Jetzt hatte er sich im festen Glauben ans Werk gemacht, um Gott für Madame Pompadour in erreichbare Nähe zu rücken und die weltlichen Dinge mit den himmlischen in Einklang zu bringen. Sein Vorhaben fand in der Kirche durchaus Unterstützung: Jene Gruppe im Klerus, die eine zu rigorose Linie ablehnte, hielt es für besser, die Favoritin in ihrem Streben nach Rückkehr in den Schoß der Kirche nicht vor den Kopf zu stoßen, sondern sie sanft und ohne Härte aus ihrem weltanschaulichen Umfeld zu lösen, sie erst im kleinen zu bekehren und sie an die Äußerlichkeiten der Religion zu gewöhnen, sie nach und nach dem Glauben nahezubringen, bis die Zeit das ihre täte und die Marquise auch den König in die erwünschte Richtung lenken würde. Also sprachen die Freunde von Père de Sacy und Fürsprecher des heiklen Unternehmens.

Indessen zogen sich die Unterhandlungen des Paters in die Länge. Er zauderte, fühlte vor, gab ausweichende Antworten, wenn die Rede auf Beichte und Absolution kam. Es waren lange Besprechungen, bei denen er versuchte, nichts zu verweigern und nichts zu versprechen, in denen er der Ungeduld der Madame Pompadour die Regeln der Kirche und die Rücksichten gegenüber seinem Orden entgegensetzte. Bald drangen Gerüchte über die geheimen Unterhandlungen nach draußen, und sofort brach heftiger Unmut unter der konservativen Geistlichkeit und unter den strenggläubigen Parteigängern des Dauphins aus. Die Frommen lehnten sich gegen die Toleranz und die Gutmütigkeit des Paters auf, der seinem Beichtkind gestattete, Rouge aufzulegen und jeglichem weltlichen Vergnügen zu frönen. Die Empörung steigerte sich so sehr, daß die Vorgesetzten des Père de Sacy ihn zur Einstellung seiner Besuche bei der Marquise aufforderten: Er müsse damit aufhören, bei der Favoritin die Illusion zu erzeugen, sie könne sich mit der Kirche aussöhnen und gleichzeitig ihre Beziehung zum König aufrechthalten.

In diesem ganzen religiösen Theater hat Madame Pompadour mit einem Schreiben an den Heiligen Vater selbst Stellung bezogen. In der Note, die sie durch einen Geheimagenten überbringen ließ, tritt uns die Favoritin in rückhaltloser Offenherzigkeit entgegen.

»Anfang 1752 durch Beweggründe, von denen es unnötig ist, Rechenschaft abzulegen, gezwungen, für den König keine anderen Gefühle als die der Erkenntlichkeit und der reinsten Zuneigung zu bewahren, erklärte ich es Seiner Majestät, indem ich ihn anflehte, die Doktoren der Sorbonne zu Rate zu ziehen und seinem Beichtvater zu schreiben, damit er andere konsultiere, damit er die Mittel fände, mich in seiner Nähe zu lassen, da er es so verlangte, ohne dem Verdacht einer Schwäche ausgesetzt zu sein, die ich nicht mehr hatte. Der König, der meinen Charakter kannte, fühlte, daß es von meiner Seite keine Rückkehr zu erhoffen gab, und stimmte dem zu, was ich wünschte. Er ließ die Doktoren zu Rate ziehen und schrieb dem Père Pérusseau, der von ihm eine vollkommene Trennung verlangte. Der König erwiderte ihm, er sei keineswegs in der Lage, dieses zu bewilligen; nicht um seinetwegen wäre es, daß er eine Anordnung verlangte, die der Öffentlichkeit keinen Verdacht ließe, sondern meiner eigenen Beruhigung wegen: daß ich für das Glück seines Lebens und das Wohl seiner Geschäfte notwendig wäre, daß ich die einzige wäre, die ihm die Wahrheit zu sagen wagte, die den Königen so nützlich ist usw.

Der gute Père wünschte in diesem Augenblick, sich zum Herrn des Geistes beim König zu machen, und wiederholte immer das gleiche. Die Doktoren gaben die Antworten, aufgrund deren es möglich gewesen wäre, sich zu arrangieren, wenn die Jesuiten dem zugestimmt hätten. Ich sprach in dieser Zeit mit Personen, die das Wohl des Königs und der Religion verlangten, ich versicherte sie, daß, wenn der Père Pérusseau nicht den König durch die Sakramente an sich fessele, dieser sich einer Lebensweise hingeben würde, über welche die ganze Welt unzufrieden wäre. Es gelang mir nicht, sie zu überzeugen, und nach kurzer Zeit sah man, daß ich mich nicht getäuscht hatte.

Die Dinge blieben also scheinbar bis 1755 auf dem gleichen Fleck stehen. Dann brachten mir reifliche Überlegungen über die Unglücksfälle, die mich sogar im größten Glück verfolgt hatten, die Gewißheit, niemals durch die Güter der Welt, von denen mir keines gefehlt hatte, bis zum Glück vordringen zu können. Auch die Loslösung von Dingen, die mir am meisten Vergnügen bereitet hatten, brachte mich dahin zu glauben, daß das wahre Glück in Gott sei. Ich wandte mich an Père de Sacy wie an den Menschen, der von dieser Wahrheit am durchdrungensten war, ich zeigte ihm meine Seele ganz nackt, er prüfte mich im geheimen von September bis Ende Januar 1756. Er schlug mir in dieser Zeit vor, einen Brief an meinen Mann zu schreiben, von dem ich die Vorlage besitze, die er selbst schrieb. Mein Mann weigerte sich, mich jemals wiederzusehen. Der Pater ließ mich, des größeren Anstandes wegen, bei der Königin um eine Stelle bitten; er ließ die Treppen verändern, die in mein Gemach führten, und der König trat dort nur noch durch das Gesellschaftszimmer ein; er schrieb mir eine Verhaltensregel vor, die ich peinlich genau befolgte. Diese Veränderung verursachte großes Aufsehen am Hof wie in der Stadt, und Intriganten aller Art mischten sich ein. Père de Sacy ließ sich davon beeinflussen und sagte mir, daß er mir die Sakramente verweigern würde, solange ich am Hofe wäre. Ich hielt ihm alle Verbindlichkeiten vor Augen, die er mich gezwungen hatte einzugehen, sowie die Veränderung, welche die Intrige in seiner Gesinnung hervorgebracht hatte. Er sagte mir schließlich, daß man zu sehr über den Beichtvater des Königs gesprochen hatte, als der Graf von Toulouse zur Welt gekommen war, und daß er nicht wolle, daß es ihm ebenso ginge. Darauf wußte ich nichts zu antworten; und nachdem er alles erschöpft hatte, was der Wunsch, meine Pflichten zu erfüllen, mich hatte finden lassen, um ihn zu überreden, nur die Religion, nicht aber die Intrige anzuhören, sah ich ihn nicht wieder …

Trotz der äußersten Geduld, von der ich achtzehn Monate lang mit Père de Sacy Gebrauch gemacht hatte, war mein Herz wegen meiner Situation zerrissen. Ich sprach darüber mit einem ehrlichen Menschen, in den ich Vertrauen setzte; er war davon gerührt, und er suchte die Mittel, sie aufhören zu lassen. Ein Abbé unter seinen Freunden, ebenso weise wie intelligent, setzte meine Lage einem Mann auseinander, der ebenso wie er dazu befähigt war, sie zu beurteilen; beide dachten, daß mein Betragen nicht die Strafe verdiene, die man mich empfinden ließ. Folglich setzte mein Beichtvater, nach einer neuen, ziemlich langen Prüfungszeit, jener Ungerechtigkeit ein Ende, indem er mir erlaubte, mich den Sakramenten zu nähern, und obwohl ich einigen Schmerz wegen des Geheimnisses empfinde, das bewahrt werden muß, um meinem Beichtvater den Unglimpf und die Vorwürfe zu ersparen, ist es immerhin ein großer Trost für meine Seele.«

In dieser Note der Madame Pompadour wird eine Anzahl von Details verschwiegen, die für die Ohren des Heiligen Vaters nicht geeignet waren wie die Geschichte jenes berühmten Briefes, von dem Père de Sacy einen Entwurf angefertigt hatte. Zwar wurde dieser Brief, in dem die Marquise demütig und reumütig ihre Fehler beklagte, Gewissensbisse vorheuchelte und um verzeihende Wiederaufnahme bat, an ihren Ehemann abgeschickt, aber noch während sie bei der Abschrift saß, wurde Monsieur d'Étioles vom Marschall de Soubise, einem ergebenen Höfling Ludwigs, von dem Brief, der ihn in einigen Stunden erreichen sollte, in Kenntnis gesetzt. Selbstverständlich wäre er frei, die Entscheidung zu treffen, die er wolle, denn niemand beabsichtigte, in irgendeiner Weise seinen Willen zu vergewaltigen, allerdings riete man ihm in aller Freundschaft davon ab, auf das im Brief gemachte Anerbieten einzugehen, andernfalls würde dies dem König äußerst mißfallen. Und weil ihr die Intervention des Marschalls allein nicht reichte, depeschierte die Marquise einem anderen Mann ihres Vertrauens, Machault, der sich gerade in Paris aufhielt, damit auch er auf d'Étioles dahingehend einwirke, daß seine Antwort auf den Brief die Favoritin nicht in Verlegenheit bringe.

Nun aber dachte Monsieur d'Étioles, der genügend Zeit gehabt hatte, sich abzufinden und Trost zu suchen, der mit philosophischer Gelassenheit Vergangenheit und Zukunft betrachtete und sie in gutem Wein und leichten Liebesaffären ertränkte, kaum noch an seine Frau. Er führte ein fröhliches Junggesellenleben in einem schönen Haus, das ihm auf Veranlassung der Pompadour für eine lächerliche Summe überlassen worden war. Warum sollte ein Mann, der soeben aus den Armen einer schönen Frau kam, um sich als nächstes in die Arme einer Tänzerin zu stürzen, eine so eifrige Büßerin in sein Leben wieder eindringen lassen?

Die offiziöse Mitteilung des Marschalls Soubise machte ihn den Wünschen des Königs vollends ergeben. Er beeilte sich, Madame Pompadour mit dem Ausdruck höchsten Respekts mitzuteilen, daß er ihr aus ganzem Herzen verzeihe, aber weit davon entfernt sei, sie wieder zu sich nehmen zu wollen. Beim Empfang dieser Weigerung, die ungeduldig erwartet worden war, brach die Favoritin in Klagen und Seufzen aus. Sie habe gesündigt, wiederholte sie, aber sie habe bereut und sich, wenn auch vergebens, um die Anerkennung ihrer Reue bemüht. Wie könne man ihr nun noch vorwerfen, daß sie von ihrem Mann getrennt lebte, wenn dieser Mann sie zurückstieß? Maria Leszczynska, die sich bislang beharrlich geweigert hatte, die Marquise als Hofdame zu akzeptieren, weil diese in unehrenhafter Trennung von ihrem Mann lebte, mußte sich angesichts des geschickt inszenierten Manövers geschlagen geben. Hatte die Königin zuvor an den König appelliert, daß »Ihre Majestät anordnen dürfe, was Ihr gut schiene, daß sie sich immer eine Pflicht daraus machen würde zu gehorchen, aber daß sie hoffte, Er selbst würde zu viel Rücksicht auf die königliche Familie nehmen, um ihr eine derartige Kränkung anzutun; daß die fragliche Stelle eine weniger zweideutige und allzu delikate Ehre verlangte, als daß man sie einer Exkommunizierten geben könne, die nicht einmal die allgemeine Wohltat des Osterabendmahls in Anspruch zu nehmen wagte«, so war sie nunmehr gezwungen, die Ernennung der Favoritin zu einer ihrer Ehrendamen zu dulden, denn Madame Pompadour war nicht länger exkommuniziert.

Am 7. Februar 1756 wurde der Königin, die vom König über die Ernennung nicht in Kenntnis gesetzt worden war, durch eine ihrer Vertrauten, Madame de Villars, ein Brief ausgehändigt, den diese von der Marquise erhalten hatte. Es handelte sich um ein Billett Ludwigs, der seiner Frau mitteilen ließ, daß Madame Pompadour ab sofort Ehrendame mit bestimmten Dienstzeiten sei. Im Verlauf des Tages machte die Marquise den Damen Villars und Luynes ihre Aufwartung, womit sie nicht nur der Etikette Genüge tat, sondern auch Gelegenheit fand, ihre Version der Geschichte darzulegen. Sie habe dieses Amt weder gewünscht noch verlangt, erklärte sie, sondern sei durch ihren Beichtvater zur Annahme gezwungen worden. Mit frommer Demut und schlichter Größe nahm die überrumpelte Maria Leszczynska den bitteren Kelch entgegen. Ihre ganze Auflehnung beschränkte sich auf folgende Antwort, bei der der Parlamentspräsident Hénault die Feder geführt hatte: »Sire, ich habe einen König im Himmel, der mir die Kraft gibt, meine Schmerzen zu leiden, und einen König auf Erden, dem ich immer gehorchen werde.«

Am folgenden Tag, einem Samstag, wurde Madame Pompadour nach der Vesper durch die Herzogin de Luynes der Königin vorgestellt, in prächtiger Toilette wohnte sie dem Abendessen in großem Rahmen bei. Am 9. Februar dann trat die Favoritin ihre Stelle an und nahm ihren sechs Stunden währenden Dienst bei der Königin auf: Sie begleitete Maria zur Messe und leistete ihr beim Mittagessen Gesellschaft. Am Ende ihres heuchlerischen Spiels, als sie ihr Ziel erreicht hatte, diente die neue Frömmigkeit der Marquise nur noch als Gegenstand der Belustigung, mit dem sie ihre Freunde unterhielt. Was jedoch von der ganzen Affäre blieb, war ein tiefgehendes Verlangen nach Rache gegenüber den Jesuiten, und dies sollte sich in der Zukunft unglücklich auf die Geschicke dieses Ordens auswirken, denn zwölf Jahre später wurden die Jesuiten aus Frankreich verbannt. Eine zeitgenössische Karikatur zeigt Madame Pompadour als Büßerin, die mit der Armbrust, wie in einer zweiten Bartholomäusnacht, auf eine Menge fliehender Pater schießt, deren Leichen vom König mit Weihwasser besprengt und in Gräber gelegt werden, die Mitglieder des Parlaments ausgehoben haben.

Sucht nach Unsterblichkeit

౬ఌౚౚ

Es genügte der Marquise nicht mehr, mit leichtem Zepter die Herrschaft über die Welt des Anmutigen und Vergnüglichen auszuüben. Sie dürstete nach Unsterblichkeit; sie hatte den Ehrgeiz, eine Rolle in der wirklichen Geschichte zu spielen; sie wollte sich verewigt sehen in einem Vers, in der Widmung eines Genius. Aus diesem Grund scharte sie die bedeutendsten Männer ihres Jahrhunderts um sich, bemühte sich um deren Ergebenheit, setzte ihnen Pensionen aus, ließ sie in den königlichen Palästen wohnen, schützte sie vor polizeilichem Zugriff und ebnete ihnen den Weg in die Akademie.

Unter den Literaten galt Voltaire als der am meisten von ihr Bevorzugte, als der am höchsten Geschätzte. Bei ihm gab die Favoritin für Hoffestlichkeiten die *Prinzessin Navarra* und den *Tempel des Ruhmes* in Auftrag. 1745 wurde er dank Fürsprache der königlichen Mätresse zum Historiographen Frankreichs ernannt, ein Jahr später in die Académie française aufgenommen und dann zum ordentlichen Kammerherrn erhoben. Voltaire dankte es seiner Gönnerin mit folgenden Versen:

Also vereinigen sich alle Künste,
Die Arten des Geschmacks und die Talente, zu gefallen.
Sie, Pompadour, verschönen
Den Hof und den Parnaß und auch das Paradies der Liebe.
Reiz aller Herzen, Schatz des einzigen Sterblichen;
O möge doch ein solches Geschick ewig sein.

In Prosa feierte er sie als Teona in der *Vision von Babone*: »Es gibt einige Rivalen, die die schöne Teona zerreißen, aber sie tut mehr Gutes als sie alle zusammen, sie würde nicht die kleinste Ungerechtigkeit wegen des größeren Interesses begehen. Sie gibt dem Geliebten edelmütige Ratschläge, ist nur mit seinem Ruhm beschäftigt.« Endlich machte Voltaire die Favoritin unsterblich in seinem Grundriß des Jahrhunderts Ludwigs XV. »Man muß zugeben, daß Europa sein Glück vom Glück dieses Friedens an datieren darf (Aachen). Man wird verwundert erfahren, daß dies die Frucht der dringenden Ratschläge einer jungen Dame von hohem Rang war, die berühmt wegen ihrer Reize, wegen ihrer eigenartigen Talente, wegen ihres Geistes und durch einen beneideten Platz war.«

Jedoch kam es bald zu einer Abkühlung zwischen der Favoritin und ihrem Autor, der ihr bisweilen als etwas zu vertraulich erschien. Voltaire seinerseits fand, daß die Marquise zu wenig tat, um ihn vor erneuter Ungnade zu bewahren, und so machte der Poet, der soeben noch Lobdichter gewesen war, in einer Ausgabe der *Pucelle* seinem Unmut Luft:

> Hold war das Glück der schönen Konkubine,
> Die von Natur und Kunst in gleicher Art gebildet
> Zur Zierde des Bordells sowie der Oper,
> Die einer Mutter Scharfsinn und Berechnung
> In eines Pächters adeligem Bett erzog,
> Und die die Liebe mit entschlossener Hand
> Zwischen zwei Linnen einem König unterlegte.

Solche Launen waren bei Voltaire allerdings nichts Ungewöhnliches und beeinträchtigten nicht ernsthaft seine freundschaftlichen Gefühle. Als die Marquise starb, schrieb er: »Ich bin recht betrübt wegen des Todes der Madame de Pompadour; ich war ihr recht verpflichtet, ich beweine sie aus Dankbarkeit. Es ist recht lächerlich, daß ein alter Papierbeschmierer, der kaum gehen kann, noch lebt und daß eine schöne Frau mit vierzig Jahren stirbt, mitten in der schönsten Karriere der Welt.«

Neben Voltaire gehörte auch Rousseau zum Kreis der Favoritin. Sie nannte ihn »Eule« und setzte alles daran, sein wildes Naturell zu zähmen. Erst in Fontainebleau, dann in Bellevue ließ sie seinen *Dorfwahrsager* aufführen – sie selbst agierte darin mit großem Erfolg in einer Hosenrolle. Als sie Rousseau fünfzig Louis für die Aufführung zukommen ließ, dankte er mit einem pointierten und gekünstelten Brief: »Madame, indem ich das Geschenk annehme, das mir von Ihrer Seite zugestellt worden ist, glaube ich, meine Achtung für die Hand, von der es kommt, ausgedrückt zu haben, und ich wage es, auf die Ehre hin, die Sie meiner Arbeit angetan haben, hinzuzufügen, daß von den beiden Proben, auf die Sie meine Mäßigung stellen, das Interesse nicht die gefährlichste ist.« Rousseau blieb der Marquise dankbar. Als bei der Revision der Druckfahnen der *Nouvelle Héloïse* durch die Zensur von ihm die Streichung des Satzes verlangt wurde: »Die Frau eines Kohlenhändlers ist der Achtung würdiger als die Mätresse des großen Königs«, schwor er zunächst bei allen Göttern, daß er keinerlei Anspielung habe machen wollen, sperrte sich dann aber nicht dagegen, das Wort »König« durch »Fürst« zu ersetzen.

Ein anderer Schützling war ihr ehemaliger Lehrer Crébillon, der sie in der Kunst der Deklamation unterwiesen hatte. Als sie erfuhr, daß er sich in einer Notlage befand, rief sie aus: »Was sagen sie? Crébillon arm und verlassen?« Auf der Stelle setzte sie ihm eine Pension über hundert Louisdor aus und wies ihm eine Wohnung im Louvre an. Mit Crébillon beriet sie sich auch über die Erziehung ihrer Tochter Alexandrine. Sie schrieb ihm, daß sie nicht wünsche, daß »ihre Tochter die Geistreiche zu spielen lerne«.

»Wir sind, wie Molière sagt, nur dazu gut, zu nähen und zu spinnen. Ich bin zwar nicht seiner Meinung, finde aber die Miene der Gelehrsamkeit und den entschiedenen Ton unsagbar lächerlich.« Nicht zufrieden damit, den alten Tragiker aus einer traurigen Lage befreit zu haben, verschrieb sie sich mit voller Hingabe dem Erfolg seiner Werke – so sehr, daß Voltaire sich darüber beklagen sollte, er nehme, was ihre literarische Bewunderung angehe, nur den zweiten Platz ein. Sie ließ Crébillons *Catilina* aufführen, den ihr der Dichter, der sich so lange vom Theater ferngehalten hatte, mit folgenden dankbaren Worten widmete:

»Madame, das Wagnis, den *Catilina* mit Ihren Auspizien erscheinen zu lassen, bedeutet so viel wie ein öffentliches Gelübde zu erfüllen. Es ist lange her, daß der Verfasser Ihnen von sich aus eine Arbeit gewidmet hat, die lediglich Ihrer Güte das Leben verdankt; und er wäre glücklich gewesen, hätte man es seiner Beschützerin für würdig erachtet. Und wer kennt nicht die Sorgfalt, die Sie anzuwenden geruhten, um einen ganz vergessenen Mann aus der Finsternis zu ziehen, jene edelmütige Sorgfalt, die mehr gerührt als überrascht hat.«

Später sollte Madame Pompadour in der königlichen Druckerei seine Tragödien in einer monumentalen Ausgabe drucken lassen, und als Crébillon gestorben war, bewog sie Ludwig XV. dazu, in der Kirche Saint-Gervais ein Mausoleum für den toten Dichter in Auftrag zu geben.

Der Graf de Buffon, ein Naturforscher, gehörte eigentlich zur Partei der Königin, wurde aber von der Marquise bis zu ihrem Tod als Freund behandelt. Allerdings grollte sie ihm, seit sie ihre spiritualistische Wandlung durchzumachen begann, wegen seiner Theorie, daß in der Liebe nur das Physische gut sei. Auf besondere Weise wurde Montesquieu, der überaus empfindlich auf jegliche Kritik reagierte, der Favoritin verpflichtet. Als er einige Tage nach der Veröffentlichung seines *Esprit des Lois* erfuhr, daß ein Generalpächter und seine Frau an einer Widerlegung seines Buches arbeiteten, wandte er sich hilfesuchend an die Marquise, die öffentlich ihre Hochachtung vor seinem Talent bekannte.

Unter all den Literaten jener Zeit aber war Marmontel derjenige, den die Pompadour am nachdrücklichsten, fürsorglichsten und wirkungsvollsten protegierte. Der junge

Schmeichler hatte mit einem kleinen Gedicht auf die von der Marquise ins Leben gerufene Militärschule debütiert und auf diese Weise leicht den Weg zu ihrem eitlen Herzen gefunden: Er wurde ihr vorgestellt und bei der allsonntäglichen morgendlichen Toilette, zu der er fortan zugelassen war, mit besonderer Herzlichkeit begrüßt. Die Favoritin redete ihm gut zu, wenn er entmutigt war, und regte ihn zu neuen Werken an, wobei sie sich nicht nur auf mündliche Bemerkungen und Kritiken beschränkte, sondern auch eine Anzahl von Notizen im Manuskript beisteuerte. Als seine *Trauerfeier des Sesostris* durchfiel, verschaffte sie ihm zum Trost ein öffentliches Amt, und selbst nachdem er in der Bastille wegen des Verdachts, satirische Verse gegen den Herzog d'Aumont verfaßt zu haben, gefangengenommen worden war und sich trotzdem anschließend um Aufnahme in die Akademie bewarb, zog sie ihre schützende Hand nicht zurück und setzte bei Ludwig XV. die Ernennung ihres Protegés durch.

Den Namen Voltaire, Rousseau, Crébillon, Buffon, Montesquieu, Marmontel muß man die Namen der beiden berühmten Autoren der Enzyklopädie, d'Alembert und Diderot, hinzufügen. Wie aber kam Madame Pompadour – von einer gewissen Gemeinsamkeit der Gefühle abgesehen – dazu, sich für die beinahe unbeschränkte Veröffentlichung des ungeheuren Werks und damit gegen Eingriffe der Zensurbehörden einzusetzen? Die folgende Anekdote schildert, durch welchen Zufall der Erfolg eines Buchs an einem Hof bestimmt werden kann. Voltaire hat eine Unterhaltung wiedergegeben, die ein Kammerdiener des Königs zufällig mitangehört hatte.

Es war im Trianon, einem der Lustschlößchen im Park von Versailles, nach dem Abendessen. Man saß im kleinen Kreis beisammen, die Unterhaltung zwischen dem König und den Höflingen drehte sich um die Jagd, um das Schießpulver. »Es ist ergötzlich«, rief mit einem Mal der Herzog de Nivernois aus, »daß wir uns alle Tage damit vergnügen, die jungen Rebhühner im Versailler Park zu schießen und manchmal Menschen zu erschießen und uns selbst an der Grenze erschießen lassen, ohne genau zu wissen, womit man tötet.« – »Ach! So geht es uns mit allen Dingen in dieser Welt«, erwiderte Madame Pompadour. »Ich weiß nicht, woraus das Rouge besteht, das ich auf meine Wangen lege, und man würde mich in große Verlegenheit bringen, wenn man mich fragte, wie man die seidenen Strümpfe herstellt, die ich trage.« – »Es ist schade«, sagte darauf der Herzog de La Vallière, »daß seine Majestät unsere enzyklopädischen Wörterbücher konfisziert hat, die jeden von uns hundert Pistolen gekostet haben. Wir würden dort bald die Erklärungen für alle unsere Fragen finden.«

Nachdem das Abendessen beendet war, ließ man ein Exemplar der Enzyklopädie holen. Drei Kammerdiener schleppten je sieben Bände mit großer Mühe heran. Man schaute unter dem Stichwort »Poudre« nach, und bald wußte die Marquise den Unterschied zwischen dem alten spanischen Rouge, mit dem die Madrider Damen ihre Wangen färbten, und dem Rouge der Pariser Damen. Sie erfuhr, daß die Griechinnen ein Puder aufgetragen hatten, das von der Stachelschnecke herrührte, und daß Scharlach gleichbedeutend mit Purpur war; sie las, wie man ihre Strümpfe am Webstuhl fertigte, und die Maschine, die das ermöglichte, erfüllte sie mit Bewunderung. »Ach, das schöne Buch«, rief sie. »Monsieur, Sie haben also dieses Nachschlagewerk aller nützlichen Dinge beschlagnahmt, um es allein zu besitzen und der einzige Gelehrte Ihres Königreiches zu sein.« Und das war es vielleicht, was die Marquise bewog, bei Ludwig XV. um eine Pension für d'Alembert nachzusuchen und Diderot aus wohlwollendem Interesse zu Vorsicht und Mäßigung zu raten.

Doch nicht nur diese Förderung von Literaten ist auf ewig mit dem Namen der Pompadour verbunden, sondern auf sie geht auch die Gründung der berühmten Porzellanmanufaktur von Sèvres zurück. Für den Patriotismus der Favoritin war es stets ein großes Ärgernis gewesen, daß alle Welt sich um das sächsische Porzellan stritt, so daß August III., König von Polen und gleichzeitig Kurfürst von Sachsen, anordnen konnte, daß kein Stück mehr ohne seine Marke und sein Wappen hergestellt werden durfte. Dazu ein Gegengewicht zu bilden und dieses Produkt durch ein französisches zu übertrumpfen, wurde zur fixen Idee bei der Marquise. Sie ließ sich auch nicht entmutigen, als erste Proben, die in Mennecy, Villeroy und Chantilly gefertigt wurden, nicht den gewünschten Erfolg zeigten, als trotz der karrenweise herangeschafften sächsischen Erde und trotz der Preisgabe des Fabrikationsverfahrens durch den Grafen von Hoym, der seiner Indiskretion wegen in Ungnade fiel, aus den Öfen Stücke herausgekommen waren, die an Material und Glasur dem schönen sächsischen Porzellan weit unterlegen waren.

1756 verlegte die Marquise die Vincenner Fabrik nach Sèvres, und sie tat dies ungeachtet der düsteren Prophezeiungen des Marquis d'Argenson, der von drohendem Ruin sprach. Chemiker wurden berufen, neue Versuche mit Proben aller möglichen Bodenarten Frankreichs durchgeführt, bis man 1765 schließlich das Kaolin von Saint-Yrieux entdeckte. Die Marquise hatte ihr Ziel erreicht: Sèvres wurde zur königlichen Manufaktur erklärt, in der ein Heer geschickter Handwerker, Blumen- und Landschaftsmaler mit der Herstellung kostbaren Porzellans befaßt war.

Madame Pompadour wählte Sèvres zum bevorzugten Ziel ihrer Spaziergänge; sie lieh jenem aparten Rosa, das man dort mischte, ihren Namen; sie inspirierte das Atelier zu Kunstfertigkeiten, die sie selbst, ihre Schöpfer und auch die Monarchie überdauern sollten. Sie protegierte, sie schmeichelte, sie schürte den Eifer und den Ehrgeiz, und demonstrativ sandte sie dem König von Polen ein Service, das sie allem sächsischen Porzellan für überlegen erklärte. Endlich verhalf sie dem Sèvres-Porzellan zum Durchbruch, indem sie es durch Ausstellungen im Versailler Schloß bekanntmachte, wo sie selbst um Käufer warb und mit allen einer königlichen

Mätresse zur Verfügung stehenden Mitteln versuchte, dem Hof einen neuen Geschmack aufzuzwingen. Darüber hinaus machte sie Sèvres zu einer patriotischen Angelegenheit: »Es heißt seine Bürgerpflicht verkennen, wenn man nicht dieses Porzellan kauft, solange man Geld besitzt.«

Aber es gab noch ein weiteres Projekt, dem die Marquise sich noch hingebungsvoller und noch ehrgeiziger verschrieb: Einen Gedanken Ludwigs XV. aufgreifend, strebte sie in Saint-Cyr, wo es ein Institut für junge Mädchen aus verarmten adligen Familien gab, die Einrichtung einer Militärakademie an, die vor allem den Söhnen von im Krieg gefallenen oder verwundeten Heeresangehörigen vorbehalten sein sollte, für die der König eine stellvertretende Vaterschaft zu übernehmen hätte. Dieser Traum erfüllte sie, trieb sie um, spornte ihren Geist, ihre Phantasie an.

Zunächst blieb die Idee der Favoritin ein wohlgehütetes Geheimnis, und die Mehrzahl der Geschichtsschreiber hat dieses Projekt dem Grafen d'Argenson zugeschrieben. Daß der Plan jedoch tatsächlich auf die Marquise zurückgeht, belegt ein Brief, den sie am 18. September 1750 bei der Rückkehr von einem Besuch in Saint-Cyr geschrieben hat.

»Wir waren vorgestern in Saint-Cyr, ich kann Ihnen nicht sagen, wie sehr ich von dieser Anstalt ergriffen worden bin, sowie von allem, was sich dort zutrug; sie sind alle gekommen, mir zu sagen, daß man ein gleiches für die Männer tun müsse, das hat meine Lust zum Lachen erregt, denn sie werden glauben, wenn unsere Sache bekannt ist, daß sie es sind, welche dazu die Anregung gegeben haben.«

Von diesem Tag an verhandelte die Pompadour mit Pâris-Duverney, ihrem »lieben Dummkopf«. Sie verlangte Pläne von ihm, sie ließ ihn Saint-Cyr und seine Organisation studieren, sie drängte ihn, mit ihrem Bruder ein geeignetes Terrain zu suchen. Alle ihre Briefe und Mitteilungen drehen sich um dieses Projekt, und ungeduldig sah sie dem Frühling entgegen, wenn man den Grundstein legen würde. Nie zuvor und nie

nachher investierte die Marquise mehr an persönlichen Gefühlen in eine Sache. In einem Brief vom 10. November 1750
schrieb sie:

»Ich war entzückt, den König vorhin auf das Detail eingehen zu sehen, ich brenne, die Sache öffentlich bekanntzumachen, denn dann
wird es nicht mehr möglich sein, sie abzubrechen. Ich zähle auf Ihre
Beredsamkeit, um Monsieur Machault zu gewinnen, obwohl ich ihn
zu sehr dem König attachiert wähne, um sich seinem Ruhm zu widersetzen; endlich, mein lieber Duverney, zähle ich auf Ihre Wachsamkeit, damit die ganze Welt bald davon unterrichtet werde; Sie
werden kommen, mich am Donnerstag besuchen, wie ich hoffe; ich
brauche Ihnen nicht zu sagen, daß ich davon entzückt sein werde
und daß ich Sie mit ganzem Herzen liebe.«

Auch in den darauffolgenden Jahren erlahmten die Aktivitäten, die Leidenschaft und der Eifer der Marquise nicht. Sie ermutigte und diskutierte die Vorschläge Duverneys, kümmerte sich um die Bereitstellung von Geldern ebenso wie um die
innere Organisation der Akademie. Und als 1755 das Geld
fehlte und ihr langgehegter Plan zu scheitern drohte, gab sie
noch lange nicht auf. In einem Brief an Duverney heißt es:

»Nein, sicherlich, mein lieber Dummkopf, ich werde nicht vor dem
Ziel ein Werk umkommen lassen, das den König unsterblich, seinen
Adel glücklich machen und der Nachkommenschaft meine Anhänglichkeit an den Staat und an die Person seiner Majestät offenbaren kann ... Mein Einkommen dieses Jahres ist bei mir noch nicht
eingegangen, ich werde es ganz darauf verwenden, die zwei wö-
chentlichen Löhne der Arbeiter zu zahlen, ich weiß nicht, ob ich
meine Sicherheiten für die Zahlungen finden werde, aber ich weiß
sehr wohl, daß ich mit großer Zufriedenheit hunderttausend Livres
für das Glück dieser armen Kinder geben werde. Guten Abend, lieber Dummkopf, wenn Sie in der Lage sind, Dienstag nach Paris zu
kommen, so werde ich Sie dort mit großer Freude wiedersehen;
wenn Sie es nicht können, so schicken Sie mir Ihren Neffen gegen
sechs Uhr.«

Die Militärakademie wurde im Juli 1756 fertiggestellt und durch den Grafen d'Argenson, der mit den jungen Pensionären des Königs in vierzig Droschken angereist war, offiziell ihrer Bestimmung übergeben.

Auf dem politischen Parkett

ᴄᴏᴏᴏ

In jenen Jahren, da Madame Pompadour sich einen Namen in der Geschichte zu machen suchte, geschah es, daß ihr durch den Lauf der politischen Ereignisse unversehens eine Verantwortung dafür zufiel, welche Rolle Frankreich in dem langen Krieg spielen sollte, der in Europa fast eine Million an Menschenleben forderte und viele Staaten an den Bettelstab brachte. Die Marquise ist für ihren Ehrgeiz bestraft worden, und ihre Zeitgenossen haben ihr die Unglücksfälle dieses Krieges vorgehalten, ihr für die traurigen Resultate des Bündnisses mit Österreich die Schuld gegeben. Die öffentliche Meinung hat ihr in Wort und Schrift dieses unermeßliche Blutopfer angelastet, all die Fehler und Irrtümer, Mißgeschicke und allen Verrat. Das gedemütigte Frankreich, das vor diesem Friedrich dem Großen erschrak, den man bislang nur durch die Philosophen kannte, hat die Marquise verflucht. Die Niederlagen von Roßbach und Krefeld haben ihre Politik verdammt, haben sie gerichtet.

Wir wollen vorerst die Umstände, die Motive beiseite schieben, die Madame Pompadour bewogen haben könnten, eine Allianz mit Österreich anzustreben. Selbstliebe und persönliche Interessen sind ihr ebenso unterstellt worden wie gekränkte Eitelkeit und Rachegefühle gegen den preußischen König, der die Favoritin ironisch als »Cotillon IV.« bezeichnet hatte und im übrigen nicht gewillt war, die Mätresse zur Kenntnis zu nehmen.[1] Oder war es parvenühafter Eifer gegenüber der österreichischen Kaiserin, der sie getrieben hatte? Denn obwohl sie die Pompadour nicht wie eine Freundin behandelte, so ließ Maria Theresia sie doch – anders als der Preußenkönig – durch ihren Gesandten allen Respektes versichern, den sie verlangen konnte. Andere Spekulationen gingen dahin, daß es der Ehrgeiz einer jeden Mätresse sei, der Politik eine neue Richtung zu geben. Nachdem ihre Vorgängerin, die Herzogin de Châteauroux, eine Verfechterin der preußischen Allianz gewesen war, mußte sich die Pompadour da nicht auf die österreichische Seite schlagen? Nach ihr sollte dann Madame du Barry eine erneute Umkehr der Allianzen befürworten. All das tut wenig zur Sache, und der letztendliche Mißerfolg darf nicht in die Beurteilung der anfänglichen Intentionen hineinspielen. Nehmen wir es so, wie es bis zur Schlacht von Roßbach Gültigkeit hatte – es handelte sich in seiner Essenz und in seinem Gesamtplan um die Entwicklung einer weisen und für Frankreich profitablen Politik. Österreich war nicht mehr jene riesenhafte Monarchie, die von der Türkei bis nach Burgund reichte und von den Niederlanden bis ins tiefste Italien, dieses Imperium, das sich als Sinnbild seines Traumes und seiner Zukunftserwartung den Wahlspruch zugelegt hatte: *Austriae Est Imperare Orbi Universo.* Frankreich hatte seit Heinrich IV. bis hin zu Ludwig XIV., vertreten durch die Politik der Kardinäle Richelieu und Mazarin, gegen die österreichischen und spanischen Habsburger gekämpft, um eine Ausdehnung ihrer Macht zu verhindern. Auch der sanftmütige Kardinal Fleury, Berater des jungen Ludwig XV., hatte Österreich in zwei Kriegen zum Verzicht auf das Königreich Neapel und beider Sizilien sowie auf Lothringen und das Barrois gezwungen. Inzwischen war das Reich Karls V. auf eine Ausdehnung reduziert, die für das europäische Gleichgewicht keine Bedrohung mehr darstellte. Weitaus gefährlicher als der alte Feind erschien jetzt dieser kleine preußische Staat, der ohne natürliche Grenzen auf der Karte Europas aufgetaucht war und seinen Platz in Deutschland mit seiner schlagkräftigen Armee und dem Genie seines Königs zu erobern suchte.

Diese Bedrohung war augenscheinlich ungehörig, und Frankreich mußte dem mit seinem Bündnissystem Rechnung tragen, denn das Gesetz der Beziehungen der Völker untereinander will nichts Unbewegliches, erfordert eine Anpassung der Verträge an die Umstände, der Systeme an die Tatsachen, und es verlangt von der Politik, sich zu dieser Wissenschaft des Gegengewichts zu bekennen, die Leidenschaften des Vorabends den Interessen des nächsten Morgens, den Haß der Vergangenheit den Notwendigkeiten der Gegenwart zu opfern. Die konservative Partei in Frankreich, die nicht aus dem Schatten traditioneller Bündnissysteme heraustreten und eigensinnig in den Ländern Maria Theresias das Imperium Karls V. sehen wollte, stand also in Gegnerschaft zu Madame Pompadour, die mit Recht in der Allianz der beiden gleich großen und kraftvollen Mächte eine Art europäischer Polizei sah, die England, das zur ersten europäischen Macht aufgestiegen war, die Stirn bieten könnte.

Die Allianz zwischen Frankreich und Österreich wurde langsam vorbereitet. Sie stand im Raum seit 1748, als Maria Theresia im Frieden von Aachen Schlesien an Preußen abzutreten gezwungen war. Damals allerdings hatte der kaiserliche Gesandte Graf Kaunitz vergeblich wegen einer möglichen Allianz bei dem französischen Unterhändler Saint-Severin vorgefühlt. Trotz dieser Zurückweisung gab der Wiener Hof nicht auf. Maria Theresia, die offensichtlich für Ludwig XV. eine Neigung gefaßt hatte, bestellte den französischen Gesandten in Wien zu sich und legte ihm dar, daß die gegenwärtige Lage der Kronen Frankreichs und Österreichs nicht mehr die gleiche sei wie zweihundert Jahre zuvor, daß zwischen beiden Ländern vollkommenes Gleichgewicht bestehe und daß ihr Zusammengehen den Frieden in Europa sichern würde. Doch da der Marquis de Puisieux, Staatssekretär für Auswärtige Angelegenheiten, den mühsam zustande gekommenen Aachener Vertrag nicht aufs Spiel setzen wollte, zog er es vor, das österreichische Bündnisangebot nicht weiter zu verfolgen. Maria Theresia versuchte ihr Glück einige Zeit später erneut, diesmal beim neuen französischen Gesandten, dem Marquis d'Hautefort. Sie erklärte ihm: »Wenn jemals sich der Krieg zwischen mir und dem König von Preußen aufs neue entzündet, werde ich in alle meine Rechte wieder eintreten oder ich werde dort zugrundegehen, ich und der Letzte meines Hauses.«

Zur gleichen Zeit wirkte Graf von Kaunitz als Gesandter in Paris. Auf den ersten Blick hatte er die Lage erfaßt und erkannt, wer ihm dazu verhelfen konnte, die Wünsche Maria Theresias zu erfüllen.[2] Er zögerte nicht, Madame Pompadour unverzüglich seine Aufwartung zu machen; er umwarb sie, schmeichelte ihr, bestärkte sie in ihren eitlen Hoffnungen und trieb sie mit sanftem Druck in jene Rolle, die sie bereits sehnsuchtsvoll erstrebte: Sie wollte Einfluß nehmen auch außerhalb des Palastes. Er flößte ihren Gedanken die Grundzüge eines Vertrages ein, der Frankreich aus der Verlegenheit befreien würde, um Subsidien zur Finanzierung seiner Kriege nachzusuchen, der England in Schach halten könnte, weil es andernfalls um sein Kurfürstentum Hannover fürchten müßte, und der deshalb dazu angetan war, einen Frieden von unbegrenzter Dauer zu gewährleisten.

Die Marquise war vom ersten Tag an sehr angetan von den Ideen des Grafen von Kaunitz, den sie für einen überaus begabten Kopf hielt.[3] Da jedoch niemand im Kreis der Staatssekretäre und Berater für ihre Überlegungen ein offenes Ohr hatte, bat sie Kaunitz um Geduld: Die Allianz mit Preußen sei noch zu frisch. Kaunitz, viel zu geschickt, um sie zu bedrängen, zog sich zurück und ließ die Zeit für sich arbeiten.

Die Entwicklung in den Kolonien begünstigte seine Pläne. Sowohl in Amerika als auch in Indien sowie auf den Weltmeeren hatte sich der im Aachener Frieden beigelegte Konflikt um die Vorherrschaft zwischen England und Frankreich neu entzündet und zu kriegerischen Auseinandersetzungen und Kaperangriffen zur See geführt, die überwiegend zuungunsten Frankreichs ausgingen. Jetzt hieß es, trotz des Königs Widerwillen, sich für einen Bündnispartner zu entscheiden, denn der Konflikt zwischen Frankreich und England würde auf Europa übergreifen und auch die anderen Mächte zum Handeln zwingen – undenkbar, daß sie den heranziehenden Krieg als bloße Betrachter erleben könnten. Man mußte sich bewaffnen und Bündnisse erneuern oder verändern. Frankreich sah sich vor die Entscheidung gestellt, die angebotene Allianz mit Österreich anzunehmen oder das Bündnis mit dem König von Preußen, das im Juni 1756 endete, zu erneuern. Die Meinungen gingen auseinander: D'Argenson, der die Auseinandersetzung mit England durch einen Landkrieg ausfechten wollte, neigte dazu, auf die Vorschläge des Königs von Preußen einzugehen. Machault dagegen setzte mehr auf einen Seekrieg und fand dafür Unterstützung bei Puisieux, Saint-Severin und dem Marschall de Noailles. Rouillé unterstützte zwar öffentlich d'Argenson, unternahm aber heimliche Anstrengungen zugunsten der Politik der Madame Pompadour.

Im Rat herrschte ein Hin und Her, das die ganze Verlegenheit und Verwirrung, alle Doppelsinnigkeit und alles Mißtrauen in den auswärtigen Beziehungen widerspiegelte. Indiskretionen von Kundschaftern, Mätressen und Beichtvätern machten die Runde; ganz Versailles tuschelte hinter vorgehaltener Hand und verkaufte diplomatische Geheimnisse an Neugierige. Bei den Soupers in Compiègne war die Politik der Mätressen Gegenstand von Wortspielereien, deren Echo auch die Spione Berlins erreichte. So im voraus angekündigt und publik gemacht, wurde die Allianz mit Österreich durch eine Hofintrige gefährdet.

Eine ehemalige Rivalin der Madame Pompadour, die Marquise de Coislin, war in der Gunst Ludwigs XV. aufgestiegen, und zwar auf Betreiben des Prinzen Conti, der zwar – wie die Pompadour – eine Allianz mit Maria Theresia anstrebte, jedoch in der Nähe des Königs ein Instrument haben wollte, das seine Weisungen befolgte. Diese Konkurrenz reizte Madame Pompadour, versuchte doch eine andere Frau, ihr die Initiative bei den bereits begonnenen Projekten zu entreißen.[4] Entschlossener denn je warf sich die Favoritin auf die österreichische Allianz und trat in eine Rolle ein, die ihrer unsicheren Lage als unentwegt gefährdete Mätresse endlich die Autorität und Solidität eines quasi ministeriellen Ranges verleihen sollte. Allerdings zögerte Maria Theresia, ob sie mit der Vermittlung der angestrebten Allianz die Marquise oder den Prinzen Conti betrauen sollte, von dem sie immerhin wußte, daß er an der geheimen Korrespondenz des Königs beteiligt war und großen Kredit beim Herrscher genoß. Nachdem ihr jedoch Graf Starhemberg, Kaunitz' Nachfolger als Gesandter, versichert hatte, die Gunststellung der Madame Coislin beim König sei kaum von Dauer, gab die Kaiserin der Pompadour den Vorzug. Diese wiederum sah sich dadurch in der Richtigkeit ihrer Ansichten bestätigt und investierte noch mehr Engagement und Hartnäckigkeit in die Verwirklichung ihres Plans.

An dieser Stelle muß eine Legende entkräftet werden, die immer wieder verbreitet worden ist: Es gab kein Schmeichelbillett von Maria Theresia, keinen begonnenen Briefwechsel zwischen der Kaiserin und der Marquise. Allein die Tatsache, daß die Kaiserin ihr, der Mätresse, den Vorzug vor einem Prinzen gab, genügte für eine demütige und dankerfüllte Unterwerfung unter deren Wünsche. In der Tat heißt es in einem Brief Maria Theresias an die sächsische Kurfürstin Maria-Antonia vom 10. Oktober 1763:

»Sie irren sich, wenn Sie glauben, daß wir ehemals Verbindungen mit der Pompadour gehabt hätten, niemals einen Brief, weder ist unser Minister noch unser Ministerium jemals diesen Weg gegangen. Sie haben ihr, wie allen anderen, den Hof machen müssen, nie aber kam es zu irgendeiner Intimität. Dieser Weg hätte mir nicht zugesagt. Ich habe ihr ein eher galantes als prächtiges Geschenk im Jahre 1756 mit der Erlaubnis des Königs gemacht.«

Auch ein Dankesschreiben der Madame Pompadour, das sich auf dieses Geschenk bezieht, bestätigt im großen und ganzen die Wahrheit von Maria Theresias abfälligen Bemerkungen. Ja, es existierte nur ein Geschenk, dessen Absendung von Jahr zu Jahr, bis 1756, aufgeschoben wurde, aber immerhin handelte es sich um ein ebenso prächtiges wie galantes Präsent, nämlich ein Bildnis ihrer erhabenen Person, in einem mit kostbaren Steinen geschmückten Lackschreibzeug eingeschlossen.[5] Die Marquise bedankte sich überschwenglich:

»Ist es mir erlaubt zu hoffen, daß Eure Kaiserliche Majestät in Güte meinen sehr demütigen Dank und den Ausdruck der gehorsamsten Erkenntlichkeit annehmen möchte für das unschätzbare Porträt, das Sie mir zustellen hieß? Wenn es nur nötig wäre, Madame, um dieses kostbare Geschenk zu verdienen, bis zum Grund der Seele von der Bewunderung durchdrungen zu werden, welche die Grazie und die heroischen Tugenden Eurer Kaiserlichen Majestät eingeben, so wäre niemand ohne Ausnahme dessen würdiger als ich. Ich wage dem hinzuzufügen, daß es keinen Untertanen Eurer Kaiserlichen Majestät gibt, der nicht diesen seltenen und erhabenen Eigenschaften eine Huldigung entgegenbringt. Sie sind daran gewöhnt, Madame, in allen denjenigen, welche das Glück gehabt haben, sich Ihnen zu nähern, die Gefühle zu sehen, die ich die Ehre habe, Ihnen auszudrücken, aber ich hoffe, daß Ihre Majestät geruhen wird, die meinigen hervorzuheben und sie als eine Folge des sehr tiefen Respektes anzusehen.«

Madame Pompadour war zum Korrespondenten des kaiserlichen Hofs geworden, zum Diplomaten, auf den sich die österreichischen Staatsmänner stützten, um ihre eigenen politischen Ambitionen triumphieren zu lassen. Auch Kaunitz selbst hatte sich wieder an sie direkt gewandt, um die Allianz beim König voranzutreiben.

»Madame …, ich habe oft gewünscht, mich Ihrem Gedächtnis zurückrufen zu können; heute wird mir dazu eine Gelegenheit geboten, welche kraft der Gefühle, die ich an Ihnen kenne, Ihnen nicht unangenehm sein dürfte. Der Graf von Starhemberg hat Dinge letzter Wichtigkeit dem König vorzuschlagen, und sie sind von einer Art, daß sie nicht anders behandelt werden können als durch Mittlerschaft von irgend jemandem, den Ihro sehr gefällige Majestät mit ihrem gesamten Vertrauen beehrt ... Unsere Vorschläge, denke ich, werden Ihnen keine Veranlassung geben, die Mühe zu bereuen, die Sie sich damit gegeben haben, Madame, jemanden vom König auszubitten, um mit uns zu verhandeln, und ich schmeichle mir im Gegenteil damit, daß Sie mir einigen Dank wissen werden, Ihnen dadurch ein neues Zeichen für die Anhänglichkeit und den Respekt gegeben zu haben.«

Ihre neue Rolle auf dem großen Schauplatz der Politik förderte einen neuen Vertrauten zutage – einen Günstling, den sie mit gönnerhafter Vertraulichkeit ihre »rauhfüßige Taube« nannte. Es war der Abbé Bernis, den sie für die von Kaunitz vorgeschlagenen Unterhandlungen auswählte und der dann während des Siebenjährigen Kriegs weitgehend zum Sprachrohr der Favoritin im Ministerrat werden sollte.

Von altem Adel, entstammte der Abbé Bernis, Graf de Brioude, einem Geschlecht, das bis ins 12. Jahrhundert zurückging. Schon in seiner Kindheit zum geistlichen Stand bestimmt, hatte er seine Jugend im Seminar von Saint-Sulpice zugebracht, einer Eliteschule des Episkopats, und hatte dort mit ebensowenig Geld gelebt wie alle Kadetten von Adel. Anschließend war er in das Kapitel von Lyon aufgenommen worden und dann nach Paris gekommen.

Bernis hatte das schöne Antlitz eines pausbäckigen Engels, dazu einen aufrichtigen, offenherzigen Charakter, eine lebhafte Phantasie, einen wachen Verstand und künstlerische Talente. Sein Charakter wies ebenso Sanftmut und Jovialität auf wie wollüstig-sinnliche Züge. Er war lebensvoll und den Frauen zugetan, deren Freundschaft, wie er in seinen Memoiren sagte, zärtlicher, delikater, großzügiger, treuer, wesentlicher sei. Was brauchte es mehr in dieser Zeit, um den Abbé in Paris zu einem begehrten Objekt zu machen! Klatschgeschichten wollten gar wissen, er habe sich durch eine Modeverkäuferin, die den Kundinnen ihren Flitter ins Haus brachte, bei den Damen der Gesellschaft einführen lassen. Als regelmäßiger Gast im Salon der Madame de Tencin gab er kleine Kostproben seines Talents, doch blieb seine Situation ohne Aussicht auf entscheidende Verbesserung, bis ein günstiges Geschick ihn zum Liebhaber der Madame Courcillon, der Witwe des Prinzen de Rohan, werden ließ.

Aber dieses sorglose Leben, dessen einziger Sinn das Vergnügen war, stieß auf Mißbilligung beim Kardinal Fleury, der dem Vater des Abbé versprochen hatte, sich um die Karriere des Sohnes zu kümmern. Doch die Mahnung des alten Kardinals, er werde zu seinen Lebzeiten niemals eine Pfründe erhalten, beeindruckte den jungen Abbé nicht. »Monseigneur, ich werde warten«, erklärte er und nahm sein müßiges, mondänes Leben wieder auf. Bernis bewahrte sich seine epikuräische Lebensphilosophie: Er vergaß, die Zukunft zu beschleunigen und sich für das Schicksal bereitzuhalten; er blieb gleichmütig angesichts der Gleichgültigkeit seiner Familie, die nichts für ihn tat; er leistete seinen Freunden Dienste, ohne sich um sich selbst Sorgen zu machen. Inmitten einer Welt, in der sich jeder einem ehrgeizigen Streben verschrieben hatte, erstaunte er mit der Anmut einfacher und ungezwungener Würde, mit seinem Sich-Begnügen mit der Gegenwart. Die größten Träume, die er – wenn überhaupt – spann, gingen nicht über eine Abtei mit sechstausend Livres Rente hinaus. Und doch muß er von Zeit zu Zeit Vorahnungen von Größerem gehabt haben. So sagte er einmal zu zwei ehemaligen Seminarkameraden, der eine inzwischen Erzbischof, der andere Kardinal: »Ich weiß nicht, wann ich meinen Entschluß fassen werde, mich auf den Weg zu machen; aber was ich weiß, ist, daß, sobald ich ihn gefaßt habe und anfange zu marschieren, ich euch voraus sein werde.«

In der Erwartung, daß der Abbé zu marschieren beginne, führte Madame de Rohan-Courcillon, die mit der Marquise, damals noch Madame d'Étioles, und Madame d'Estrades sehr befreundet war, ihn in dem Augenblick nach Étioles, als die Favoritin während der Abwesenheit des Königs einsiedlerhaft auf ihrem Landgut lebte und angesichts der sie umgebenden Langeweile jeden zufälligen Gast wie einen Freund aufzunehmen bereit war. Rasch stellte sich zwischen der jungen Frau und jenem sentimentalen Schöngeist, der unter den Blicken der Schloßherrin seine *Quatres Parties du Jour* niederschrieb, ein vertrautes Verhältnis her. Die Verbindung wurde enger, nicht zuletzt dadurch, daß Madame d'Étioles sich für ihre Liebesbriefe an den König gerne der Feder des Abbé Bernis bediente.

Später wurde er auf Wunsch des Königs, der ihm echte Zuneigung entgegenbrachte, der Favoritin als Berater und Lehrer zur Seite gestellt. Als täglicher Begleiter sollte er ihr die Einführung bei Hof erleichtern und ihr in Fragen der Etikette helfen: Als ihm ein Bischofssitz in Aussicht gestellt wurde, wenn er die Priesterweihe nähme, lehnte er mit jener Ehrlichkeit ab, die sein ganzes Leben lang die Größe seines Charakters ausmachen sollte. Da er keinerlei Neigung zum Priesteramt verspürte, zog er es vor, sich lieber weiter zu bescheiden. Als ihm der König schließlich eine Pension über eintausendfünfhundert Livres aussetzte und ihm eine Wohnung in den Tuilerien zuwies, erwachte in dem Abbé der Ehrgeiz, wie es bisweilen bei jungen Menschen nach einer Erbschaft geschieht. Doch weil die bescheideneren Dinge oft schwer zu erreichen sind, fragte er sich eines Tages, ob es nicht leichter sei, gleich den großen Schritt zu wagen. Und wirklich erhielt er am 2. November 1751, durch allerlei Protektion begünstigt, den Gesandtschaftsposten in Venedig.

Überraschung und eifersüchtige Regungen, Empörung und üble Nachrede sind leicht vorstellbar. Sie erwarteten den Abbé auch noch nach seiner Rückkehr 1755, denn dank der Protektion seiner Gönnerin stieg er 1757 ins Staatssekretariat für Auswärtige Angelegenheiten auf. Dieser nette Reimekritzler, dieser Dichter, den Voltaire als Blumenverkäuferin des Parnaß bezeichnet hatte, dieser Alkovenjäger, dieser kleine Abbé aus der Gefolgschaft der Favoritin in einer solchen Position! Dieser unerwartete Aufstieg war ein Skandal, eine empörende Erhebung, die das Regiment der Mätresse einleitete.

Indessen bestanden die Vorurteile gegen Bernis nicht zu Recht; es war falsch, den Abbé aufgrund seiner Vergangenheit zu verurteilen. Sein Geist war seinem Aussehen überlegen, seine Seele seinem Ton, sein Herz seinen Neigungen. Seine Art, mit den ernsten Dingen zu spielen und im Ernst geistreich zu sein, waren typische Attribute des Jahrhunderts, die auch Staatsmännern wie Choiseul und Maurepas sowie anderen, deren Nachruhm in der Geschichte ungebrochen ist, zu eigen waren. Muß man an Malesherbes erinnern, der Papiere unter der Nase derjenigen verbrannte, die kamen, um mit ihm zu verhandeln? Bernis hatte ebensoviel Tiefgang wie alle diese Männer, die leichtfertig erschienen. Es war in ihm eine verborgene Kraft, über die oftmals Menschen mit einer doppelten Persönlichkeit verfügen – Menschen, die sich anscheinend ganz Vergnügungen, Geselligkeit, Soupers und Bällen hingeben, um sich dann plötzlich darüber zu erheben und nachts insgeheim zu rastlosen Arbeitern zu werden. Wer wie der Abbé nur wenig Schlaf brauchte, hatte Vorteile in diesem Spiel. Tagsüber sah man ihn in politischen Geschäften bei Hof, abends stets in Gesellschaft beim Spiel, das er nicht liebte, ihm aber dazu diente, Spionen die ungeheure Arbeit seiner Nächte zu verhehlen.

Der Abbé Bernis verfügte über mehrere Tugenden, die einen Minister auszeichnen sollten: neben Aufmerksamkeit und Intelligenz besaß er das wertvolle Geschick, andere für sich einzunehmen, dazu Bescheidenheit und einen gesunden Menschenverstand. In der Frage der österreichisch-französischen Allianz hieße es den Abbé unter ein falsches Licht stellen, würde man ihn hier als entschiedenen, aus voller Überzeugung vorwärtsstrebenden Parteigänger der Pompadour ansehen. Eher war er als Anhänger der traditionellen französischen Diplomatie unfähig, einer grundlegenden Veränderung der Allianzen begeistert das Wort zu reden, und hielt im Innern fast abergläubisch an der antiösterreichischen Politik fest. Bernis war also keineswegs, wie man oft dargestellt hat, ein gefügiges und ergebenes Werkzeug in den Händen der Favoritin, sondern er war irritiert über diesen Umsturz einer diplomatischen Tradition, an die Frankreich gewöhnt war. Durch den neuen Bündnisvertrag sah er die Beschützerrolle des französischen Königs gegenüber den kleinen deutschen Staaten, die diesen als Garanten des Westfälischen Friedens betrachteten, gefährdet. Er sah Frankreich in naher Zukunft in einen Krieg mitgerissen, dessen Kosten es würde tragen müssen, und er führte der Marquise lebhaft die Vorwürfe vor Augen, denen sie im Fall eines unglücklichen Ausgangs seitens des Königs wie der öffentlichen Meinung ausgesetzt sein würde.

Alle Befürchtungen, alle Vorhaltungen, ja sogar die Drohungen vermochten die Marquise nicht in ihren Plänen zu beirren. Unermüdlich wirkte sie auf den König ein, wob in ihre Unterhaltungen die Inhalte der österreichischen Depeschen ein. Sie lockte, erschreckte und ermutigte. Sie appellierte an die Instinkte Ludwigs, die ihn zu einer Allianz mit der Kaiserin drängten, und schoß gleichzeitig auf geschickte Weise Giftpfeile ab, die seiner alten Abneigung gegen den häretischen Preußenkönig neue Nahrung gaben. Sie appellierte sogar an seinen Glauben und ließ vor seinen Augen die Idee einer großen katholischen Allianz erstrahlen, die in Europa das Gegengewicht gegen die wachsende Macht der protestantischen Partei bilden würde. Endlich gaukelte sie dem Herrscher, der sich nach Ruhe sehnte, das Bild eines langwährenden Friedens vor, an dem er sich in seinem Alter erfreuen könnte – vergleichbar nur jenem Frieden, den der alte Kardinal Fleury als Regent des unmündigen Königs zu wahren vermocht und der Frankreich eine Zeit der Ruhe vergönnt hatte.

Nachdem sie Ludwig für ihre Pläne gewonnen hatte, schlug dieser vor, den Abbé Bernis damit zu beauftragen, die vertraglichen Vereinbarungen auszuhandeln. Damit hatte die Marquise den Unterhändler, den sie wollte. Sie wußte, daß sie auf seinen Charakter zählen konnte, auf seinen Wunsch, dem König zu gefallen, auf seine Dankbarkeit ihr gegenüber. Dies alles und dazu die Versuchung eines großartigen Lebens würden ihn bewegen, seinen Widerwillen gegen diese Allianz zu überwinden, und sie behielt recht.

Am 22. September 1755 trafen sich Madame Pompadour, der Abbé Bernis und der Graf von Starhemberg in einem kleinen Haus unterhalb des Schlosses Bellevue zu einer Konferenz, aus der nur leicht verändert ein Vertragsangebot hervorging, das Maria Theresia Frankreich unterbreitete, und zwar – man muß das anerkennen – mit den besten Bedingungen, die man seit langem gesehen hatte. Die Kaiserin verzichtete für alle Zeiten auf die Allianz mit England; die Niederlande sollten von einem neutralen Prinzen aus dem Hause Bourbon, dem Herzog von Parma, regiert werden; Mons wurde an Frankreich abgetreten und Luxemburg, das Gibraltar Österreichs, geschleift. Trotz der ungeheuren Vorteile, die Frankreich aus diesem Vertrag zog, fürchtete Madame Pompadour die Gegnerschaft der Herren Puisieux und Saint-Severin, die den Aachener Frieden ausgehandelt hatten. Und wirklich kam es zu Vorbehalten, Unstimmigkeiten und Komplikationen, die das Vertragswerk verzögerten und veränderten – diesen Vertrag, der schließlich am 2. Mai 1756 besiegelt und vom Volk mit trunkener Begeisterung aufgenommen wurde.[6] Die Marquise selbst hat dem Vertrag ein eigenartiges Denkmal gesetzt, indem sie einen Achat-Onyx stechen ließ: Die beiden Staaten reichen sich auf dem Altar der Treue die Hand und treten die Maske der Heuchelei und die Fackel der Zwietracht mit Füßen.

»Madame Pompadour«, berichtete nach Abschluß des Bündnisses Starhemberg an Kaunitz, »ist hochbefriedigt vom

Abschluß dessen, was sie als ihr Werk ansieht, und hat mich versichern lassen, daß sie ihr Bestes tun wird, damit wir nicht auf so gutem Wege stehen bleiben.« Und wenig später riet er, um die Favoritin bei Laune zu halten:

»Ich glaube, es wäre sehr angebracht, wenn Eure Exzellenz geruhten, in dem ersten Brief, den Sie mir die Ehre geben werden, an mich zu schreiben, einige offensichtliche Zeilen an Madame Pompadour einzufügen. Es ist gegenwärtig der Augenblick, da wir sie mehr denn je nötig haben, und ich wäre sehr froh, wenn außer den persönlichen Komplimenten von Eurer Exzellenz es auch etwas gäbe, was die Dankbarkeit und die Achtung des Hofes und des Ministeriums für sie markierte. Es ist sicher, daß sie es ist, der wir alles verdanken, und daß sie es ist, von der wir alles in Zukunft erwarten müssen. Sie will, daß man sie achtet, und sie verdient es in der Tat. Ich werde sie öfter und ausgiebiger sehen, sobald unsere Allianz kein Geheimnis mehr sein wird, und ich möchte ihr für jene Zeit Dinge zu sagen haben, welche ihr persönlich schmeicheln.«

Graf Kaunitz beeilte sich, dem Wunsch des Gesandten zu entsprechen, und es war ein recht ausführlicher Brief, den er der Favoritin am 9. Juni 1756 schrieb:

»Man schuldet durchaus Ihrem Eifer und Ihrer Weisheit, Madame, alles, was bisher hier zwischen den beiden Höfen abgeschlossen worden ist. Ich fühle es und kann mir die Befriedigung nicht versagen, es Ihnen zu gestehen und Ihnen dafür zu danken, daß Sie so gut waren, mein Führer bis zu dieser Stunde sein zu wollen. Ich darf Sie sogar nicht in Unkenntnis lassen, daß Ihre Kaiserliche Majestät Ihnen all die Gerechtigkeit hat widerfahren lassen, die Ihnen zukommt, und für Sie alle Gefühle hegt, die Sie sich wünschen können. Was geschehen ist, muß – mir scheint es so – die Zustimmung des unparteiischen Publikums und der Nachkommenschaft verdienen. Aber was zu tun übrigbleibt, ist zu groß und zu sehr Ihrer würdig, als daß Sie sich dessen enthalten könnten, den Versuch zu machen, eine Arbeit, die Sie auf immer dem Vaterland teuer machen muß, zu tun. Auch bin ich überzeugt, daß Sie fortfahren werden, Ihre Sorgfalt einem so wichtigen Gegenstand zuzuwenden. In diesem Fall sehe ich den Erfolg als sicher an, und ich teile schon im voraus den Ruhm und die Befriedigung, die Ihnen daraus entstehen muß, da sicherlich niemand Ihnen weder aufrichtiger noch respektvoller zugetan sein kann als Ihr sehr demütiger und gehorsamer Diener, Graf von Kaunitz.«

Klerus und Monarchie

Während im Ausland ein militärischer Konflikt aus-
brach, entzündete sich in Frankreich in den Köpfen der
Menschen ein Glaubenskrieg, wie man ihn seit den Huge-
nottenkriegen nicht mehr erlebt hatte. Die despotischen und
ultramontanen Lehren des Jesuitenordens, der seit der Regentschaft von Kardinal Fleury an politischem Einfluß gewonnen hatte, prallten erneut zusammen mit den gallikanischen, das heißt staatskirchlich orientierten Jansenisten, die
aus aller Verfolgung mit noch mehr Eifer und Groll hervorgegangen waren.[1] Die unüberwindliche Gegnerschaft dieser
beiden Gruppen führte dazu, daß in die Diskussion politischer Fragen der Haß jahrzehntelanger Glaubenskämpfe hin-
eingetragen wurde. Der neue Konflikt – Auftakt zu einer
Schlacht – wurde ausgelöst durch eine Maßnahme des Generalkontrolleurs der Finanzen Machault, der – man darf es
nicht vergessen – ein ergebener Parteigänger der Pompadour
war. Er wollte durch die Erhebung des Zwanzigsten auf geistliche Güter die infolge langer Kriege leeren Staatskassen fül-
len.

Die Nachricht von dieser Anordnung versetzte die ganze
Kirche in Aufruhr. Eine Art Konzil wurde einberufen, das in
der Erzdiözese Paris tagte und den Zehnten der geistlichen
Güter als eines der Lehensrechte der Kirche erklärte. Weiter
hieß es, daß die kirchlichen Rechte ebenso alt und unantastbar seien wie die der Monarchie und man zu ihrer Verteidigung zu allen Mitteln greifen, ja selbst vor Blutvergießen
nicht zurückschrecken werde. Dem König hielt man vor, daß

der Erlaß den Respekt gegenüber der Religion schwächen und die Regierung an Autorität einbüßen würde, daß es künftig schwieriger werde, durch den Zügel der Religion den Gehorsam gegenüber der Obrigkeit zu festigen. Diese Drohung war von einer beinahe allgemeinen Weigerung der Bischöfe begleitet, dem Generalkontrolleur ihre Einkünfte offenzulegen, und so wurde die Durchführung des Erlasses fast völlig verhindert.

In diesem Konflikt mit der Kirche hatte der Hof das Parlament auf seiner Seite und erhielt zudem Unterstützung durch Anhänger des Jansenismus aus dem Bürgertum und dem niederen Klerus. Eine Armee überzeugter Redner, Schriftsteller und Parlamentarier predigte Maximen und Moral der augustinischen Lehren, verteidigte die Freiheit der gallikanischen Kirche und bekämpfte die Bulle »Unigenitus«, mit der 1713 die jansenistische Lehre verurteilt worden war. Rings um das Parlament zogen bewaffnete Posten auf, um dessen Fortbestand als Hort nationaler Interessen und als Garant einer gemäßigten Monarchie zu schützen. Die Auseinandersetzung um die Vorrangstellung zwischen Kirche und Staat mußte also gar nicht vom Hof selbst ausgetragen werden, sondern wurde stellvertretend von dessen Alliierten geführt.

Im Zentrum des Richtungsstreites standen sich Jansenisten und Jesuiten gegenüber. Letztere, die sich auch in Anlehnung an die Lehren des spanischen Jesuiten de Molina als Molinisten bezeichneten, griffen in dieser Situation auf eine Repressalie zurück, die ursprünglich eine Erfindung der Jansenisten war. In den zwanziger Jahren – zu einer Zeit, als diese Glaubensrichtung die Unterstützung des mächtigen Pariser Erzbischofs, des Kardinals de Noailles, genoß – hatten jansenistische Priester von sterbenden Anhängern der Jesuiten die Abkehr von dieser Lehre gefordert, wollten sie die Letzte Ölung erhalten. Jetzt drehte ein anderer Erzbischof von Paris, Christophe de Beaumont, den Spieß um und führte die berüchtigten Beichtbillette ein. Personen, die als Anhänger

des Jansenismus verdächtigt wurden, erhielten die Sterbesakramente nur dann, wenn sie in einer persönlich unter-
zeichneten Bescheinigung dieser Lehre abschworen. Der
Streit eskalierte, als ein Berater des Parlaments im Sterben lag
und der übereifrige Pfarrer von Saint-Etienne du Mont ihm
die Absolution verweigerte und darüber hinaus auch nicht
bereit war, vor dem Magistrat Rechenschaft über diese Weigerung abzulegen: Er sei allein dem Erzbischof verpflichtet, ließ
er wissen. Da der Erzbischof seinen Pfarrer stützte und starr
auf der Notwendigkeit von Beichtbilletten beharrte, zudem
die Leiter des Pariser Krankenhauses wegen ihrer Opposition
gegen die Bulle »Unigenitus« absetzte, reagierte das Parlament, indem es einen Haftbefehl gegen den Pfarrer erließ und
ihn in die Gefängnisse der Conciergerie schickte.

Das Parlament wurde immer kühner – ob es nun um die
Autorität des Erzbischofs hinsichtlich der Krankenhausver-
waltung ging oder um den Tadel, den der König wegen der
Vorgehensweise gegen den Pfarrer von Saint-Etienne aus-
sprach.

Ludwig XV. versuchte zu schlichten und zu versöhnen, indem er das Parlament bei seinem forschen Vorgehen bremste
und gleichzeitig der Geistlichkeit verbot, die Sakramente zu
verweigern, aber dieser weise Mittelweg befriedigte keine der
beiden Parteien. Die Geistlichkeit reagierte darauf mit einer
Bittschrift, in der sie den Erzbischof um Beibehaltung der
Beichtbillette ersuchte, was vom Parlament postwendend als
Attentat auf die Wiederherstellung des Friedens gebrand-
markt wurde. Überdies wandte man die Polizeigesetze an und
schickte dem Pfarrer, der die Petition von Pfarrhaus zu Pfarrhaus getragen hatte, eine persönliche Vorladung. Eine Intervention des Königs, der dem übers Ziel hinausschießenden
Parlament die Verfolgung der Fälle entziehen wollte, ließ die
Situation weiter eskalieren. Das gereizte Parlament befahl
den Priestern in den Pfarreien, Sterbenden die Sakramente
zu spenden, andernfalls werde ein Haftbefehl ergehen, und

drohte dem Erzbischof, man werde seine Einkünfte konfiszieren, falls er dem Skandal kein Ende bereite.

Angesichts dieser trüben Aussichten versammelten sich siebenundzwanzig Bischöfe in Versailles und verschafften sich fast mit Gewalt Zutritt zum König. Beinahe gleichzeitig traf der Parlamentspräsident ein, um die Zustimmung des Königs zur Einberufung des Parlaments einzuholen und ihn zu dieser Sitzung einzuladen. Was im Parlament vor sich ging, war eine erste Ankündigung der Revolution von 1789, denn schon jetzt fanden erbitterte Redeschlachten statt, die ihren Niederschlag in der öffentlichen Meinung fanden. Remonstrationen wurden festgelegt und dem König durch Richelieu und den Prinzen Conti präsentiert. Nachdem dieser sich zunächst geweigert hatte, das Schriftstück zur Kenntnis zu nehmen, entschied er, es sich durch d'Argenson vortragen zu lassen. Seine Antwort bestand darin, daß er allen Präsidenten der Untersuchungskommissionen Verbannung oder Gefangennahme androhte. Die große Kammer mußte Paris verlassen, ihre Geschäfte wurden kommissarisch von Staatsräten erledigt, die ihre Arbeit unter dem Hohngelächter der Pariser Bevölkerung und Lobrufen auf das Parlament aufnahmen. Als er dies hörte, entfuhr Ludwig XV. das prophetische Wort: »Ich kenne das Volk von Paris, es braucht Remonstrationen und Schauspiele und eines Tages vielleicht noch viel Schlimmeres als dieses.«

Gegen Ende des Jahres 1753 war die Unzufriedenheit im Volk weiter angewachsen. Der König wurde überschüttet mit anonymen Drohungen und guten Ratschlägen. Seine Vertrauten warnten ihn alarmiert vor der gereizten Stimmung im Volk. Während die königliche Kammer kein Ansehen zu gewinnen vermochte, wuchs die Popularität des verbannten Parlaments. Da der König sich nicht stark genug fühlte, seinen Staatsstreich weiter aufrecht zu halten, wurden erste Unterhandlungen mit einem der Parlamentspräsidenten, mit Maupeou, aufgenommen, der dem Hof zuneigte und vom König die Zusicherung erhielt, Kanzler zu werden. Der Weg war geebnet, und das Parlament kehrte im Triumph nach Paris zurück, fast in genau dem Augenblick, als jener ins Leben und in die Geschichte trat, der später Ludwig XVI. werden sollte. Der auf Ausgleich bedachte König suchte den Sieg des Parlaments gegenüber der Kirche abzuschwächen, indem er Machault, dessen Erlaß den Konflikt ausgelöst hatte, das Finanzwesen entzog und ihn mit den Marineangelegenheiten abfand, und dem Pfarrer von Saint-Etienne du Mont eine Abtei zuwies. Doch vermochten diese Konzessionen in nichts die Anordnungen und Praktiken des Erzbischofs hinsichtlich der Beichtbillette zu ändern. Ungeduld ergriff den König, und er nahm es hin, daß das Parlament ohne vorherige Warnung die Verbannung des Erzbischofs von Paris verfügte. Beaumont ließ dem König durch Richelieu antworten: »Mein Gewissen erlaubt mir keinerlei Kompromisse.«

Um in dieser prekären Situation, die auch die Frage nach der Autorität des Königs aufwarf, sich das Steuer nicht endgültig aus der Hand nehmen zu lassen, trat der Hof an die Bischöfe heran, die sich wenig in ihren Diözesen, sondern lieber in Paris aufhielten oder ihren Hofdienst in Versailles versahen. Sie waren weltmännisch genug, um sich einem Handel zu beugen, der das empfindsame Gewissen des Erzbischofs empört hatte. Wenn es ihnen gelänge, den Klerus zur Aufhebung der Beichtbillette zu bewegen, könne der König mit aller Strenge gegen das Parlament vorgehen, dem es gar nicht um die Sterbesakramente, sondern um die Auflehnung gegen das Königtum gehe. Plötzlich teilte sich die Kirche Frankreichs in zwei Parteien: einerseits in die weltliche und tolerante, dem Hof nahestehende Geistlichkeit – die Feuillantisten, wie man sie in Anspielung auf ein Blatt nannte, das in der Pfründe des Kardinals de La Rochefoucauld publiziert wurde – und andererseits in den strenggläubigen Klerus, der starr und kompromißlos an seinen Grundsätzen festhielt. Diese Gruppe nannte sich nach der ehemaligen Ordenszugehörigkeit ihres Anführers Boyer Theatiner.

Während der ganzen Zeit brach der Zug der Pfarrer, die aus Paris und den Provinzen zu dem verbannten Erzbischof pilgerten, nicht ab. Das Parlament nahm die Gelegenheit wahr und erklärte es für seine Pflicht, die unerlaubten Versammlungen zu verhindern – nicht ohne an den König die ironische Frage zu richten, ob diese Treffen auf seinen Befehl hin stattfänden.

Inmitten all dieser Wirrnisse war es nicht gelungen, die Einziehung des Zwanzigsten durchzusetzen. Die Kosten des 1748 beendeten Kriegs waren noch nicht bezahlt, und schon stand ein neuer Waffengang ins Haus. Um dem Notwendigsten entsprechen zu können, setzte der König am 7. Juli 1756 erneut einen Zwanzigsten fest. Mit einer zweiten Erklärung befahl er auf die Dauer von zehn Jahren die Festsetzung von zwei Sous für jede Livre des Zehnten, der 1746 zur Begleichung der Staatsschulden geschaffen worden war, und verlängerte durch eine dritte Erklärung die Gewohnheitsrechte des Parlaments. Um die Sache ein für allemal zu beenden, wurde ein »Lit de justice«, ein großer Gerichtstag, mit allem militärischen Gepränge angesetzt, um die drei Edikte zu registrieren und damit wirksam werden zu lassen. Von der Tribüne war die Stimme der Madame Pompadour zu vernehmen, die das Parlament anklagte, »sich vor den Augen des Volkes interessant zu machen, sich den Anschein zu geben, es zu protegieren«.

Am Morgen nach dem Gerichtstag begann der Krieg von neuem. Das Parlament erhob weitere Einwände und befahl, die Registrierung der am Gerichtstag erlassenen Beschlüsse zu verweigern. Der Erzbischof von Paris verbot unter Androhung der Exkommunikation den Parisern, den Anordnungen des Parlaments Folge zu leisten sowie irgendwelche Drucksachen aus dieser Quelle zur Kenntnis zu nehmen. Das Parlament, weit davon entfernt, sich zu beruhigen, übertrat jetzt endgültig seine Befugnisse und verdammte Papst Benedikt XIV., der mit einer Enzyklika in den Konflikt eingegriffen hatte und dem bedrängten König zu Hilfe geeilt war. Es war der letzte Erfolg der Parlamentarier. Der König, beruhigt durch die Hilfestellung aus Rom, verwirklichte jetzt einen Plan, den er schon seit langem gehegt hatte, und beschnitt drastisch die Macht des Parlaments, indem er sein Recht zur Opposition einschränkte. Der öffentliche Zorn, die Empörung des Volkes brach aus. Und gegen wen richtete sich der Unmut? Gegen Madame Pompadour, gegen die »Königsdirne«.

Die Volksstimme täuschte sich nicht, wenn sie der Favoritin eine wichtige Rolle in den zurückliegenden Auseinandersetzungen zuschrieb. Sie verdiente den großen Anteil an Unpopularität wegen ihres großen Anteils am Ausgang dieser Schlacht der Ideen und war in der Tat die Seele dieses Kriegs, der Klerus und Parlament, Parlament und König aufeinanderprallen ließ. Schon als Machault sein Edikt erlassen hatte, wertete der ganze Klerus dies als ein Manöver der schönen Philosophin, um die Kirche herabzusetzen. Und Monsignore Boyer äußerte gegenüber dem frommen Dauphin:

»Sie ist nicht mehr, diese Zeit, in der die Favoritinnen des Königs die Unregelmäßigkeit und die Unanständigkeit ihres Betragens durch Respekt für die Religion und ihre Ergebenheit gegen den Klerus von Frankreich verringerten. Dieser Voltaire, dieser öffentlich sich bekennende Atheist, wird am Hof herrschen, und er wird, von Madame de Pompadour unterstützt, alle Prälaten durch seine Broschüren und seine Quodlibets verjagen.«

Die Befürchtungen Boyers und seiner Gefolgschaft waren nur geringfügig übertrieben; im Kern trafen sie den Sachverhalt und schätzten die Aussichten für die Zukunft sowie die Verbindung zwischen der Mätresse und Voltaire richtig ein. In der Tat war Voltaire nicht nur ein Höfling, sondern auch ein Werkzeug der Favoritin, ihre Waffe sozusagen. Satiren, Epigramme, literarische Exekutionen, Zornesausbrüche – alles, was bei ihm ein Werk des Teufels, ein Plädoyer des Dichters pro domo sua zu sein schien, stand im Dienst ihrer

Rachegelüste. Diese Polizei des Parnaß zielte mit ironischen Schlägen auf die politischen Feinde der Marquise ab. Unter dem Hagel der Wenn und Ob, Warum, Für, Daß, Wer oder Was erzitterten die Gegner der Pompadour. Sie selbst, ihr Leben und ihr Treiben bildet einen Schlüssel zu den Pamphleten Voltaires, dem sie – solchermaßen miteinander verbunden – ihr ganzes Leben lang die Freundschaft hielt und den sie trotz zeitweiliger Entfremdung und kleiner Zwiste bis zu ihrem Tod protegierte. Ebenso blieb Voltaire ihr zeitlebens ergeben: Er unterstützte ihre Rankünen und Grollgefühle gegen Boyer, den er anklagte, ihn zur Flucht nach Holland gezwungen zu haben, er verteidigte und tröstete sie durch seine Attacken gegen die tölpelhaften Fanatiker, er schmeichelte ihr und erklärte sie postum gar zur Philosophin.

Schon allein diese Allianz hätte gereicht, den Zorn der Kirchenpartei auf sich zu ziehen, doch die Marquise dehnte ihre Protektion auch auf die Freunde Voltaires, auf alle diese Feinde kirchlicher Privilegien, aus: auf die Ungläubigen, auf die Enzyklopädisten, schließlich auf jene Männer, die die Revolution mathematisch formulierten und ihren Utopien mit unangreifbaren Zahlen eine sichere Basis gaben, auf die Nationalökonomen, deren Ziel es war, den Klerus und die Geistlichkeit für die Steuern aufkommen zu lassen. Bizarre Opposition!

Während das Vorzimmer der Königin von frommen Gebeten widerhallte, die die Strafe des Himmels auf das Haupt von Voltaire herabflehten, hatten in einem anderen Gebäudetrakt, wo einst Ludwig XIV. gelebt hatte, all jene Zuflucht gefunden, die für die überlieferte Ordnung, für Adel und Klerus bedrohlich waren. In diesen an die Räume der Favoritin angrenzenden Gemächern, die einst das Allerheiligste der Monarchie gewesen waren, erhoben sich Stimmen, die von Aufruhr und Rebellion kündigten. Hier, wo die Nationalökonomen ihr erstes Diskussionsforum für ihre Theorien fanden, wohnte der Meister selbst. François Quesnay, Doktor der Medizin, war ursprünglich wegen eines epileptischen Anfalls der Madame d'Estrades nach Versailles gerufen worden und dank der Gunstbezeigungen der Madame Pompadour zum ärztlichen Ratgeber des Königs aufgestiegen, bei dem er bald in so hoher Gunst stand, daß Ludwig ihm ein selbsterfundenes Wappen verlieh. Eines Tages nahm er aus einer Blumenvase auf dem Kamin der Marquise drei Stiefmütterchen, überreichte sie dem Arzt und sagte: »Ich gebe Ihnen ein sprechendes Wappen.«[2] Ein anderes Mal hatte der König, der üblicherweise den Männern der Wissenschaft und der Literatur gegenüber zurückhaltend war, seine Liebenswürdigkeit so weit getrieben, daß er selbst zwei oder drei Blätter für Quesnays psychologische Essays aufsetzte.

Dieser Mann, von rauhem und hartem Schlag, kurz angebunden und im Kern seiner Überzeugungen Republikaner, verstand es trotzdem, sich der Monarchie anzudienen, von ihren Gunstbezeigungen zu profitieren und wie der vollendete Höfling zu erscheinen, wobei er im Zwiespalt zwischen seinen Grundsätzen und seinem Vorteil nie den König selbst, sondern dessen Minister und die Regierung attackierte. Er spielte eine Rolle, in der er – ohne etwas zu verlieren oder etwas zu riskieren – mit Nachsicht als liebenswürdiges, mäkelndes Kind behandelt wurde, als unabhängiger Charakter, dem Sympathien und Respekt sicher waren. In der Umgebung des Königs hatte er auf Anhieb einen der ersten Plätze eingenommen, neben d'Argenson, der auf den Rivalen um die Gunst Ludwigs mit hochmütiger Empörung reagierte. Für Quesnay bedeutete dies – wollte er beim König Gehör finden –, solcher Feindseligkeit geschickt entgegenzutreten, und er entkam den großen Gefahren seiner Rolle, indem er den Äsop spielte und seine freimütigen Äußerungen mit beifälligen Apologien verbrämte, die den König amüsierten. Und doch wurden in seiner Umgebung die Stimmen lauter und kühner, die fortschrittliche Ideen verbreiteten, die Theorien aufstellten, welche Tabula rasa machten mit den herrschenden Zuständen und die nicht nur die Grundfesten von Versailles erschütterten. Dort, in den Gemächern des Arztes der Madame Pompadour, wurde der Niedergang der Kirche und der Monarchie eingeläutet.

Welche Leidenschaften, welche Anschuldigungen, welche Worte, in denen bereits die Revolution erklang, fachten in jenem Winkel des Palastes den Sturm an! Angeführt von Quesnay wurde dort die Autorität des Ministerrats in Frage gestellt, wurden die Rechte der Gewalten geprüft, Gesetze diskutiert und Regierungsstile verglichen. Die Revolution fing genau dort an, in den Köpfen und Reden der Männer um Quesnay. Der Schrecken selbst erschien dort, und es geschah im Vorzimmer der königlichen Mätresse, daß einer der Anwesenden, nachdem man alles Gegenwärtige als untauglich verdammt hatte, die prophetischen Worte sprach: »Das Königreich kann nicht regeneriert werden, außer durch irgendeine große innere Umwälzung, aber wehe denjenigen, die dabei sein werden. Das französische Volk hat ein unveräußerliches Recht darauf.«

Die Frau, die diesen Totengräbern der herrschenden Ordnung Räume für ihre Diskussionsrunden zur Verfügung stellte, mußte von der Kirche als persönliche Feindin angesehen werden. Der religiöse Eifer Boyers und seiner Anhänger, die königliche Familie, der Dauphin, der Klerus sowie das alarmierte Volksempfinden – alles wandte sich nun gegen sie. Einer vor allem war es, der ihr entgegentrat: ein heroischer, fanatischer Heiliger, wie ihn die ersten Jahrhunderte der Christenheit kannten, ein Priester antiker Tugenden, ein Sorbonne-Schüler, der im dritten Stock bei einem Perückenmacher wohnte und dem Ruhm und Reichtum nichts galten.

Es war Christophe de Beaumont, der Erzbischof von Paris. Dreimal hatte er sich von Ludwig XV. auffordern lassen, seinen Sitz in Vienne (Dép. Isère) zu verlassen; seine Einkünfte gab er für Almosen und wohltätige Zwecke aus, die über die Grenzen Frankreichs hinausgingen und bis nach Irland reichten. Hart und mitleidslos gegen sich selbst, führte er die geistlichen Angelegenheiten entsprechend seinem unbeugsamen Gewissen mit der Leidenschaft einer energischen, finsteren Seele und mit zorniger, fast blutgieriger Inbrunst. Er repräsentierte die Haßtiraden seines Ordens gegen Madame Pompadour, der er alle Mißgeschicke der Zeit zur Last legte, die er anklagte, seinen König verdorben zu haben, indem sie ihn – gemeinsam mit ihren Freunden – der Religion durch einen festgelegten Plan entriß. Seine Anklagen beruhten auf Wahrheit, ob es nun darum ging, daß sie Einfluß auf ein kirchliches Publikationsorgan oder auf die Vergabe von Pfründen zu nehmen suchte.

In seinen Hirtenbriefen ließ der Erzbischof seiner Empörung freien Lauf. Alles Übel und alle Skandale führte er auf sie zurück, die Schwierigkeiten des Staates ebenso wie die Sorgen der Kirche. Und im Privaten ließ er sich sogar zu den Worten hinreißen, er wünsche sie verbrannt zu sehen.

Beim Volk war die Marquise unpopulär, weil sie als gefürchtetste Feindin des Parlaments galt.[3] Dieses erhob nämlich gegen sie den Vorwurf, in erster Linie für die finanziellen Verlegenheiten des Staates, das Ansteigen der öffentlichen Schulden verantwortlich zu sein. Die Parlamentsräte sprachen von »unwürdigen Bürgern, welche die Bedürfnisse des Staates mißbrauchten, um ihre Herrscher Handlungen der Schwäche begehen zu lassen«. Sie wußten um den Eigensinn, den starken Willen der Favoritin, um die Energie, mit der sie ihre Entschlüsse durchsetzte. In ihren Augen war sie es, die am Autoritätsverlust des Königs schuld war; sie war es, die seine Handlungen diktierte; sie war es, die ihn auf seine Schwächen reduziert hatte; und sie endlich war es, die dem Königtum das parlamentarische Gegengewicht genommen und aus der Monarchie eine Despotie gemacht hatte. Die Stimmen der Parlamentarier gegen die Marquise erhoben sich nicht weniger laut als die der Kirche, und gemeinsam legten sie im Volk die Saat für jene Verwünschungen und jenen Abscheu, die selbst der Tod nicht zu beenden vermochte.

Der Mordanschlag

꧁꧂

Die Auseinandersetzung des Königs mit dem Parlament vom Dezember 1756 führte vorübergehend zu dessen Lahmlegung.

Der normale Geschäftsgang war unterbrochen, weder Advokaten noch Sachwalter, die private oder öffentliche Interessen vertreten hätten, waren zur Stelle. Angesichts dieser Situation machte sich im ganzen Land eine leidenschaftliche Erregung breit, die oft politische Verbrechen begünstigt. So geschah es am 5. Januar 1757, daß Ludwig XV., als er in den Wagen stieg, um das Fest der Heiligen Drei Könige in Trianon zu feiern, von einem Dolch getroffen wurde. Der Attentäter, ein Hausdiener namens Robert-François Damiens, hatte offensichtlich keine Komplizen gehabt, sondern den König, verwirrt durch das allgemeine Gerede, aus eigenem Antrieb töten wollen. Er wurde in einem Prozeß zum Tode verurteilt und starb durch grausame Folter.

Auf Befehl des Königs mußte der Dauphin zum ersten Mal der Sitzung des Staatsrates vorstehen; der Verwundete, der glaubte sterben zu müssen, schloß sich mit seinem Beichtvater Desmaret ein,[1] Maria Leszczynska schickte er reumütige Briefe, die Marquise dagegen erhielt nichts dergleichen, nicht ein Billett, nicht ein Wort. Während der König sich in den Händen der Kirche und der Mediziner befand und der Dauphin elf Tage das Regiment ausübte, blieb Madame Pompadour in ihren Gemächern ohne Nachricht. Von draußen drangen Drohungen und Schreie des Volkes, das sich unter ihren Fenstern zusammengerottet hatte, zu ihr herauf; drin-

nen war sie der unerbittlichen Neugier des ganzen Hofs ausgesetzt, denn alle strömten wie bei einem Kirchgang zu ihr
hin, um sich an ihrem Anblick zu weiden.

Die Marquise weinte, fiel in Ohnmacht, begann von neuem zu weinen und fiel wieder in Ohnmacht. Ständig in ihrer
Nähe waren Bernis[2] und die Herzogin de Brancas, häufig
machten ihr ergebene Staatssekretäre wie Rouillé und Saint-
Florentin ihre Aufwartung. Quesnay ging unentwegt hin und
her zwischen den Gemächern des Königs und denen der Marquise; er tröstete und beruhigte sie, indem er ihr versicherte,
es bestünde keine Gefahr mehr und ein weniger wehleidiger
Mensch als der König würde abends zum Ball gehen. Aber der
einzige, der sie hätte beruhigen können, Machault, war nicht
zu ihr gekommen, obwohl er beim König gewesen war.[3] »Und
das will ein Freund sein!«, klagte die Marquise verzweifelt.

In ihrer Empörung und ihrem Schmerz dachte sie an alles,
was sie für diesen Mann getan hatte, der zweifellos in diesem
Augenblick mit d'Argenson gemeinsame Sache machte. War
sie es nicht gewesen, die den König dazu bewogen hatte, ihn
zum Großsiegelbewahrer ernennen zu lassen? War sie es
nicht gewesen, die ihn gegen den Aufruhr des Volkes gestützt
hatte, das ihm das Elend in den Provinzen anlastete und in
den Straßen von Paris Zettel verteilte, auf denen geschrieben
stand: »Rädert Machault!« War sie es nicht gewesen, der er das
Ministerium für Marineangelegenheiten zu verdanken hatte?
War es nicht ihre Idee gewesen, ihn zum Leitenden Minister
zu machen?

Bernis suchte sie gerade zu beruhigen, als man den Großsiegelbewahrer anmeldete. Machault trat ein, seine Miene war
streng: »Wie geht es Madame de Pompadour?« fragte er mit
eisigem Ton. Alle gingen hinaus. Nach einer halben Stunde
klingelte die Marquise, in Tränen gebadet: »Ich muß fortgehen! Mein lieber Abbé!« Zu zittrig, um ein Glas Wasser zu
halten, gab man ihr aus einem silbernen Becher Orangenblü-
tenwasser zu trinken. Nachdem sie sich etwas beruhigt hatte,

gab sie den Befehl, ihr Haus in Paris herzurichten und die Abreise vorzubereiten. Niemand wurde mehr vorgelassen, der nicht zum engsten Kreis der Marquise zählte.

Plötzlich hörte man auf der Türschwelle die Stimme der Marschallin de Mirepoix: »Was heißt denn das, Madame, alle diese Koffer? Ihre Leute sagen, daß Sie fortgehen.« Und die Marschallin ging zur Marquise, die gerade entkleidet und bequem auf die Chaiselongue gebettet wurde: »Ach, liebe Freundin«, antwortete Madame Pompadour mit ersterbendem Ton, »mein Herr will es, wie mir Machault gesagt hat.« – »Und was ist seine Meinung?« – »Daß ich, ohne zu zögern, fortgehe.« – »Er will der Herr sein, Ihr Großsiegelbewahrer, und verrät Sie ... Wer die Partie aufgibt, verliert sie.«

Diese Worte weckten die Lebensgeister der Favoritin, und nach einer einstündigen Konferenz mit ihren Vertrauten sagte ihr Bruder Abel zu Madame du Hausset: »Sie bleibt, aber Mund halten! ... Man wird so tun, als ginge sie, um ihre Feinde nicht aufzustacheln.«

Einige Tage später erfuhr man, daß der König mit Madame Pompadour wieder zusammengetroffen war, und die niedergeschlagene Miene Machaults deutete auf seinen baldigen Fall hin.[4] Doch sollte von dessen Sturz ausgerechnet der unerbittlichste Feind der Marquise, der Graf d'Argenson, profitieren. Er war es, dem der sich sterbend glaubende König die Schlüssel zu seinen geheimen Papieren in Trianon gegeben hatte, und jetzt, befreit von Machault, wähnte der Graf sich dank seiner unbestrittenen Überlegenheit über alle Minister stark genug, die Favoritin nicht mehr fürchten zu müssen. Seinen Plänen getreu, wählte er die schöne Madame d'Esparbes als neue Gefährtin für den König aus und bereitete sie auf die Nachfolge der Pompadour durch ein Billett vor, das dann von einem ergebenen Diener der Marquise entdeckt wurde. Darin stand: »Das Ungewisse ist endlich entschieden. Der Großsiegelbewahrer ist weggeschickt. Sie werden wiederkehren, meine liebe Gräfin, und wir werden die Herren sein.«

Als der Abbé de Bernis d'Argenson ein Versöhnungsange-
bot der Marquise überbrachte und mit einer Weigerung
zurückkehrte, glaubten alle, daß dies der Auftakt zu einem
letzten Kampf auf Leben und Tod zwischen der Favoritin und
dem Minister sein werde. Doch am Morgen nach d'Argensons
ablehnender Antwort schickte die Marquise nach ihrer Chaise und ließ sich zum großen Erstaunen aller zu ihrem Erz-
feind fahren. Bei ihrer Rückkehr wirkte sie träumerisch, die
Augen zur Decke gerichtet und blieb, den Mantel über den
Schultern, die Hände in ihrem Muff, gedankenversunken
lange vor dem Kamin stehen, so daß Bernis zu ihr sagte: »Sie
sehen aus wie ein Lamm, das träumt.« – »Es ist ein Wolf, der
das Lamm zum Träumen bringt«, antwortete ihm Madame
Pompadour.

Einige Tage nach dem Mordversuch hatte sie dem Ober-
postmeister befohlen, aus den Briefauszügen, die er dem König bringen würde, alles zu entfernen, was auf das Attentat
anspielen könnte. Janelle gab der Marquise zwar sein Wort,
wagte es aber nicht, diese Anweisung vor d'Argenson geheimzuhalten, der wutentbrannt drohte, er werde Janelle in die Bastille werfen, wenn er die Befehle der Favoritin befolge. Dieses Ereignis war es, das die Marquise zu einem Treffen mit
d'Argenson bewog, das dieser hochfahrend als letzte Anstrengung einer Ertrinkenden abtat. In den Erinnerungen von Besenval ist diese Unterredung wiedergegeben:

Madame Pompadour: »Ich bin überrascht, Monsieur, von dem Befehl, den Sie Janelle erteilt haben. Ich kann nicht begreifen, welches
die Gründe sind, die Sie bestimmen könnten, vor den Augen des Königs ein Ereignis darzulegen, dessen Erinnerung für ihn peinlich ist.
Es geschah nicht, ohne die Meinung aller Minister eingeholt zu haben, daß ich mich entschlossen habe, mit Janelle zu sprechen.«

D'Argenson erwiderte, daß er dem König die Wahrheit schuldig
und keine Erwägung auf der Welt ihn dazu bringen könne, dieser
Pflicht nicht nachzukommen.

Madame Pompadour: »Das sind große Prinzipien, aber Sie erlauben mir, Ihnen zu sagen, daß sie bei dieser Gelegenheit nicht am Platz sind und daß das Interesse an der Ruhe des Königs über jede andere Erwägung den Sieg davontragen muß.«

D'Argenson erklärte, daß er seine Meinung nicht ändern müsse und daß er nicht überrascht sei, die Marquise, die keinerlei Befehle zu erteilen habe, sich in etwas einmischen zu sehen, das allein ihn anginge.

An dieser Stelle schleuderte Madame Pompadour dem Minister die Kriegserklärung entgegen: »Es ist lange her, Monsieur, daß ich Ihre Absichten gegen mich erkannte, ich sehe wohl ein, daß nichts sie zu ändern vermag ... Ich weiß nicht, wie all dies enden wird, aber sicher ist, daß es nötig sein wird, daß Sie oder ich gehen.«

Als die Marquise anschließend mit Bernis sprach, wollte es der Zufall, daß der König, einer Macht der Gewohnheit folgend, sich den Räumen der Pompadour näherte und sie schließlich betrat. Eine tränenreiche Szene folgte: Man verabreichte der Marquise Hoffmannstropfen, der König bereitete ihr eigenhändig ein Glas Zuckerwasser; ein Kuß auf die Hand, ein Lächeln dankte es ihm – auf diese Weise nahm die Intrige gegen d'Argenson ihren Lauf. Zwei Tage später erhielt der Minister vom König folgenden Geheimbrief: »Ihr Dienst ist mir nicht mehr notwendig, ich befehle Ihnen, daß Sie mir Ihre Demission als Staatssekretär und all dessen einsenden, was die Beschäftigungen, die damit verbunden sind, angeht, und daß Sie sich auf Ihr Landgut Les Ormes zurückziehen.«

D'Argensons Fall bedeutete für die Favoritin Befreiung sowie Festigung und Beruhigung ihrer Herrschaft. Und die allmächtige Mätresse blieb auch dem Verbannten gegenüber unversöhnlich – nicht anders, als es bei Maurepas der Fall gewesen war. Als d'Argenson sein Augenlicht zu verlieren drohte, verweigerte sie trotz ärztlichen Anratens die Erlaubnis zur Rückkehr nach Paris, wo es bessere Behandlungsmöglichkeiten gab. Erst nach dem Tod seiner erbitterten Feindin durfte er den Ort seiner Verbannung verlassen. Er kam gerade rechtzeitig genug nach Paris zurück, um dort zu sterben.

Staatsgeschäfte

❧

Die auswärtige Politik war die Domäne der Madame Pompadour. Sie nahm Einfluß auf die militärische Führung, auf Gesetze, Ernennungen, Auszeichnungen und sogar auf strategische Planungen. So sandte sie an den Marschall d'Estrées einen Feldplan, auf dem die Plazierung der französischen Stellungen durch schwarze Punkte markiert war.

Auch in der Innenpolitik war ihr Regiment zu spüren. Anmaßend mischte sie sich in die Geschäfte des Ministerrats. War nicht sie es, die die einflußreichen Generalkontrolleure der Finanzen ernannte, war nicht sie es, die die zukünftigen Minister dressierte und sie vor ihrer Zusammenkunft mit dem König instruierte? Anekdotisch ist eine trübe Erfahrung des Monsieur Etienne de Silhouette überliefert, den die Favoritin für einen Ministerposten vorgesehen hatte. Trotz vorheriger zweistündiger Anweisung verlief die Unterredung mit dem König nicht wie geplant. Als Ludwig ihn ansprach: »Ah, da sind Sie ja, Monsieur de Silhouette? ... Ist die Täfelung Ihres Kabinetts glasiert?« blieb Silhouette stumm und stumpfsinnig stehen. Wie bekam der arme Mann den Kopf gewaschen, als der König hinausgegangen war! »Aber Monsieur, man antwortet ..., man sagt ja, man sagt nein ..., man spricht ... Eine schöne Geschichte haben Sie mir da eingebrockt! Jetzt ist er verärgert! Ich werde acht Tage brauchen, um ihn auf Ihre Angelegenheit wieder zurückzuführen ...« Silhouettes Ernennung sollte nicht von langer Dauer sein, denn nach nur vierundeinhalb Monaten ließ die Favoritin ihn bereits ablösen.

Wollte man den Einfluß der Madame Pompadour auf die Politik in seiner ganzen Tragweite umreißen, so müßte man ihre Interventionen und Machenschaften in der Parlamentsarbeit verfolgen. In diesem Bereich trat sie in das Zentrum, in das Herz der Monarchie ein, indem sie sich eine Mittlerrolle zwischen Hof und Parlament erträumte und vollendete. Um dieses Ziel zu erreichen, setzte sie all ihre Kräfte ein und schreckte auch vor persönlicher Diskreditierung nicht zurück. Sie führte Diskussionen und berief Konferenzen ein ... sie zog alle Register, um das Parlament zu gewinnen oder zu unterwerfen, war hochmütig und liebenswürdig zugleich, sie drohte, sie schmeichelte, sie überredete – kurz, sie bediente sich gleichermaßen staatsmännischer wie komödiantischer Mittel.

Unter den Parlamentariern, die im Dezember 1756, als der König die Rechte des Parlaments beschnitt, ihre Entlassung eingereicht hatten, befand sich ein Mann, der ein Muster an Sittenstrenge, Ehrbarkeit und Redlichkeit war. Welches Ansehen er aufgrund dieser Charaktereigenschaften genoß, belegt die Tatsache, daß er zu den auserwählten Mitgliedern des Parlaments zählte, die für die Galerie des Hauses porträtiert wurden. Seine Kenntnis des öffentlichen Rechts, seine erhellenden Beiträge in den Debatten, seine Vorgehensweise bei Präzedenzfällen hatten ihn im Parlament eine bedeutsame Rolle spielen lassen, und daß er insgeheim Opposition gegen die Favoritin betrieb, vergrößerte noch seinen Einfluß.

Aber dieser Präsident de Meinières war Vater eines Sohnes, für den er 1755 beim König um ein Amt nachgesucht hatte – vergeblich. Ebensowenig war ihm eine Fahnenjunkerstellung bei der Garde gewährt worden. In dieser Situation rieten ihm Freunde zu einer Wiederannäherung an Madame Pompadour. Nach mehreren Versuchen und mehreren Gesprächen zwischen Bernis und Meinières im Hôtel de Belle-Isle gab die Marquise dem Ersuchen des Präsidenten nach. Als intelligente Frau wollte sie die Gelegenheit nutzen, sich diesen

Mann über die Karriere des Sohnes gefügig zu machen; sie wollte ihn dazu verpflichten, ihr Mittler bei Aussöhnungsgesprächen zwischen Hof und Parlament zu werden. Sie bestellte ihn für den 26. Januar 1757 um sechs Uhr nach Versailles.

Die Marquise empfing ihn allein. Meinières hat die Szene selbst festgehalten:

»Allein, aufrecht neben dem Feuer, sah sie mich vom Kopf bis zu den Füßen mit einer Hochfahrenheit an, die mir mein ganzes Leben lang im Geiste eingeprägt bleiben wird – den Kopf hocherhoben, ohne auf meine Verbeugungen zu achten, maß sie mich auf die imponierendste Art der Welt.«

Anschließend befahl sie zornig ihrem Kammerdiener, dem Präsidenten einen Stuhl heranzuziehen, und als die beiden Kontrahenten einander gegenübersaßen, begann die Konferenz. Meinières, dessen Stimme vor Schüchternheit und Furcht zitterte, versicherte Madame Pompadour seines tiefen Respekts, seines Wunsches, sie davon zu überzeugen, daß er mit allen diesen Intrigen, deren man ihn bezichtigte, nichts zu tun habe. Vielmehr habe er die Hoffnung, daß die Marquise ihm glauben und in ihrer Güte und Menschlichkeit, mit der sie schon vielen Unglücklichen zu Hilfe gekommen sei, beim König eine Stellung für seinen Sohn als Kornett bei der Kavallerie oder als Fahnenjunker bei der Garde befürworten werde. Er schloß damit, daß er nie erfahren werde, welches Vergehen man ihm zur Last lege, und beklagte sich, daß auch sein Sohn von dieser Ächtung betroffen sei.

Die Marquise hatte bis dahin, während der Präsident an ihre Güte und Hilfsbereitschaft appellierte, kein anderes Lebenszeichen von sich gegeben als eine kleine Neigung des Körpers; steif saß sie auf ihrem Sessel, die Augen unverwandt auf den Parlamentarier gerichtet. »Wie denn! Sie ignorieren Ihr Verbrechen? Sie haben also keinen Freund?« rief sie jetzt plötzlich aus und warf dem Präsidenten alle seine Bücher,

Manuskripte und Recherchen vor, die den Opponenten wertvolle Dienste geleistet hatten.

»Wir wollen uns also verständigen. Diese Erwägung, das wissen Sie wohl, ist auf dem Nutzen gegründet, den Sie Ihrer Gesellschaft durch Ihre Bücher, Ihre Manuskripte, Ihre Recherchen bedeuten. Sie liefern Gutachten, Zitate, Titel für Remonstrationen, die am häufigsten mißfallen haben; Seine Majestät hat daher gegen Sie eine Eingenommenheit bewahrt, die auszulöschen unmöglich ist.«

Meinières erwiderte schüchtern, daß er nichts anderes getan habe, als Gutachten zu erstellen, die überall verbreitet worden seien, und beklagte sich erneut, daß der König bis dahin niemals Söhne in die Ungnade der Eltern einbezogen habe.

Madame Pompadour gab darauf zurück:

»Der König ist der Gebieter, Monsieur, er befindet es nicht für richtig, Ihnen seine Unzufriedenheit persönlich zu zeigen, er begnügt sich damit, Sie diese erfahren zu lassen, indem er Ihrem Sohn eine Stellung entzieht. Sie anders bestrafen, hieße eine Affäre daraus machen, und er will nichts dergleichen. Er wendet das Mittel an, welches in seiner Hand ist, man muß seine Willensäußerungen achten. Ich beklage Sie indessen, und ich möchte, daß Sie mich in die Möglichkeit versetzen, Ihnen einen Dienst zu leisten. Sie wissen durch Beispiele, daß der König in diesem Augenblick Zeichen der Unterwerfung von seiten der Herren der Verhöre und Bittschriften verlangt, die ihre Entlassung eingereicht haben, daß er Proben seiner Güte denjenigen gegeben hat, die ihm besondere Briefe geschrieben haben. Wenn Sie ebenfalls in diesem Sinne schreiben sollten und durch Ihr Beispiel mehrere andere dafür gewännen, ähnliche Briefe zu schreiben, so wäre das ein Dienst, den Sie der Regierung in den gegenwärtigen Verhältnissen leisten würden und den ich imstande wäre, geltend zu machen, und dann könnten Sie eine Veränderung in den Dispositionen des Königs Ihnen gegenüber erwarten. Aber wenn ich Seiner Majestät nichts anderes zu sagen haben werde, als: ›Sire, ich habe heute Monsieur de Meinières gesehen, er hat mich seiner respektvollsten Anhänglichkeit für Ihre Person versichert usw.‹, wird der König nur antworten: ›Was hat er getan, um es mir zu beweisen?‹«

Meinières führte im folgenden langatmig und detailliert die Motive an, warum er diesen Schritt als unnötig für den König erachte, als gefährlich für das Parlament und als entehrend für ihn. Die Marquise antwortete darauf in liebenswürdigerem Ton:

»Monsieur, ich habe Lust, Ihnen einen Gefallen zu erweisen, aber das wird wohl nicht möglich sein, da Sie sich zu nichts bequemen. Ihre Gründe sind nicht plausibel. Erstens würde man Ihnen ja nicht sofort das bewilligen, was Sie sich für Ihren Sohn wünschen, also fürchten Sie nicht, daß Ihr Verhalten als Preis für einen Gunsterweis erscheinen könnte, und ferner wird, wenn niemand Ihr Beispiel nachahmt, es nicht Ihre Schuld sein; es ist nur erforderlich, daß einer den Anfang macht, sich dem König zu unterwerfen. Antworten Sie nur auf dieses.«

Hierauf sagte Meinières, jetzt wieder selbstsicher, »daß er in den Dienst des Königs den Sohn eines Mannes von Ehre und nicht den Sohn eines entehrten Mannes stellen wolle«, und erklärte, daß er bei einem solchen Handel Ekel vor sich selbst empfinden und lieber ins Kloster gehen würde. Die Marquise lachte und begann mit »bewundernswerter Beredsamkeit« von neuem:

»Ich bin erstaunt, die Herren des Parlamentes über die Ehre sprechen zu hören, als ob es ehrenhaft wäre, dem König ungehorsam zu sein, den Lauf der Gerechtigkeit zu suspendieren und Unordnung in die Regierung zu bringen. Im Gegenteil, es wäre für einen Franzosen ehrenhaft, sein Unrecht, seinen Leichtsinn und das Überstürzen eines Wunsches, das jeder Regel, jeder Wohlanständigkeit entgegen ist, einzusehen und zu versuchen, durch ein verändertes Betragen im Sinne des Königs und seiner Untertanen den schlechten Eindruck zu verwischen, den eine Handlungsweise dieser Art dort verursachen mußte. Ich glaube, daß niemand darüber in Unkenntnis ist, wie sehr ich die Beamtenschaft verehre, aber es gibt nichts, was ich nicht dafür hingeben könnte, nur um nicht einen derartigen Vorwurf gegen dieses erhabene Tribunal erheben zu müssen, gegen dieses erste Parlament des Königreichs, gegen diesen Hof von Frankreich, der von sich selbst eine pomphafte Lobeserhebung in all seinen Berichten, all seinen Remonstrationen macht. Wie denn! Es ist dieser so weise Hof, der fortdauernd die Regierung korrigieren will, der sich im Lauf einer halben Stunde zu derartigen Ausartungen hinreißen läßt. Man folge nur seiner Leidenschaft, seinem Groll, seiner Blindheit, seiner Wut, und die Entlassungsgesuche sind schon abgegangen. Und gemeinsam mit jenen Irrsinnigen, Monsieur, haben auch Sie Ihre Entlassung eingereicht, und Sie setzen Ihre Ehre darin, sich nicht von Ihnen abgrenzen zu wollen? Sie ziehen es vor, das Königtum, die Finanzen, den gesamten Staat verderben zu sehen, und Sie lassen Ihre Ehre darin bestehen? Ach! Monsieur de Meinières, das ist nicht die Ehre eines Untertanen, der seinem König wahrhaft verbunden ist, noch nicht einmal die eines Bürgers.«

Der Präsident war zutiefst beeindruckt und verwundert über diese Beredsamkeit, diese Würde und große Ausdruckskraft, über diese Ungezwungenheit des Tons, über den Adel, mit dem sie die Niedrigkeit der Geschäftssprache umging, über ihren wahrhaft diplomatischen Verhandlungsstil. Dann begann die Diskussion erneut über die Fehler, die man nach dem Mordanschlag auf den König begangen hatte, über die Räte, die die Favoritin vom Parlament ausschließen wollten, und die Meinières verteidigte, endlich über den Druck, den ein Teil der Parlamentarier auf die Gesellschaft ausübte, was der Präsident sich aber zu leugnen beeilte.

Madame Pompadour warf ein:

»Es handelt sich nicht darum, die Verhandlungen zu stören, sondern, im Gegenteil, die Tyrannei zu verringern, die jene Herren, von denen Sie sprechen, auf diese Geister ausüben. Ich sehe wohl, Monsieur de Meinières, daß wir hierüber nicht mehr im Einvernehmen sein werden als über alles übrige, und es tut mir leid. Ich wiederhole es Ihnen, es ist die zu große Güte des Königs, die Sie alle heute so unternehmend und so schwierig gemacht hat und noch macht. Endlich, Monsieur, wird seine Güte ermüden, er will der Herr sein. Schreiben Sie den Ministern nicht den besonderen und persönlichen Groll des Königs zu, wie Sie es immer tun. Es handelt sich nicht um sie, hier ist es der König, der persönlich verwundet wird und der, aus sich selbst heraus und ohne dazu in irgendeiner Weise von irgend jemandem aufgestachelt zu sein, will, daß man ihm gehorcht. Aber ich bitte Sie, meine Herren vom Parlament, wer sind Sie denn, daß Sie, so wie Sie es tun, dem Willen des Gebieters widerstehen? Glauben Sie, daß Ludwig XV. nicht ein ebenso großer Fürst ist wie Ludwig XIV.? Meinen Sie, daß das Parlament von heute aus Magistratspersonen zusammengesetzt ist, die an Qualität, an Fähigkeiten und an Verdiensten denjenigen überlegen sind, aus welchen sich damals das Parlament zusammensetzte? Ach, ich würde es wohl wünschen! Wieviel fehlt daran, daß sie ihnen ähnlich seien! Aber bedenken Sie selbst, was das Parlament seit 1673 gewesen ist, nachdem Ludwig XIV. ihm die Remonstrationen entzogen hatte bis 1715, und Sie werden sehen, ob das Parlament jemals größer und angesehener war als in diesem Zeitraum! Warum finden Sie es heute außerordentlich, meine Herren vom Parlament, daß man Ihnen den Befehl von 1667 zur Ausführung gibt, da das Parlament, das damals existierte, nach dem großen Gerichtstag von 1673, der weit strenger war, keinen Hauch von sich gegeben hat?«

Bestürzt durch die Schnelligkeit und Lebhaftigkeit dieser Rede, antwortete Meinières nur: »Sie wagten es nicht!«

Darauf Madame Pompadour:

»Glauben Sie das, Monsieur Meinières? Diese wagten es nicht, und Sie wagen es! Glauben Sie denn, daß der König weniger mächtig sei als sein Urahn? Sie wagten es nicht? Ach, mein Gott, welches Gefühl, welcher Ausdruck! Ich weiß, daß dieses die Art zu denken ist, die den Herren des Parlamentes und anderen gemein ist; aber wenige geben es zu, und es tut mir leid, aus Ihrem eigenen Mund zu erfahren, daß auch Sie dieses Gefühl haben.«

Meinières entschuldigte sich und sagte schließlich, daß es ein großes Unglück sei, wenn ein Fürst nicht diejenigen anhöre, die ihn vor bösen Überraschungen warnen könnten, und daß Ludwig XV. heute nicht mit diesem ungeheuren ererbten Schuldenberg belastet wäre, wenn sich das Parlament unter Ludwig XIV. dieser Flut von neuen Ämtern und staatlichen Renten widersetzt hätte, die damals eingerichtet wurden.

Auf dieses Wort Meinières zur Lage der Staatsfinanzen erhob sich die Marquise und geleitete den Präsidenten zur Tür: »Ich sehe wohl ein, daß ich nichts bei Ihnen erreichen werde«, sagte sie, »ich begreife trotzdem Ihren Kummer; ich bin Mutter und weiß, was es Sie kosten muß, Ihren Sohn in diesem Zustand zu lassen.«

Bald darauf wurde die Marquise von ihrem Groll gegen das Parlament und von ihrer Verärgerung über den geringen Erfolg der Verhandlungen mit Meinières abgelenkt, und zwar durch einen Schritt des Erzbischofs, mit dem er alle Haßgefühle, derer die Favoritin fähig war, auf die Männer der Kirche und die Jesuiten lenkte. Einige Tage nach dem Attentat war dem König ein Brief übergeben worden, der den Erzbischof einer Mittäterschaft an dem Mordanschlag beschuldigte. Ludwig schickte den Brief an Christophe de Beaumont weiter, um seiner Verachtung für diese Denunziation Ausdruck zu verleihen und versicherte ihn bei einer Zusammenkunft seines Respekts für seinen Charakter. Aber Feinde der Madame Pompadour wußten die erste Verärgerung des Kirchenmannes zu nutzen und flüsterten ihm ein, es sei die Mätresse gewesen, die hinter der Briefaffäre steckte. Der Erzbischof ließ sich überzeugen, und sein Hirtenbrief, der sich auf die Rettung des Königs bezog, war eine Anklagerede gegen die Marquise, ihre Parteigänger, ihre Helfer, ihre Freunde. Der Erzbischof schrieb darin das Attentat den Irrtümern der Zeit zu, den skandalösen Zuständen in allen Ständen und dem Einfluß von Lehren, die zum Ungehorsam und zur Rebellion gegen den Herrscher verleiteten. Er wagte sogar zu behaupten, daß das Attentat auf Verrat im Palast zurückzuführen sei, das heißt auf die Pompadour und die Gesinnungsgenossen Quesnays.

Madame Pompadour blieb davon nicht unbeeindruckt. Wohlvertraut mit dem Charakter des Königs, sah sie ihn religiösen Ideen anheimfallen. Sie bemerkte, wie stark sein christliches Gewissen auf Attacken reagierte, die gegen die

Kirche gerichtet waren, auf Ideen, mit denen seine Mätresse sich umgab. Illusionslos gelangte sie zu der Überzeugung, daß dieser Hirtenbrief ihre Entlassung herbeiführen könne. Und auf diese Weise besann sie sich auf die Parlamentarier und kam auf Meinières zurück. Sie schrieb ihm, er möge sich am 8. Februar nach Versailles begeben.

In dieser neuen Unterredung fing der Präsident an, mit der Marquise über die Rückberufung der sechzehn verbannten Parlamentarier zu verhandeln. Sie verwarf die Idee und bat ihn, einen anderen Ausweg zu finden. Der Präsident insistierte.

Madame Pompadour: »Aber muß es denn sein, Monsieur de Meinières, daß der Staat umkommt, weil man Ihnen nicht Ihre sechzehn Verbannten wieder zurückgibt? Niemals standen die Angelegenheiten des Königs so günstig; aber ich verhehle es Ihnen nicht, Monsieur, wenn Ihre Widerstände noch andauern sollten, so würde es nötig sein, daß der König gegen seine Verbündeten fehlte, gegen seine Verpflichtungen, und daß er aufhörte, die Pensionen und Renten zu bezahlen, und der Staat hätte Ihnen allein dies zuzuschreiben. Sie haben, wie Sie sagen, den besten Herrn, den es auf der Welt gibt; er läßt Sie seine Pein und die grausame Situation erkennen, in die Sie sein Königreich versetzen würden, und Sie bleiben taub und gleichgültig; ein falscher Ehrbegriff hält Sie zurück. Ist er nicht das Mittel, das Herz des Königs zu erbittern? Über was beklagt Ihr Euch denn alle? Ihr habt alle Eure Entlassungen genommen, der König hat diejenigen zurückgehalten, die er wollte; er erstattet die andern denjenigen zurück, die sie von ihm verlangen werden; er hat die einen bestraft und die andern begnadigt, ist er nicht der beste aller Könige?«

Der Präsident verwahrte sich gegen das grausame Wort »Gnade«, das man nur Verbrechern gegenüber anwende. Darauf erwiderte Madame Pompadour: »Was ich gesagt habe, Monsieur, ist hart, aber ich bin kein Kanzler. Wenn diejenigen, die sprechen müssen, es tun werden, so werden sie ihre Worte wägen, um den Respekt nicht zu mindern, den man der Magistratur gegenüber bewahren muß. Aber es ist nötig, daß die Ehre des Königs, die nicht weniger wichtig ist als die Ihrige, geschont und gerettet werde. Er hat zweimal gesagt, daß er Privatpersonen verbannt hätte, daß er für die Entlohnung ihres

Amtes Sorge getragen habe. Glauben Sie, daß er sich vor dem Antlitz des Universums verändern könnte?«

Meinières sprach von Pflichten …

Madame Pompadour gab zurück: »Aber wären Sie einfacher Bürger, könnten Sie kaltblütig eine Handvoll Leute der Autorität eines Königs von Frankreich widerstehen sehen? Hätten Sie nicht darüber eine schlechte Meinung? Verlassen Sie Ihren kleinen Beamtenstandpunkt, und Sie werden das alles so sehen, wie ich es sehe.«

Meinières zitierte das Beispiel Heinrichs IV., der bei ähnlichen Gelegenheiten nachgegeben hätte, und sprach von Verbannten, die durch ihn zurückgerufen worden waren, worauf Madame Pompadour mit ironischem Ton antwortete: »Das war sehr schön von Heinrich IV.«

Diese zweite Zusammenkunft der Favoritin und des Präsidenten blieb vorerst ohne Resultat, doch hatten diese beiden Audienzen die Repräsentanten beider Parteien zumindest einander gegenübergestellt; sie hatten den Hof zu einer Unterredung mit dem Parlament veranlaßt. Weitere Versuche, eine Einigung zwischen der königlichen Autorität und den parlamentarischen Freiheiten herbeizuführen, sollten folgen.

Intrigen, Verrat und Ressentiments

∽◦⊚◦∾

D er Feldzug, der nach Abschluß der österreichisch-französischen Allianz begann, wurde durch einen Erfolg zu Wasser eröffnet. Unter Führung des Herzogs de Richelieu eroberten die Franzosen im Mai 1756 Puerto Mahon auf der Baleareninsel Menorca und zerstreuten die englische Flotte unter dem zaudernden Admiral Byng. Daß Richelieu den Oberbefehl über diese Expedition erhalten hatte, verdankte er nicht nur den Intrigen seiner Geliebten, der Herzogin de Lauraguais, sondern auch der geheimen Unterstützung des Abbés Bernis, der den kühnen Plan Richelieus bewunderte und sich im Staatsrat dafür eingesetzt hatte. Die Ernennung war also erfolgt, ohne daß Madame Pompadour ihren Einfluß geltend machen konnte. »Monsieur Richelieu«, hatte sie gesagt, als mit ihr über das Kommando gesprochen wurde, um das der Herzog sich bewarb, »ist großsprecherisch genug, um damit beauftragt werden zu wollen. Er wird ebensoviel Leichtigkeit darin legen, eine Stadt einzunehmen, wie eine Frau zu verführen. Das wäre vergnüglich! Er würde einige tüchtige Ungnaden nötig haben, um belehrt zu werden, an nichts zu zweifeln«.

Nach seiner Ernennung äußerte Madame Lauraguais vielleicht nicht zu Unrecht die Vermutung, daß diese mißgünstige Äußerung der Favoritin ein wenig zur Gunstbezeigung des Königs beigetragen habe. Kein Wunder also, daß die Marquise dem Sieger von Menorca nicht gerade einen triumphalen Empfang bereitete. Allerdings, das muß man sagen, war sie von einem Wechselbad der Gefühle beherrscht und schwankte zwischen persönlichen Ressentiments gegen Richelieu und Befriedigung darüber, daß die von ihr eingeschlagene politische Richtung einen ersten Sieg feiern konnte. So zog sie an dem einen Tag mit gehässigen Worten über Richelieu her und schlang am nächsten Morgen vor aller Augen ein Band um die Scheide seines Schwertes und taufte diese Kreation Knoten à la Mahon. Im Grunde aber blieb, trotz aller Versöhnungsversuche zwischen der Favoritin und dem herzoglichen Marschall ein tiefverwurzeltes Mißtrauen bestehen, eine ständige Bereitschaft zu Zank und Unruhe, wie sie auch im nachstehenden Brief deutlich wird:

»Wie ist es denn nur möglich, daß ein so gewichtiger Herr wie Sie sich wegen so kleiner Gegenstände erhitzt? Im übrigen, wenn Sie glauben, daß es dégoûtant für Sie ist, sind Sie der einzige, der es glaubt; keine lebende Seele hat daran gedacht; ich spreche nicht von Ihren Pariser Klatschbasen, es liegt nicht in meiner Macht, sie daran zu hindern, Ihnen alle erdenklichen Platitüden auszurichten, und ebensowenig kann ich Sie daran hindern, sie nach diesen exakten Wahrheiten zu glauben, ich kann nicht anders, als mich an das halten, was ich bisher getan habe; ich werde Ihnen niemals berechtigte Anlässe geben, sich über mich zu beklagen. Aber in Wahrheit ist es mir unmöglich, diejenigen vorauszusehen, die Ihre Einbildung oder Ihre Freunde werden entstehen lassen.«

Ungleich positiver gestaltete sich der Briefwechsel zwischen Kaunitz und der Marquise. Zur gleichen Zeit, als die ersten vierundzwanzigtausend Mann, die Frankreich im Vertrag von Versailles dem Wiener Hof versprochen hatte, sich in Richtung der deutschen Grenze bewegten, schrieb sie am 7. September 1756 an den österreichischen Minister:

»Es geschieht mit einer großen Befriedigung, Monsieur, daß ich Ihnen mein Kompliment über den Erfolg der Verträge mache, die zwischen der Kaiserin und dem König abgeschlossen worden sind. Ich bin fühlbar gerührt von der Gerechtigkeit, die Ihre Kaiserlichen Majestäten freundlicherweise mir widerfahren lassen, und von den Beweisen Ihrer Güte, mit denen Sie mich zu beehren geruhen. Mein Eifer würde dabei zunehmen, wenn es möglich wäre, aber die Beweise, die ich davon gegeben habe, haben Ihnen mitgeteilt, Monsieur, daß man dem nichts hinzufügen kann. Ich empfinde immer ein neues Vergnügen, indem ich Ihnen die Versicherungen aller Gefühle erneuere, mit denen ich nicht aufhören werde, Monsieur, Ihre sehr untertänige und sehr gehorsame Dienerin zu sein. Das Porträt, das Sie sich gewünscht haben, ist endlich fertig geworden. Teilen Sie mir mit, welchen Zeitpunkt Sie passend finden werden, um es Ihnen zuzusenden.«

Kaunitz antwortete am 10. Oktober:

»Ich schmeichle mir damit, Madame, daß Sie für gut befinden werden, wenn bei Gelegenheit dieses Kuriers ich mir die Ehre gebe, Ihnen meinen sehr untertänigen Dank für den Beweis des Andenkens abzustatten, den Sie mir gütigerweise in Ihrem Brief vom 7. September haben geben wollen. Die Komplimente, die Sie die Güte haben, mir zu machen, kommen nur Ihnen zu, ich fühle es sehr aufrichtig, und es ist sicherlich das größte Vergnügen der Welt, Ihnen dies zu versichern. Durch die Befehle, die ich heute an den Grafen Starhemberg richte, gibt sich die Kaiserin das Vergnügen, dem König einen neuen Beweis ihrer Denkungsart und ihrer Gefühle für Ihn zu liefern. Alles, was von Seiner Seite kommt, ist für Sie von sehr großem Wert, und mittels dessen ist Sie immer sehr empfänglich für alles gewesen, was Ihm gefallen hat, bis heute für Sie zu tun, infolge des Vertrags von Versailles, mit dieser Genauigkeit und, wenn mir gestattet ist, mich dieses Ausdrucks zu bedienen, diesem Adel und diesem feinen Anstand, die nur Er in Sein Benehmen zu legen versteht. Die Wirkungen zu allen Zeiten und bei allen Gelegenheiten werden Ihre Dankbarkeit erweisen; und das ist das, wessen ich Sie versichern darf, ebenso wie ich Ihnen fest versichere, daß meine Art zu denken heute schon der Gesamtheit meines Landes gemeinsam ist und es immer mehr werden wird, wenn in der Folge, wie ich es nicht bezweifeln möchte, Frankreich durch seine Handlungen Ihnen gegenüber fortfährt, meinen apostolischen Eifer zu stützen. Endlich lassen mich die Instruktionen des Grafen von Starhemberg die Gerechtigkeit und die höchste Unterscheidungsgabe, die ich beim König kenne, und Ihr unermüdlicher Eifer für Seine wahren Interessen, im großen gesehen, hoffen, daß wir recht nahe der Vollendung der größten Arbeit sind, die jemals aus irgendeinem europäischen Kabinett hervorgegangen ist. Ich bitte Sie, sich zu überzeugen, daß ich es von ganzem Herzen, als Bürger des Universums, hoffe des Interesses wegen, das ich an dem Ruhm unserer Herren gegenüber der Nachwelt nehme, und wegen des Vergnügens, das ich mir im voraus dadurch bereite, daß ich Ihnen mein Kompliment deswegen machen und Ihnen die Versicherungen der achtungsvollen und unverletzlichen Anhänglichkeit erteilen kann, mit der ich niemals aufhören werde, Madame, Ihr sehr untertäniger und sehr gehorsamer Diener zu sein.

PS. Sie zweifeln sicherlich nicht daran, Madame, daß ich mit der grausamsten Ungeduld dieses reizende Porträt erwarte, nach welchem dieser grausame Monsieur de La Tour mich seit so langem schmachten läßt. Ziehen Sie mich doch aus der Pein, ich flehe Sie deswegen an, und erweisen Sie mir die Gnade, es mir sobald wie möglich zu senden. Ich küsse Ihnen die Hände mit dem tiefsten Respekt.«

Kurz darauf mußte der Wiener Hof nach dem Attentat auf den König den Sturz der Favoritin und möglicherweise einen wachsenden Einfluß des Dauphins auf die Politik befürchten. Aber wie der Zufall so spielte, sollte dieses Ereignis, das zunächst die Allianz der beiden Höfe zu bedrohen schien, sie noch enger zusammenschließen, denn die Kabalen nach dem Attentat führten schließlich zum Sturz d'Argensons, der einer Anlehnung an den König von Preußen den Vorzug gab. Voller Freude begrüßte deshalb Starhemberg die Entlassung des unbequemen Ministers:

»Er war dem neuen System feindlich gesinnt, aber er war bedacht, das Gegenteil erscheinen zu lassen, und sprach mit Vernunft darüber, als wenn er sein eifrigster Parteigänger gewesen wäre. Es ist nichtsdestoweniger ersichtlich, daß alle seine Absichten dahin gingen, es umzustürzen, und er hatte recht viel Mühe, seine Vorliebe für den König von Preußen und seine Furcht zu verbergen, daß die Macht dieses Fürsten vollkommen vernichtet würde. Es ist also unbestreitbar ein großes Glück für uns, daß er sich entfernt hat, denn niemals hätten wir ihm trauen können, und je gewandter und geschickter er ist, um so mehr hatten wir Ursache, ihn zu fürchten und auf irgendeinen schlechten Dienst von seiner Seite gefaßt zu sein.«

Mit d'Argenson brach die antiösterreichische Fraktion am Hof weitgehend zusammen. Rouillé, Minister für die Auswärtigen Angelegenheiten, war ohne die geheime Unterstützung des Grafen unfähig, sich zu widersetzen, und österreichische Depeschen schilderten ihn als Mann ohne klares Konzept, der sich nur durch Augenblickseindrücke leiten ließ. Saint-Severin, der Unterzeichner des Aachener Vertrags, der nicht von jener Politik hatte abweichen wollen, die ihm einen Namen und Ruhm eingebracht hatte, war den politischen Geschäften durch eine Krankheit entzogen. Sein Parteigänger Puisieux stand nun allein und auf verlorenem Posten da mit einer Politik, von der zur gegenwärtigen Stunde niemand mehr etwas wissen wollte, und hatte um seine Pensionierung gebeten.

Ein bedeutsamer Zuwachs an politischer Macht wurde dagegen dem Abbé Bernis zuteil, der am 2. Februar 1757 als Staatsminister berufen wurde. Ein weiteres Zeichen hoher Gunst war eine Einladung Ludwigs XV. zum Diner in Choisy – ein ungewöhnlicher Vorgang, denn in der Regel waren Geistliche an der königlichen Tafel nicht zugelassen. Auch der österreichische Hof begrüßte die Ernennung des Abbés.

»Ich wünsche aufrichtig, sehr bald zu erfahren, daß der König den Grafen de Bernis mit einer Stelle im Conseil beehrt«, hatte Kaunitz bereits vorher reklamiert. »Frankreich und seine Alliierten haben einen großen Mann in den Geschäften nötig, und Monsieur Bernis scheint mir diese Eigenschaften zu haben ...«

Als absolute Herrscherin im Ministerrat erfüllte Madame Pompadour alle Erwartungen der Österreicher: Sie drängte zur Ratifizierung des zweiten Vertrags von Versailles (1. Mai 1757), der Österreich die aktive Unterstützung Frankreichs zusicherte; sie willigte in alle Konzessionen ein, die von Frankreich verlangt wurden; sie entfernte im Juli 1757 Rouillé aus der Politik und übertrug die Auswärtigen Angelegenheiten Bernis, nachdem Rouillé von Starhemberg des bösen Willens bezichtigt worden war. Endlich erhielt sie von Ludwig XV.

die Zusicherung, nicht nur besagte vierundzwanzigtausend Mann, sondern drei Armeen zur Unterstützung der Österreicher zu entsenden, wobei allein die vom Marschall d'Estrées befehligte hunderttausend Mann zählte – alles Liebenswürdigkeiten und gute Dienste, die der Favoritin folgenden Brief von Kaunitz, datiert vom 14. Juni 1757, bescherten:

»Der Graf von Starhemberg hat mich, Madame, mit Vergnügen und Befriedigung von alledem hinreichend unterrichtet, was der König soeben endlich getan hat, um auf noch mächtigere Weise die Kaiserin und unsere gemeinsame Sache zu unterstützen. Er hat uns gleicherweise bis hierher das Interesse mitgeteilt, das Sie stets und an all den Angelegenheiten bezeugt haben, die uns angehen. Ihre Majestäten sind immer dafür empfänglich gewesen, und Sie sind es in solchem Grad für dieses jüngste Zeichen der Anhänglichkeit, das Sie Ihnen soeben gegeben haben, daß Sie mich beauftragen, Ihnen dafür Ihre Dankbarkeit zu bezeugen, die, weit davon entfernt, ... daß Ihre Gefühle nur durch diejenigen bestimmt sind, die der König für Sie zu haben geruht, sogar durch die Erwägung vermehrt würde, daß Sie sie nur Ihrer unverletzlichen Anhänglichkeit an die geheiligte Person dieses ehrfurchtgebietenden Fürsten verdanken. Unser Kurier ist der Träger der Ratifikation dieses großen und ruhmvollen Abkommens, das Sein Werk ist und in allen zukünftigen Jahrhunderten berühmt sein wird. Es handelt sich nur noch darum, seine Ausführung zu beschleunigen und sich durch dieses Mittel den Zufälligkeiten der Ereignisse zu entziehen und sobald wie möglich die ungeheuren Kosten und die ungeheuerlichen Unglücksfälle unter der Geißel der Kriege aufhören zu lassen. Der König wird die Kaiserin stets geneigt und bereit finden, mit Ihm in allen für diese Wirkung notwendigen Maßregeln zu wetteifern, und Sie rechnet damit, daß Er in derselben Verfassung ist, und zweifelt nicht daran, daß Er mit Ihr der Meinung sei, daß es vor allem die beste, um nicht zu sagen die einzige Art und Weise ist, um schnell und sicher die Früchte Seiner Arbeit zu ernten. Meinen Wünschen werde ich sicherlich alles hinzufügen, was mir meine schwachen Bemühungen werden einbringen können. Ich schmeichle mir damit, daß Sie in ähnlicher Weise davon Gebrauch machen werden, ... durch das lebhafte Interesse, von dem ich weiß, daß Sie es an dem Ruhm des Königs und an dem Glück Frankreichs nehmen ...«

Kaunitz als Sprachrohr seiner Kaiserin verstand es meisterlich, der auf ihren Nachruhm bedachten Bürgerlichen zu schmeicheln und in ihr eine tiefe Bewunderung für die österreichische Herrscherin zu wecken. So ließ Starhemberg noch im selben Monat wissen: »Ich bin von Versailles erst um zwei Uhr nach Mitternacht zurückgekehrt, da ich zum Abendessen bei Madame de Pompadour zurückgehalten wurde, wo man mit aufrichtigem Herzen auf die Gesundheit Ihrer Majestät, der Kaiserin, getrunken hat.«

Auch ließ die Favoritin es sich nicht nehmen, dem Marschall d'Estrées, der vom König den Oberbefehl über die ins Deutsche Reich entsandte Armee erhalten hatte, einen Mann ihres Vertrauens zur Seite zu stellen. Es war der Prinz de Soubise, ein ebenso beredter wie galanter und selbstbewußter Höfling, der die Marquise für seine ehrgeizigen Pläne gewonnen hatte, indem er sie davon überzeugte, daß er siegen und der Glanz dieser Siege auf diejenige zurückfallen werde, der er seine Ernennung verdanke.

Unermüdlich lag seine Schwester, die Gräfin de Marsan, Madame Pompadour in den Ohren, wie langsam der Marschall d'Estrées in seinen Entscheidungen sei und daß es eines tatkräftigen Feldherrn bedürfe. Die verlockenden Darlegungen des Prinzen und die Klagen der Gräfin wurden unterstützt durch Beschwerden von Monsieur Pâris-Duverney, auf dessen Meinung die Favoritin großes Gewicht legte. Als Generalproviantverwalter war ihm der Hochmut des Marschalls d'Estrées ein Ärgernis, zumal es nicht möglich war, sich auf eine gemeinsame Linie zu verständigen. Hinzu kamen eine Reihe von Mißhelligkeiten, die Madame Pompadour verletzten, wie kränkende Äußerungen der Marschallin, die ihren Ärger über die gegen ihren Mann gerichteten Aktivitäten nicht verbarg, und nicht zuletzt Kontakte des Marschalls zu Männern, die als österreichfeindlich galten. Große und kleine Dinge waren es also, die d'Estrées zum Nachteil gereichten und für Soubise einen glücklichen Zufall bedeuteten. Doch war es unmöglich, den Prinzen einfach an die Stelle d'Estrées zu setzen, wollte man nicht alle Marschälle Frankreichs gegen sich aufbringen, denn sie alle waren älter als der Günstling der Pompadour.

Ausgerechnet ihr Erzrivale, Herzog Richelieu, wurde dazu ausersehen, die Armeeführung von d'Estrées zu übernehmen, damit sie irgendwann an Soubise übergehen konnte. Dieser Plan war der Favoritin durch Pâris-Duverney und den Grafen de Stainville, die Richelieu für sein Vorhaben gewonnen hatte, schmackhaft gemacht worden, weil er Richelieu aus der antiösterreichischen Liga herausbrechen würde. In Gegenwart des Königs fand eine Konferenz statt, in deren Verlauf Duverney das zaudernde Vorgehen d'Estrées tadelte und eine gemeinsam mit Richelieu entworfene Strategie darlegte, derzufolge der König von Preußen zwischen Elbe und Oder angegriffen werden sollte. Die Franzosen und die Kaiserlichen würden gegen Magdeburg ziehen, die Schweden und Russen gegen Stettin; Nachschub und Versorgung konnten auf dem Wasserweg über Mosel, Rhein und Weser sichergestellt werden. Da dieser Plan herrliche Resultate versprach, schlug Duverney als Oberkommandierenden den Sieger von Menorca, den Marschall Richelieu vor, der seinerseits – um die Marquise zu versöhnen – anregte, fünfunddreißigtausend Mann unter den Befehl des Prinzen Soubise zu stellen, der mit dieser Truppe in Sachsen einziehen, das Land dem König von Preußen entreißen und damit höchste Anerkennung gewinnen sollte.

Das Gerücht von dieser neuerlichen Versöhnung zwischen Richelieu und der Favoritin erreichte auch die Marschallin d'Estrées und kündigte indirekt die bevorstehende Rückberufung ihres Mannes an. Außer sich vor Wut gegen die Marquise, schreckte sie nicht davor zurück, in den Hirschpark zu den heimlichen Liebschaften des Königs zu gehen, um diese gegen die Pompadour aufzuwiegeln. Doch sie erreichte das Gegenteil. Als die kleine Morphise zu Ludwig eines Tages spöttisch sagte: »Aber auf welchem Punkt stehen Sie denn mit Ihrer famosen Alten?«, fragte dieser sogleich voller Zorn nach dem Urheber dieser Worte. Die Morphise weinte und nannte die Marschallin d'Estrées, die sie häufig besuche. Damit war das Schicksal des Marschalls entschieden: ihm wurde die Rückberufung zugestellt, Richelieu mit dem Kommando betraut. Und hätte der Marschall de Belle-Isle d'Estrées bei seinem Feldzug nicht zur Eile gedrängt und hätte der Marschall de Richelieu nicht in Straßburg haltgemacht, um sich mit Madame Lauraguais zu treffen, so wäre d'Estrées auch noch um den Sieg von Hastenbeck gebracht worden.

Nachdem Richelieu das Kommando übernommen hatte, gelang es mit einer Reihe kühner Manöver, die Armee des Herzogs von Cumberland zu demoralisieren und zurückzuschlagen. Zusammengedrängt im Mündungsgebiet der Elbe, blieb den Engländern nur die Wahl, die Waffen zu strecken, vernichtend geschlagen zu werden oder ins Meer zu springen. Doch was geschah? Richelieu ließ sich durch einen Geniestreich des Preußenkönigs übertölpeln. Mit einem Brief lockte Friedrich »den Neffen des großen Kardinals Richelieu, der die Insel Menorca trotz der ungeheuren Hindernisse erobert hatte, der im Begriff stand, die Niedersachsen zu unterjochen«, auf den Leim und erreichte den Abschluß der Konvention von Kloster Zeven (10. September 1757), die den Franzosen die Herrschaft im Kurfürstentum Hannover, in der Landgrafschaft Bremen und im Fürstentum Verden garantierte, während sich die Truppen Hannovers samt aller Verbündeten zurückziehen und unbedingte Neutralität bis zum Ende des Krieges bewahren sollten. Ein Kardinalfehler dieser Konvention bestand darin, daß man sich großmütig damit begnügte, eine Armee, die man zu Kriegsgefangenen hätte machen können, zur Neutralität zu verpflichten. Schon bald sollte der Wunsch nach einer Revanche für die erlittene Demütigung die Besiegten in Versuchung führen.

Unterdessen hatte Bernis seine Vorbehalte gegen die neue

Bündnissicherung der französischen Politik abgelegt und dachte, in Erwartung neuer Erfolgsmeldungen, darüber nach, welche von all diesen glorreichen Ereignissen, die mit dem Vertrag von Versailles begonnen hatten, eines Tages in die Geschichte eingehen und welche Personen, die Träger des Geschehens gewesen waren, den Nachruhm ernten würden. Er dachte an die Intrigen, die die Entwicklung beschleunigt hatten, an die vielen ehrgeizigen Bestrebungen, an Zufälle und Leidenschaften und an seine eigene Rolle. »Arme Nachwelt! Was wirst du erfahren? Und wie sehr könnte sich im Grunde die Nachwelt über dich lustig machen!« sagte er sich gerade, als ihm ein Offizier die Konvention von Kloster Zeven überbrachte. Bernis öffnete die Depesche, las den Inhalt des Vertrages und stieß – die fatalen Folgen voraussehend – die Worte hervor: »Der Traum ist zu Ende. Bei Gott! Die Nachwelt ist nicht so sehr zu beklagen, sie wird nicht imstande sein, sich zu so ungelegener Zeit zu wundern.«

In den Augen des Abbés war die Konvention ein zu großer Fehler, als daß Richelieu sie wirklich in gutem Glauben und Willen unterzeichnet hätte, doch blieb nichts weiter übrig, als ihn zu decken. Denn würde man ihn desavouieren, könnte dies den Feinden einen Vorwand liefern, die Konvention bei der erstbesten Gelegenheit zu brechen. Folglich ermächtigte Bernis den Herzog eiligst zur Ratifizierung, obgleich es sich um ein Vertragswerk handelte, das – statt dem Gegner militärische Kapitulation abzuverlangen – von der Loyalität der Engländer abhängig machte. Aber auf diese beklagenswerte Konvention sollten noch viel schwerere Fehler Richelieus folgen, Unterhandlungen mit dem König von Preußen, denen sogar der Schein des Verrats anhaftete.

Aus Prag verjagt, durch den österreichischen General von Daun bei Kolin geschlagen, von den Russen bedrängt, die in Ostpreußen einbrachen, durch den österreichischen Reitergeneral Hadik bedroht, der bis nach Berlin vordrang und dort Kontributionen erhob, wandte sich Friedrich durch einen geschickten Unterhändler an Richelieu und ließ ihm darlegen, daß er das Werk seines Onkels, des Kardinals, vernichte und den natürlichen Feind des Vaterlandes stärke.[1] Er rief ihm die schönen Tage zu Beginn der Regierung Ludwigs XV. in Erinnerung, als sie gemeinsam das Vertrauen der Herzogin de Châteauroux besaßen und die Politik und die Armeen Frankreichs gegen Österreich dirigiert hatten. Der Unterhändler beschwor Richelieu ferner, daran zu denken, daß das Regiment jener Frau – die die bewährten Grundsätze der französischen Diplomatie aus den Angeln gehoben hatte – nicht von langer Dauer sein könne; daß im Todesfall des Königs der Dauphin auf das alte System zurückgreifen und daß – sollte die Marquise in Ungnade fallen – eine neue Mätresse ebenfalls eine Umkehr einläuten werde. Man redete dem Marschall ein, der Reiz der Pompadour sei verblaßt und ihre Zeit damit vorbei. Man ließ durchblicken, daß der Platz schon bereitet sei für eine Nachfolgerin. Man stellte ihm die Frage, ob der Sieger von Mahon nicht seine Zukunft sichern wollte, und endlich ließ Friedrich ihn fragen, ob ein von Frauen angezettelter Krieg wirklich ein tragfähiges politisches System zerstören dürfe, das unter den drei größten Königen der französischen Monarchie – Ludwig XIV., Ludwig XIII., Heinrich IV. – errichtet wurde. Mitgerissen und verführt, blieb Richelieu tatenlos, verpaßte günstige Gelegenheiten und überließ den Prinzen de Soubise sich selbst. Die Folge davon war die unglückselige Schlacht von Roßbach (5. November 1757), deren verhängnisvolle Niederlage Madame Pompadour in Tränen ausbrechen ließ und ihr die Nachtruhe rauben sollte.

Auch Bernis war zutiefst getroffen, als ihn die Nachricht von dieser Niederlage erreichte. Hatten ihn schon die Erfolge der neuen Politik mehr in Verwunderung gesetzt als überzeugt, so fühlte er sich jetzt angesichts dessen, was er sah und was er voraussahnte, verpflichtet, offen zu erklären, daß man sich nicht damit schmeicheln dürfte, den Krieg glücklicher führen zu können, daß Frankreich und die Kaiserin keine Generäle hätten, die sich mit dem König von Preußen und dem Prinzen Ferdinand von Braunschweig messen könnten, und man sich daher beeilen müsse, Frieden zu schließen. Seine Warnungen wurden bestätigt, als Hannover und Hessen die Konvention von Zeven brachen und bald darauf die Österreicher in Lissa eine bittere Niederlage hinnehmen mußten, die Maria Theresia zu einem Vergleich umzustimmen schienen. Auch Bernis dachte über neue Friedensvorschläge nach:

»Wenige Tage nach der Schlacht von Roßbach benutzte ich die Minderung des Vertrauens, das Madame Pompadour in den Erfolg des Krieges zu haben schien, um ihr verständlich zu machen, daß es unmöglich sei, beim nächsten Feldzug einen glücklicheren Ausgang zu erhoffen. Ich hielt ihr vor, … daß es auf Dauer unmöglich sei, die Engländer, die uns an Seestreitkräften überlegen seien, daran zu hindern, uns unsere Kolonien wegzunehmen, die Quelle und Grund unseres Handels seien, daß es nicht in der Macht unserer Bundesgenossen läge, uns für diesen Verlust zu entschädigen, daß die Kapitulation von Kloster Zeven und ihre Folgen die Szene verändert hätten, daß seine Hoheit, Prinz Ferdinand, die Armee der Alliierten viel schlagkräftiger machen würde, als sie jemals bis dahin gewesen war; daß Pitt es für England als wichtig empfunden hatte zu verhindern, daß das Gleichgewicht des Kontinents auf unsere Seite neige, daß wir keine Generäle hätten und daß die Staatsfinanzen nicht das Gewicht der Ausgaben tragen könnten, daß es in diesem Zustand eine Torheit wäre, einen ruinösen Krieg fortzusetzen; daß wir uns endlich mit dem Frieden beschäftigen sollten im Verein mit unseren Alliierten, daß Schweden und Rußland sich leicht dazu hergeben würden ebenso wie Sachsen und das Reich; daß man warten müßte, bis ein Unglücksfall sich am Wiener Hof ereignete, um ihn zu unserer Ansicht zu bekehren, denn noch sei er entschlossen, den Krieg fortzusetzen; daß mit Bezug auf unseren Seekrieg ich schon den Madrider Hof vorbereitet hätte, sich zum Mittlerdienst herzugeben und seiner Vermittlung durch die Vermehrung seiner Kräfte zu Land und zu Wasser Nachdruck zu verleihen; daß die Königin Elisabeth von Spanien, die so dagegen gestimmt hätte, in unsern Zank einzutreten, überzeugt sei von der Notwendigkeit, daß unsere Kolonien nicht in die Hände Englands fallen dürften, und davon, wie sehr die Rolle, die wir Spanien zugedacht hätten, ehrenhaft für sie wäre. Ich fügte jenen Erwägungen folgende hinzu, die noch wichtiger ist, nämlich, daß der Wiener Hof nicht entschädigen kann für den Verlust unserer Kolonien und unseres Handels, einer üppigen Quelle des Reichtums für Frankreich; daß, wenn er seines besonderen Interesses halber darauf bestünde, uns ruinieren zu wollen, wir weder auf seine Freundschaft noch auf die Treue seines Bündnisses zählen könnten, weil, wenn seine Gefühle gegen uns wirklich aufrichtig wären, er fast ebenso interessiert an der Erhaltung der Macht Frankreichs als seiner größten Hilfsquelle wäre, wenigstens solange der König von Preußen lebte, und daß auf diese Weise die Hartnäckigkeit, die er bei der Fortsetzung des Krieges zeigen könnte, von unserer Seite lediglich politische Schonung verdiene.«

Diese Erwägungen überzeugten jedoch Madame Pompadour nicht, obwohl sie ihnen keine guten Argumente entgegenzusetzen hatte. Der Frieden bedeutete in der Tat den Ruin ihres Werks, die Verdammung ihres Systems, die eklatante Demütigung ihres Stolzes. Die Allianz mit Österreich war eine von ihr inspirierte Politik gewesen, hatte durch sie Gestalt angenommen, war Teil ihrer selbst. Mußte sie jetzt wirklich den bösen Zufällen des Augenblicks nachgeben und ihnen die Hoffnungen der Zukunft opfern, das Glück, das Frankreich zu Recht zu erwarten hatte? Riefen die Beispiele der Geschichte nicht dazu auf, die Gegenwart zu besiegen und im Kampf auszuharren? Legte sie nicht immer auch Zeugnis ab für einen plötzlichen Sieg, der alle Unglücksfälle wiedergutmachte und deren Folgen auslöschte? War nicht der Preußenkönig, der jetzt triumphierte, selbst das denkwürdigste Beispiel? Hatte er nicht mit vorbildlicher Geduld ermüdende Schicksalsschläge hingenommen und hartnäckig an den Sieg geglaubt, der ihn aus einer verzweifelten Lage erlösen würde? Und lebte in der französischen Monarchie nicht der Geist Ludwigs XIV. weiter, der mit der Fahne Frankreichs gegen den Sturm der Geschicke anging? So legte die Marquise sich Argumente und Gedanken über das Unvorhersehbare der Politik und des Krieges zurecht. Am 17. Dezember 1757 schrieb sie an Kaunitz:

»Ich hasse den Sieger mehr, als ich es jemals getan habe, ... treffen wir gute Vorkehrungen, pulverisieren wir den Attila des Nordens, und Sie werden mich ebenso zufrieden sehen, wie ich jetzt sehr schlechter Laune bin.«

Und vier Tage darauf hieß es:

»Ich bin untröstlich, daß ich Ihnen nur zwei Glückwünsche aussprechen kann. Es wäre mir sehr lieb gewesen, wenn ich von nichts anderem als von meiner Freude über das glückliche Ereignis, den Sieg der Österreicher in Breslau, zu berichten hätte; die Nachricht der Niederlage von Lissa, die sie sehr vermindert, schwächt meinen Mut nicht; jede erhabene Seele versteift sich gegen das Unglück und wird dadurch nur noch mehr angetrieben, Mittel zu suchen, um es wieder gutzumachen. Das ist meine Art zu denken, ich hoffe, daß Sie darin das Original des Porträts erkennen, das Sie demnächst erhalten werden und das Ihnen meine treue und aufrichtige Freundschaft überbringen wird.«

Die Favoritin trotzte mit heroischer Hartnäckigkeit dem Gang der militärischen Ereignisse, die sie verblendet nicht zur Kenntnis nehmen wollte, und es schien ihr natürlich, um sich herum die gleiche Beharrlichkeit und den gleichen Mut der Verzweiflung anzutreffen, den sie schon so oft hatte aufbringen müssen. Und dann: Welcher Augenblick, um nachzugeben! Sie stritt mit Bernis auf einer Ebene, auf der es zwischen ihnen keine Verständigung mehr gab. Der Minister räsonierte über die Gegenwart, über mutmaßliche und bedrohliche Eventualitäten, er hatte recht, vom gesunden Menschenverstand eines Mannes aus gesehen. Die Marquise dagegen räsonierte über glückliche Möglichkeiten, über eine günstige Wendung des Schicksals, über die Entdeckung eines genialen Strategen – sie hatte ebenfalls recht, zumindest unter dem Aspekt weiblicher Imagination. Beim König streute sie Salz in die Wunde von Roßbach und beklagte laut die Schande, nach einer Niederlage gleich Frieden schließen zu wollen und Maria Theresia im Stich zu lassen, bevor sie Schlesien zurückgewonnen hätte.

Die leidenschaftliche Intensität, mit der Frauen ihre Anliegen voranzutreiben pflegen, stachelte Madame Pompadour jetzt zur Fortsetzung des Kampfes an. Untröstlich über die Schmach, die Soubise erleiden mußte, suchte sie eine Gelegenheit, ihn zu rehabilitieren. Niemals hatte eine verlorene Schlacht dem Besiegten so viele Beleidigungen eingebracht, niemand war zuvor so lächerlich gemacht worden durch Chansons und Epigramme, und man sprach von einer »Soubisade«, in der die Favoritin Blut vergossen hätte.

Soubise hatte solche Schmähungen und solch grausames Hohngelächter nicht verdient. Sein einziger Fehler in Roßbach war zwar ein großer, aber ein unglücklicher gewesen, denn diese Schlacht, die er verlor, hatte er so nicht führen wollen, nachdem er sich über die Stellungen des Feindes informiert hatte.

Dem Herzog von Hildburghausen-Sachsen unterstellt, der anscheinend vom Preußenkönig gekauft worden war, hatte Soubise im Kriegsrat zwar seinen Entschluß zum Angriff verteidigt, sich jedoch Aufschub bis zum anderen Morgen erbeten, um seinen Schlachtplan zu überprüfen. Diese Zeit blieb ihm nicht, weil unvermittelt der Herzog von Hildburghausen seine Armee in Bewegung setzte und Soubise zur Gefolgschaft zwang. Zudem hatte eine Depesche des Grafen de Stainville aus Wien, die im letzten Moment eingetroffen war, zur Schlacht gedrängt.

Was die Marquise betraf, so war sie keineswegs bereit, ihren Günstling zu opfern, sondern fuhr fort, ihn zu protegieren.[2] Abgelöst wurde dagegen Richelieu und der Krieg unter dem Kommando der Grafen de Clermont fortgesetzt, dessen Niederlagen nur ein wenig durch den Sieg von Saint-Cast ausgeglichen wurden, den die französische Armee am 4. September 1758 in der Bretagne über die englischen Landungstruppen davongetragen hatte.

Bernis indes vermochte die Illusionen der Favoritin nicht länger zu teilen. Seinem Hang zum Pessimismus nachgebend, war er entmutigt, zeigte sich empfänglich für allerlei kursierende Gerüchte und empfindsam gegenüber boshaften Pamphleten. Erschreckt von dieser sich organisierenden Fronde, beunruhigt angesichts der Schwächung Frankreichs, empfand er ein Gefühl der Gereiztheit über die fortgesetzte Protektion des Prinzen de Soubise. Er befürchtete sogar, daß die Marquise bei einer zweiten Niederlage ihres Günstlings durch das Volk in Stücke gerissen werden könnte. Auch war er erfüllt von Ekel für ein Werk, auf das er sich berechnend aus einer Art Liebedienerei eingelassen hatte, und wurde nun, da er sich trotz seines Ehrgeizes sein Gewissen bewahrt hatte, gefoltert durch das Unbehagen und die Reue eines ehrlichen Mannes. Verzweifelt schrieb er:

»Es ist mir, als ob ich der Minister der Auswärtigen Angelegenheiten des Abgrundes wäre. Was mich anbetrifft, so habe ich alle meine großen Schläge ausgeteilt, und ich werde mich damit abfinden, wie die andern über dem Gefühl einen Schlaganfall zu bekommen ... Der Grundsatz erlischt bei uns.«

Bernis wurde nicht müde, Madame Pompadour seine Befürchtungen mitzuteilen, sie von der Unfinanzierbarkeit weiterer militärischer Anstrengungen in Kenntnis zu setzen, bei ihr auf Reformen und Friedensverhandlungen zu dringen, deren Vermittlung ihm der Staatsrat erlaubt hatte. Aber er erreichte nichts. »Ich errege einen wenig erhöhten Pulsschlag«, schrieb er, »dann beginnt die Lethargie von neuem, man öffnet große, traurige Augen, und alles ist gesagt.«

Als gleichzeitig mit der Nachricht von der französischen Niederlage gegen die Engländer bei Krefeld (23. Juni 1758) ein Bericht über den Stand der Finanzen eintraf, eilte Bernis entsetzt zur Marquise und führte ihr mit einer Kraft und Autorität, die sie bei ihm nicht gewöhnt war, vor Augen, daß alle gegenwärtigen Unglücksfälle ihnen beiden und ihnen allein angelastet würden, daß der Öffentlichkeit die vielen Frankreich absichernden geheimen Artikel des Vertrags mit dem

Wiener Hof gleichgültig seien, denn das Volk interessiere nur, wer der Unterzeichner dieses Vertragswerks mit so beklagenswerten Folgen sei, nämlich er, Bernis, und was die Marquise betreffe, so werde man ihr gerechterweise eine Mitschuld geben, weil sie ihn zur Fortsetzung des Krieges gedrängt habe aus dem einzigen Grund, Soubise ein Kommando zu geben. Bernis beendete die Szene, indem er ihr erklärte, daß er entschlossen sei, sich zurückzuziehen, wenn er den König nicht zum Frieden bewegen könne. Woraufhin ihm die Marquise mit bitterem Tone entgegnete, daß er es an Erkenntlichkeit fehlen lasse angesichts der vielen Gunstbezeigungen und daß er in keinem ehrenhaften Licht erscheine. Würdevoll antwortete Bernis, er glaube durchaus, daß, wenn er seine Abteien ausliefere und auf die versprochene Kardinalswürde verzichte, der König und die Öffentlichkeit ihn günstiger beurteilen könnten, als sie glaube.

Im Rat gab Bernis die Empfehlung ab, daß die Armee sich unbedingt hinter den Rhein zurückziehen solle. Da in Anbetracht der dürftigen Finanzlage die vereinbarten Subsidien an Maria Theresia auch nicht mehr gezahlt werden könnten, bleibe nur eines: Spanien zu einer bewaffneten Intervention aufzufordern. Dieser Vorschlag fand Unterstützung beim Rat wie beim Dauphin, die die Einwilligung des Königs vorwegnahmen, und Bernis wurde zu Gesprächen mit dem Wiener Hof ermächtigt.

Doch auf die Favoritin wirkte dieser Schritt wie eine Kriegserklärung. Sie war verwundert, starr vor Erstaunen über diesen kühnen, eklatanten Unabhängigkeitsbeweis eines Mannes, von dem sie geglaubt hatte, er werde bis zum Ende ein Werkzeug ihres Willens bleiben. Mit ihrem Groll verband sich Eifersucht auf die hohe Gunst, die besondere Freundschaft, die der König dem Abbé seit dem Attentat entgegenbrachte.

Die Ressentiments der Marquise blieben auch Stainville, dem Gesandten in Wien, nicht verborgen, und unverzüglich änderte sich seine Verhaltensweise. Solange er in Bernis' Instruktionen den Willen der Madame Pompadour erkannte, befolgte er sie peinlich genau. Doch seit er von den Unstimmigkeiten zwischen der Favoritin und dem Minister erfahren hatte, seit er wußte, daß die Pompadour dem Abbé die Freundschaft entzogen hatte, wechselte er heimlich auf ihre Seite. Obwohl er über einen Friedensschluß verhandelte und die Zustimmung der Kaiserin erhielt, säte er in Wien und Versailles Zweifel darüber, ob Bernis sich nicht allzu leicht habe entmutigen lassen, ob nicht alles noch zu reparieren wäre. Mit solchen Reden weckte er bei der Kaiserin wie bei der Mätresse neue Hoffnungen, und seine geschickten Manöver ermöglichten es Madame Pompadour, dem König erneut ihren Willen aufzuzwingen und ihn zur Fortsetzung des Kriegs zu bewegen.

Nach diesem Meinungswechsel des Herrschers sah Bernis seine Aufgabe als beendet an. Er bot die Niederlegung seines Amtes an, das er in die Hände des Grafen de Stainville zu legen empfahl, da dieser ja offensichtlich Mittel und Wege sehe, die Situation zu bessern. Nach langem Hin und Her wurde vereinbart, daß Bernis – inzwischen zum Kardinal ernannt – gemeinsam mit dem Grafen de Stainville die Amtsgeschäfte führen sollte. Doch gleich bei der ersten Ratssitzung nach dieser Entscheidung fühlte er sich fehl am Platz. Zum vollkommenen Opfer entschlossen, legte er der Favoritin und Stainville dar, in welcher Zwangslage er sich befinde. Er hielt ihnen vor Augen, daß es – da er nicht wie sie dächte – immer den Anschein hätte, er würde ihre Pläne durchkreuzen, wenn er im Rat seiner Meinung Ausdruck verlieh. Er erklärte ihnen, daß es das Beste für die Erhaltung ihrer Freundschaft sei, sich zu trennen, und daß er vom König die Erlaubnis erbäte, sich im Interesse seiner Gesundheit für einige Monate zu entfernen. Man widersprach, man schmeichelte, doch man vermochte ihn nicht zu täuschen. Er wußte um die Rolle, die man von ihm erwartete; er hatte in zu nahem Umgang mit der Marquise gelebt, um nicht die Unversöhnlichkeit ihres Grolls zu kennen, und ohne Illusionen erwartete er, von einem Tag zum andern in Ungnade zu fallen.

In dieser eigenartigen Erwartung sagte er eines Tages während einer jener belanglosen Unterhaltungen, die zwischen der Marquise und ihm die vertrauten Gespräche von einst ersetzt hatten: »Uns trennen, nun wohl, es gibt nichts Einfacheres und Leichteres ..., aber warum ein Dolchstoß?« Madame Pompadour antwortete nicht – der Dolchstoß, das heißt das Exil des Ministers, ging in ihren Plan ein wie in ihren Charakter, denn dieser Schritt schien ihr notwendig zu sein für die Befriedigung ihrer Selbstliebe wie für die Wahrung ihrer Interessen. Mußte man nicht den König gegen die Rückkehr jenes Ministers einnehmen, der ihm nach dem Kardinal Fleury am liebsten gewesen war, für den er die größte Anhänglichkeit gehabt, auf dessen Diskretion er am meisten vertraut hatte? Mußte man nicht mit einem Schlag die Herrschaft beenden, die sich Bernis neben der Favoritin über den König angemaßt hatte? Die Marquise wollte ein Exempel statuieren und setzte bei dem sich zunächst sträubenden Herrscher Bernis' Verbannung in seine Abtei St. Medardus zu Soissons durch.[3]

Man hat gesagt, daß die Marquise nichts anderes getan hätte, als sich gegen den Undank ihres Schützlings zu verteidigen, der an ihrem Sturz arbeitete. Man hat von einer Denkschrift des Kardinals gesprochen, in der er ausführte, die Situation des Staates und in der Umgebung des Königs verlange nach einem Premierminister, der machtvoll und entschlußkräftig das Land aus der Gefahr befreien könnte, wie es einst die römischen Diktatoren getan haben. Man hat gesagt, diese Denkschrift habe der Marquise die wahren Bestrebungen des Kardinals erhellt, und sie habe beim König drohend das Wort »Diktator« erklingen lassen. Aber ist diese Version die Wahrheit? Selbst wenn man die Denkschrift als gegeben nähme samt ihres Vorschlags eines Leitenden Ministers – waren die Ausführungen von Bernis wirklich gegen seine Wohltäterin gerichtet? Hat er nicht eher das traurige Bild eines ehrlichen Mannes hinterlassen, der von den Verhältnissen erdrückt wurde? Selbst die Marquise, die ihm – als wolle sie ihren Gewissensbissen entrinnen – im intimen Kreis stets Unfähigkeit vorwarf, hat ihm schließlich Gerechtigkeit widerfahren lassen. Eines Nachts, als sie krank dalag, redete sie mit Madame Hausset über die Freundschaften, die sie auf ihrem Weg verloren hatte, und als erklänge ein Echo ihrer inneren Vorwürfe, sagte sie über das Unglück der Verbannung des Kardinals: »Endlich dachte ich an mich, die seine Gesellschaft genossen hätte und mit einem alten und liebenswürdigen Freund gealtert wäre.«

Choiseul, Minister der Gewaltpolitik

ᕲᕱᕲᕱ

D er Mann, der den Abbé Bernis ersetzte – auch er ein
Werkzeug der Madame Pompadour – wurde zum Aus-
führenden einer Gewaltpolitik, die mit aller Konsequenz die
Ideen der Mätresse auf die Spitze trieb. Er verdient seinen
Platz in ihrer Geschichte sowohl durch die große Rolle, die er
dank ihrer Protektion gespielt hat, als auch durch seine un-
vermutete Popularität. Während die Marquise zu Lebzeiten
und noch weit darüber hinaus für alle Fehlschläge und Mißgeschicke des Siebenjährigen Kriegs verantwortlich gemacht
wurde, galt der Minister, der sich leidenschaftlich ihren Plänen verschrieben hatte, als ein Liebling der öffentlichen Meinung.

Graf de Stainville war ein kleiner Mann von häßlichem
Antlitz mit groben Zügen, die ihm unter seinen roten Haaren
etwas vom Aussehen einer Dogge gaben. Aber blitzende Augen, eine lebhafte Physiognomie und volle, lachende Lippen
ließen seine unschönen Züge vergessen. Zudem war er von
stattlicher Statur, hatte ein offenes Wesen und höfliche Manieren, die durch eine Nuance ritterlicher Kühnheit noch ge-
steigert wurden. Er verstand sich auf das Spiel der Einschüch-
terung und genoß den Ruf, geistreich zu sein und von einer
mutwilligen Grausamkeit Gebrauch zu machen. Dieser Ruf
machte ihn zu einem erfolgreichen Mann, der trotz seines
Äußeren anziehend auf Frauen wirkte.

Sein Leben veränderte sich an jenem Tag, an dem er mit einer beispiellosen Perfidie einen Brief der Madame Choiseul-
Romanet an die Favoritin auslieferte und diese damit zu einer

Gegenleistung verpflichtete.[1] Jetzt hatte er erreicht, wonach er immer gestrebt hatte, und wurde zum Souper beim König gebeten.[2] Einige Jahre zuvor hatte er eine der reichsten Töchter der Hochfinanz geheiratet, Mademoiselle Crozat. Er gab die Militärlaufbahn auf, wurde als Gesandter erst nach Rom geschickt, dann nach Wien. Von dort rief ihn die Marquise als Nachfolger des Kardinals de Bernis im Ministerium für Auswärtige Angelegenheiten zurück, und im Dezember 1758 erfolgte seine Ernennung zum Herzog de Choiseul.

Der neue Minister hatte einen wachen Geist, der alles um sich herum wahrzunehmen suchte, und verfügte über die Fähigkeit, den Kern eines Sachverhalts richtig zu erfassen und Menschen richtig zu beurteilen. Er arbeitete leicht, traf rasche Entscheidungen und gab präzise Befehle. Zeitgenossen haben die Entschlossenheit und Anmut gerühmt, mit der er die Geschäfte leitete. Seine angenehme Art trug ihm ringsum Begeisterung und Ergebenheit ein. Es hieß, das Amt für Auswärtiges habe die Farbe gewechselt, seit Choiseul dessen Leitung übernommen habe. In seinen Respekt gegenüber dem König legte er eine Würde, eine Hoheit, ein ehrgeiziges Selbstbewußtsein hinein, wie es bis dahin unbekannt gewesen war. Und endlich ging er in seinem Amt, trotz des Regiments der Mätresse, mit einem Eifer und einer Energie, einer unbeugsamen Willenskraft ans Werk, die seine Führungsqualitäten sichtbar werden ließen. Er war, was in diesem Jahrhundert der Frivolität und Korruption so selten geworden war, ein Charakter.

In solcher Weise begabt, genoß Choiseul zudem alle Vorteile, die ein großer Name sowie Verbindungen zu mächtigen Familien und zum Hof mit sich brachten. Er sollte im Staat wieder zu einer jener Personifikationen von Macht werden, die seit Ludwig XIV. durch Minister aus dem Dritten Stand abgelöst worden waren, weil der Sonnenkönig die königliche Autorität aus den Fesseln der großen Familien befreien und sich der Verpflichtung entledigen wollte, ihnen mit einem

Amt zugleich die Pairswürde zu verleihen. Choiseul wurde nach und nach alles zuteil. Man vergaß die bisher geltenden Gepflogenheiten und überhäufte den neuen Minister mit allen Zeichen der Größe, mit Ämtern, Pensionen, Chargen, Auszeichnungen. Eine ihm ergebene, anwachsende Familie – die Choiseul-Beaupré, die Choiseul-Labaume, die Choiseul-Stainville – bevölkerte den Hof, die Staatsämter und die Armee und trug mit einem Heer von Gesandten, Kardinälen, Feldmarschällen, Generalinspektoren dazu bei, daß Choiseuls Bedeutung weit über sein Ministerium hinausreichte und er zum Herrn der öffentlichen Meinung aufstieg. Wie stark seine Verankerung in der Öffentlichkeit war, sollte sich erst richtig zeigen, als die sonst so einfache Sache wie die Entlassung eines Ministers in seinem Fall fast einen Staatsstreich auslöste.

Der Herzog de Choiseul stand der Politik der Madame Pompadour durch persönliche Umstände nahe. Er gehörte einer ursprünglich lothringischen Familie an; sein Vater, Gesandter des Großherzogs der Toskana, war österreichischer Pensionär, mehrere seiner Verwandten hatten Ämter am Wiener Hof inne. Von Herkunft, Erziehung und Gefühlen her war er prädestiniert, eine pro-österreichische Politik zu leiten. Er legte einen ziemlich vagen Plan vor, der – die Ideen oder vielmehr die Wünsche der Favoritin aufgreifend – eine Allianz der »mittäglichen Länder« Europas – also Frankreichs, Österreichs und Spaniens – propagierte. Dies sollte die nordische Allianz zwischen England, Preußen und Rußland wenn nicht verhindern, so doch in ihrer Wirkung abschwächen. England galt Choiseul als schlimmster Feind, gegen den Frankreich vor allem die Anstrengungen seiner Waffen richten müsse, obwohl er scharfsinnig bereits eine Schwächung Englands durch die amerikanische Revolution prophezeite, die es in einer vielleicht nahen Zukunft für Frankreich weniger gefährlich machen würde. Aus diesem Plan ging, wenn auch zu spät, am 15. August 1761 der Hausvertrag der bourbonischen Höfe, die »immerwährende Allianz« zwischen Spanien und Frankreich hervor, in der die beiden Höfe übereinkamen, gegenseitig ihren Bestand zu sichern und jede Macht, die einem der beiden in Zukunft feindlich entgegentrete, gleichfalls als Gegner zu betrachten.

Im Innern gab Choiseul der Politik eine unabhängige Richtung, und hier war es manchmal nicht die Marquise, sondern er selbst, der die Tendenzen bestimmte. Nicht anders als im außenpolitischen Bereich strebte er auch hier Veränderungen der politischen Linie an. Intelligent und geschickt wie einer seiner Vorgänger, Dubois, der sich der Jansenisten und des Parlaments gegen den alten Hofadel bedient hatte, bot Choiseul die gleichen Jansenisten und das gleiche Parlament als Waffe gegen die Jesuiten auf, um deren Ansehen bei König und Dauphin zu schmälern. Als Minister in einem monarchischen System stützte er sich auf das Parlament, gab ihm seine politischen Funktionen zurück und wurde dafür mit Ergebenheit belohnt. Er umarmte den Geist der Freiheit und erntete dafür den Beifall der Literaten, Philosophen und Enzyklopädisten. Er setzte auf die Intelligenz Frankreichs, umschmeichelte ihre herausragenden Vertreter, verführte, bestach oder kaufte sie. So muß Choiseul eigentlich als der Staatsmann angesehen werden, der im Innern der Revolution voraneilte.

Seine erste Handlung als Minister bestand darin, am 30. Dezember 1758 einen dritten Vertrag mit Österreich abzuschließen, der Frankreich noch enger band und noch tiefer in den Krieg stürzte, denn jetzt verpflichtete sich der König, für die ganze Dauer des Krieges auf dem Boden des Deutschen Reiches eine Armee von hunderttausend Mann zu unterhalten.

Die Korrespondenz der Madame Pompadour

చంవిస

Aus den Höhen der Staatsgeschäfte herabsteigend, pflegte Madame Pompadour durchaus weniger ambitionierte Interessen. Sie erging sich täglich in tausend Zerstreuungen, war immer in Bewegung, immer geschäftig. Sie zeigte sich überall, kümmerte sich um alles und verausgabte sich an hundert Orten und in tausend Dingen mit einem Fieber, einer nervösen Willenskraft, die wahrhaft erstaunlich waren in einem so zarten und so kränklichen Körper. Mal galt es, eine Ausstellung zu besuchen und an das Publikum und die Kunstkritiker einige einleitende Worte zu richten, oder sie unternahm mit Madame du Hausset einen Spaziergang nach Sèvres, um sich über den Stand in der Porzellanmanufaktur zu informieren. Ein anderes Mal suchte sie Lazare Duvaux auf, einen berühmten Kunsthändler, von dem sie für die Ausschmückung ihrer Gemächer ein reichverziertes Möbelstück oder herrliches Silbergeschirr, eine chinesische Vase, eine Statuette aus Meißen oder einen reizenden Nippes erwarb.[1] Sie legte selbst Hand an bei der Drucklegung einer Tragödie von Corneille, für die sie in Versailles Räume zur Verfügung gestellt hatte. Sie konferierte mit Architekten, Stadtplanern und Künstlern über Projekte zur Verschönerung und Umgestaltung von Paris, und es war ihr Wunsch, im Louvre ein Museum einzurichten.

Ihre Interessen waren breitgefächert. Sie beschäftigte sich mit Theaterkostümen ebenso wie mit der Kunst des Gravierens. Stundenlang konnte sie dem Graveur Guay bei seiner Arbeit am harten Stein zuschauen, oder sie arbeitete sogar eigenhändig mit. Gleiches galt für das Radieren. Unter Anleitung von Boucher führte die Marquise selbst die Nadel, wenngleich die Resultate dieser künstlerischen Bemühungen mehr ihren Eifer als ihr Talent bezeugen. So verrät eine Tafel, die »Milchtrinker«, die sie ohne Mithilfe allein nach einer Radierung von Boucher hergestellt hat, ihr mangelndes Geschick bei der Handhabung der Nadel, ihre schülerhafte Ängstlichkeit.

Trotz all dieser vielfältigen Beschäftigungen fand Madame Pompadour Zeit für einen regen Briefwechsel. Sie verfaßte Briefe jeder Art an alle möglichen Leute – politische, sozusagen ministerielle Schreiben ebenso wie ungezwungen-vertrauliche. War es nicht die Marquise, die einem Gutenachtgruß an ihren Vater die Bemerkung hinzufügte: »Ich habe aber wohl noch etwa sechzig Briefe zu schreiben«?

Aus der Fülle dieses Briefwechsels sei zunächst eine Folge kurzer Briefe ausgewählt, die in leichtem Plauderton an die »Grand' femme« gerichtet sind, an Madame Lützelbourg, die auch mit Voltaire korrespondierte. Diese Billette umfassen ein breites Themenspektrum – sie wandern von Seidenstoffen, die sich die Favoritin für ihre Landhäuser erbat, zum Tod der »petite Madame« Marie-Thérèse, der ersten Tochter des Dauphins, und zur Geburt seines ersten Sohnes, des Herzogs von Burgund; sie handeln die Mißgeschicke des Prinzen de Soubise ebenso ab wie das Geschenk eines Appartements und die Kur mit Eselsmilch. Sie drehen sich um die Freuden und die Langeweile der Favoritin, um ihre Gewohnheiten und die Wechselfälle bei Hof, sie legen Zeugnis ab von einem rastlosen Leben und verdienen als dessen lebendiges Echo einen bescheidenen Platz in der Biographie der Marquise.

28. Juli 1747

»Fürwahr, meine liebe ›Grand' femme‹, ich bin entzückt gewesen von dem Sieg, den der König über seine Feinde davongetragen hat, und ich empfange Ihren Glückwunsch dazu mit Befriedigung.[2]
Es ist nichteingefärbter Nanking, den ich wünsche, aber wenn Sie

Seide von einer Farbe finden, die sich für Möbelüberzüge eignet, sei es in Gelb oder Weiß, in Scharlach, Grün oder Blau, so hält das besser als Taft. Wenn Sie noch etwas von diesen Barchentstoffen finden, wäre es mir nicht unlieb, zwei- oder dreihundert Ellen für Garderobebetten davon zu erhalten.

Leben Sie wohl, Madame, seien Sie überzeugt, daß ich Sie äußerst liebenswürdig finde und daß ich entzückt wäre mit Ihnen zu leben.«

26. März 1748

»Es ist ein Jahrhundert her, daß ich Ihnen nicht geschrieben habe, ›Grand' femme‹. Die Schauspiele, tausend verschiedene Dinge haben mich daran gehindert…

Nachdem ich lange Ihren Herrn Bruder erwartet hatte, habe ich ihn gestern gesehen. Wir haben einander nicht erreichen können. Er hat mir ein schönes Buch gegeben und mir versprochen, Sie aus seinem Hause zu holen, um Sie zu zwingen, hierherzukommen. Sie werden leicht urteilen können, daß ich ihm dafür dankbar bin.

Ich habe Tretou verlassen und statt dessen La Celle gekauft, ein kleines Schloß hier in der Nähe, das recht hübsch ist.

Ich brauche meine Barchentstoffe; lassen Sie mich wissen, was ich Ihnen schulde, denn ich weiß nichts mehr davon.

Ich habe mit Monsieur de Venelle gesprochen, er hat mir gesagt, daß, wenn es ihm möglich wäre, er Ihnen das Magazin abnehmen würde. Die petite Madame ist soeben an Zahnweh gestorben, Monsieur le Dauphin ist untröstlich darüber.

Gute Nacht, ›Grand' femme‹, Sie kennen meine Freundschaft.«

27. Januar 1749

»Ich bin untröstlich über die Fehlgeburt der Madame la Dauphine; aber ich hoffe, daß sich das bald wiedergutmachen läßt. Der König befindet sich, Dank dem Himmel, überraschend wohl und ich auch. Sie glauben, daß wir nicht mehr reisen, Sie irren sich, wir sind immer unterwegs: Choisy, La Muette, Petit Château und eine gewisse Einsiedelei neben dem Drachengitter in Versailles, wo ich die Hälfte meines Lebens zubringe; sie ist acht Klafter lang und fünf breit und nichts obenauf; urteilen Sie über ihre Schönheit, aber ich bin allein darin oder mit dem König und wenig Menschen, also bin ich dort glücklich.

Man wird Ihnen berichtet haben, daß es ein Palast ist in der Art wie Meudon (Bellevue), der neun Fensterkreuze der Front auf sieben mißt; aber es ist gegenwärtig Mode in Paris zu faseln, und zwar auf allen Gebieten.

Guten Tag, meine ›Grand' femme‹; ich werde ein Zimmer für Sie in Meudon einrichten, und ich will, daß Sie mir versprechen, dorthin zu kommen.«

1749 (ohne weitere Bezeichnung)

»Ich hoffe und schmeichle mir sehr damit, ›Grand' femme‹, daß mein Schweigen keinerlei Eindruck auf Sie gemacht hat; auf alle Fälle würden Sie sehr im Unrecht sein. Das Leben, das ich führe, ist schrecklich, kaum habe ich eine Minute für mich. Wiederholungen und Vorstellungen zweimal die Woche, fortwährende Reisen, sowohl zum kleinen Château als zur Muette usw. Beträchtliche und unerläßliche Pflichten: Königin, Dauphin, Dauphine, die glücklicherweise auf der Chaiselongue liegen muß, drei Töchter, zwei Infantinnen, urteilen Sie, ob es möglich ist, zu atmen; bemitleiden Sie mich und klagen Sie mich nicht an.«

29. (?) 1750

»Der Unglücksfall der kleinen La Faye ist entsetzlich, ›Grand' femme‹, und ich denke wie Sie, daß es unmöglich ist, daß Ihr Sohn sie heiratet. Man hat sich niemals den Irrenhäusern vermählt; das wäre hier der Fall, und, obwohl ich sie sehr beklage, so ist es doch eine unausführbare Sache.

Der König hat mir die Wohnung von Monsieur und Madame de Penthièvre gegeben, die mir sehr bequem sein wird. Sie gehen in diejenige der Gräfin Toulouse, die einen Teil davon für sich behält, um den König am Abend zu besuchen. Sie sind alle sehr zufrieden und ich auch; es ist infolgedessen eine angenehme Sache.[3] Ich könnte dort erst später als in Fontainebleau sein, weil man es erst herrichten muß …

Was man Ihnen von mir berichtet hat, ist durchaus falsch. Ich werde Ihnen unverzüglich wiedererstatten lassen, was ich Ihnen schulde, ich habe, was ich brauche für alle meine Möbel in Bellevue, also habe ich keinen Perserstoff mehr nötig, und ich danke Ihnen dafür, indem ich Sie von ganzem Herzen küsse.«

3. Januar 1751

»Die Kinder sind im guten Hafen angelangt, ›Grand' femme‹, und sind sofort nach dem Gartenkabinett des Königs gesandt worden. Ich finde, sie sind allzu niedlich anzusehen.

Sie urteilen richtig, daß ich entzückt gewesen bin, den König in Bellevue zu empfangen. Seine Majestät hat drei Reisen dorthin gemacht, er soll am 25. des Monats hingehen. Es ist ein Ort, der lieblich für den Blick ist; das Haus, obwohl nicht groß, ist bequem und reizend. Ohne irgendwelche Pracht. Wir werden dort einige Komödien spielen. Der König will seine Ausgaben in allen ihren Teilen vermindern; obwohl jene nur wenig beträchtlich sind, so habe ich, weil das Publikum glaubt, sie seien es, die Ansicht hierüber schonen wollen und das Beispiel gegeben. Ich hoffe, daß die anderen ebenso denken. Ich glaube, daß Sie sehr zufrieden mit dem Erlaß sind, den der König gegeben hat, um die Militärpersonen zu adeln. Sie werden es noch weit mehr mit jenem sein, der betreffs der Einrichtung einer Anstalt für fünfhundert Edelleute, die Seine Majestät in der Militärkunst aufziehen lassen will, erscheinen wird. Diese königliche Schule wird neben dem Invalidendom gebaut werden. Diese Anstalt ist um so schöner, als Seine Majestät daran seit einem Jahr arbeitet, alle seine Minister daran keinen Anteil haben und erst dann davon erfahren haben, nachdem er alles nach seinem Belieben geordnet hatte, was am Ende der Reise nach Fontainebleau stattfand. Ich werde Ihnen das Edikt senden, sobald es gedruckt ist. Was Sie für Ihren Sohn wünschen, scheint mir nicht möglich. Ich habe erfahrene Leute konsultiert, die mir gesagt haben, daß die Gardeoffiziere es als einen Raub ansehen würden, den ich an ihnen beginge, daß im übrigen die zwölftausend Livres Gehaltserhöhung sicher wieder gestrichen würden; so würden also zweitausend Livres für Ihren Sohn keine große Wohltat sein und sehr viel für einen Offizier der Gendarmerie. Suchen Sie irgend etwas anderes aus, was ich erhalten könnte, ich werde mich mit aller Freundschaft, von der Sie wissen, daß ich sie für Sie hege, dafür einsetzen.«

29. September 1751

»Sie können aus meiner Anhänglichkeit für den König auf meine Freude schließen; ich bin davon so ergriffen gewesen, daß ich im Vorzimmer der Herzogin ohnmächtig wurde. Glücklicherweise hat man mich hinter einen Vorhang geschoben, und ich habe als Zeugen niemanden anders als Madame de Villars und Madame d'Estrades gehabt. Der Dauphine geht es zum Entzücken gut, dem Herzog von Burgund ebenfalls, ich habe ihn gestern gesehen; er hat die Augen seines Großvaters, das ist nicht ungeschickt von ihm.

Ich gehe Montag für fünf Tage nach Crécy, anschließend sofort nach Fontainebleau; ich verheirate die Töchter in meinen Dörfern, ich gebe dem König damit eine Lustbarkeit. Sie kommen am Morgen darauf, um im Hof des Schlosses zu essen und zu tanzen. Diejenigen, die der König nach Paris beordert hat, sind seiner Güte würdig, aber in der Provinz werden sie noch mehr Gutes tun.

Guten Abend, ›Grand' femme‹, da habe ich lange geplaudert, dafür, daß wir immer unterwegs sind, denn wahrlich, das sind wir ja immer.«

5. Dezember 1751

»Ich fühle nur zu gut, ›Grand' femme‹, was für ein Unglück es ist, eine empfindsame Seele zu haben. Meine Gesundheit ist ein wenig durch den Tod des Monsieur de Tournehem angegriffen worden. Es geht mir seit vier Tagen besser. Die Sauvé ist nichts als eine Närrin, die sich eingebildet hat, daß, wenn sie ein Paket in das Bett des Herzogs von Burgund lege und dann davor warne, sie sich den Anschein geben würde, ihm das Leben gerettet zu haben, und daß ihr Glück und das der Familie dann gemacht sein würde.[4] Bemerken Sie, daß in dem Paket nichts zu finden war, womit man das Bettuch hätte verbrennen können, es sei denn, man hätte Feuer daran gelegt. Ihre vorgegebene Vergiftung folgt hieraus. Was sie genommen hatte, hat sich als Quecksilber von einem Spiegel erwiesen. Sie ist in der Bastille, wo sie bleiben wird, bis sie ihre Motive nennt, aber es hat für den Prinzen nicht mehr die leiseste Besorgnis gegeben, es geht ihm zum Entzücken.

Wir sind so oft unterwegs, daß ich seit drei Jahren nicht mehr auf die Jagd gehe. Man muß sich doch die Zeit zum Denken lassen. Guten Abend, ›Grand' femme‹, ich liebe sie wirklich aufrichtig.«

29. Mai 1757

»Ich habe Madame de Crèvecœur heute gesehen. ›Grand' femme‹, ich glaube, sie wird Ihnen nichts Schlimmes von mir sagen, ich hasse zu Tode Ihre Lutherischen, weil sie den König von Preußen lieben, und wenn ich in Straßburg wäre, so würde ich mich den ganzen Tag schlagen.

Schicken Sie mir schnell das Kleid, da Sie es schön finden; ich habe Stickereimuster, die ich noch hinzufügen will; senden Sie es Janelle durch den ersten Kurier zu.«

»Mein Bouillon ist nicht mehr unglücklich, meine arme Comtesse, aber als Ersatz ist es Monsieur de Soubise bis zum Äußersten. Sie kennen meine Freundschaft für ihn, bemessen Sie meinen Schmerz über die ungeheuren Ungerechtigkeiten, die man ihm in Paris angetan hat, denn bei seiner Armee wird er bewundert und geliebt, wie er es verdient. Madame la Dauphine ist in großer Betrübnis über den Tod der Mutter; sie ist eines der Opfer des Preußenkönigs.[5] Warum läßt die Vorsehung ihm die Macht, so viele unglücklich zu machen? Ich bin deswegen in Verzweiflung. Guten Abend, ich will Sie nicht länger über die Kümmernisse unterhalten, die Sie der Freundschaft halber, die Sie für mich haben, mit mir teilen und die ich Ihnen voll zurückgebe.«

1758 (ohne nähere Bezeichnung)
»Ich habe Ihre Briefe erhalten, ›Grand' femme‹, und diejenigen Ihres Sohnes; sie haben mir viel Freude gemacht. Ich suche immer eine bessere Hälfte für ihn, und ich wünsche mir, daß der Winter nicht vorübergeht, ehe ich ihn nicht versorgt habe. Ich danke Ihnen für Ihre Stoffe. Ich habe meine Diamantenschleife verkauft, um Schulden zu bezahlen, ist das nicht schön? Sie werden sagen, daß ich wie Cicero bin, der die andern nicht nötig hatte, um gelobt zu werden, ich werde Ihnen aber mit Offenheit sagen, daß ich es nicht verdiene, denn dieses Opfer hat mich wenig gekostet.

Gute Nacht, ›Grand' femme‹, ich küsse Sie mit meinem ganzen Herzen.«

6. Mai 1759
»Die nützliche Einrichtung, die jetzt für den Dienst des Königs geschaffen wurde, ›Grand' femme‹, beraubt Ihren Sohn eines redlichen Gehalts, aber Seine Majestät gibt ihm zur gleichen Zeit eine Gratifikation, um andere Gunstbezeigungen zu erwarten; es ist ein sehr schmeichelhafter Gütebeweis. Der Marschall kann nicht tun, was Sie für Ihren Neffen wünschen. Was Ihre Wasseranlagen betrifft, so sollen Sie sie bekommen, ohne daß es Sie etwas koste. Ihre Schmerlen hatten das beste Aussehen der Welt; ich habe nichts davon gegessen, weil ich an den Fasttagen jetzt Fleisch esse, wegen der Eselinnenmilch, die ich seit vier Monaten nehme. Die Schlacht (13. April gegen die Hannoveraner) hat mir großes Vergnügen gemacht. Monsieur de Soubise hatte so gut seine Quartiere plaziert und ein so gutes Schlachtfeld in Berghen ausgesucht, daß wir nicht geschlagen

werden konnten. Mein einziges Bedauern besteht darin, daß er nicht dagewesen ist und daß der König ihn bei sich zurückbehalten hat.

Quälen Sie sich nicht um die Reise nach Lyon, es gibt da keinerlei Risiko für mich. Wenn das Vertrauen, mit dem mich der König beehrt, nicht vor fünfzehn Tagen Abwesenheit geschützt wäre, so würde es schlecht bestellt sein, und ich könnte mich nicht davon geschmeichelt fühlen. Ich werde in dieser Zeit mich in meinem Gestüt von Saint-Ouen ausruhen.

Sie werden mein Porträt nicht so schnell erhalten; Van Loo putzt es für den Salon von Saint-Louis heraus, und das ist keine kleine Angelegenheit.

Guten Abend, ›Grand' femme‹, ich küsse Sie von ganzem Herzen.«

Ein zweiter Briefwechsel der Madame Pompadour führt sie uns in ganz anderer Weise vor Augen, belegt ihre Anteilnahme am Verlauf des Siebenjährigen Kriegs und ihre Anstrengungen als treibende Kraft der Politik. Adressat dieser Briefe war Herzog d'Aiguillon, der Sieger von Saint-Cast (4. September 1758) und Gouverneur der Bretagne. In den Billetten mischen sich weibliche Schmeicheleien mit autoritären, fast königlichen Anordnungen. Trotz ihres elenden Gesundheitszustands, der nächtlich wiederkehrenden Fieberschübe, versuchte sie mit allen Mitteln, halb scherzend, halb ernst, über den Herzog zu triumphieren, den von seinen Aufgaben Angeekelten in der Bretagne festzuhalten.

Die Korrespondenz beginnt mit folgendem Ausspruch über die Engländer:

»Die Feiglinge werden Sie nicht erwarten, Monsieur; ich sterbe deswegen vor Furcht, denn ich bin sicher, daß Sie sie aufs prächtigste verprügeln würden. Ihre Briefe zu lesen macht Freude, man erkennt daran den Bürger, den eifrigen und erleuchteten Untertan und einen kleinen, in diesem Augenblick sehr guten Kopf, von dem ich alles Gute auf der Welt sage, weil ich es denke: guten Abend, Monsieur.«

Anläßlich seines Siegs beglückwünschte sie ihn mit den Worten:

»Ich habe sehr bedauert, Monsieur, Ihnen nicht alles gesagt zu haben, was ich vorgestern über den Ruhm dachte, mit dem Sie sich soeben bedeckt haben, aber mein Kopf schmerzte so sehr, daß ich nur
soviel Kraft hatte, um Ihnen ein Wort zu sagen. Wir haben heute Ihr
Tedeum gesungen, und ich versichere Sie, daß es mit der größten
Befriedigung geschehen ist; ich hatte Ihren Erfolg vorausgesetzt, und
in der Tat, wie wäre es möglich, daß mit so viel Eifer, Intelligenz
und Truppen, die ebenso brannten wie ihr Anführer, den König zu
rächen, Sie nicht Sieger wurden? Das konnte nicht sein. Ein kleines
Billett, das ich Ihnen vor Ihrem glänzenden Tag geschrieben habe,
hat Sie meine Art, über Sie zu denken, erkennen lassen müssen und
die Gerechtigkeit, die ich berufsmäßig ausübe. Sagen Sie mir, ich bitte Sie jetzt, ob Sie sehr böse auf mich sind, daß ich Ihren Bitten und
den schönen Gründen nicht nachgab, die Sie mir berichtet haben;
sie waren nichts wert in dieser Zeit, und ich würde sie heute noch
abscheulicher finden. Ein anderer hätte das nicht so gut gemacht
wie Sie, ich hätte mich in Schmerzen befunden, anstatt Freude zu
fühlen, Sie wären verloren gewesen, und es wäre wohl Ursache dazu
vorhanden. Wagen Sie jetzt zu sagen, daß mein Kopf nicht mehr wert
ist als der Ihrige, ich fordere Sie deswegen heraus.«

21. Januar 1759

»Sicherlich, Monsieur, sind Ihre Leutnants ihres Oberhaupts würdig,
und damit sie es immer seien, ist es nötig, daß er ihnen bis zum Frieden bleibe. Ich bin hartnäckig für den Dienst des Königs eingenommen, und ich werde nicht davon ablassen, Sie wissen es, reden wir
nicht mehr davon. Sprechen wir vom Sieger von Saint-Cast, von der
glänzenden Art, in der Monsieur de Saint-Croix ihn nachgeahmt hat
und in der er ihn noch nachahmen wird, denn man sagt, daß diese
Herren Mylords davon kosten wollen. Ich wünsche mit ganzer Seele, daß es zum gleichen Preis sei; ich werde Ihnen ein neues Kompliment zu machen und eins von Ihnen zu empfangen haben, das
eine und das andere würde mir unendlich gut gefallen.«

6. Februar 1759

»Sie sind in Wahrheit sehr liebenswürdig, daß Sie für unser Geschäft
Hilfsquellen finden, ich schmeichle mir mit dem Erfolg trotz aller
Mißhelligkeiten, weil ich auf das Vermögen des Cavendish zähle.[6]
Ich wollte, es erstreckte sich bis zu den vierzig Millionen, die wir
dringend brauchen. Ich vertraue Ihnen (und ich habe den Brief ge-

lesen), daß La Bollière den Generalkontrolleur hat wissen lassen, seine Pariser Korrespondenten möchten ihn benachrichtigen, daß man sich nicht auf diese Anleihe verlassen kann. Es ist nötig, daß Sie von dieser Tatsache unterrichtet werden, aber lassen Sie es sich nicht merken. Ich kann mich schonen, so sehr ich will, meine Gesundheit bleibt immer miserabel, ich habe noch heute nacht einen Fieberanfall gehabt; ich sehe mit Freuden das Interesse, das Sie daran nehmen; wenn die Freundschaft diesem Interesse folgt, werde ich mich sehr verlockt fühlen, Ihnen die meinige zu gewähren, denn ich habe eine sehr gute Meinung von Monsieur Cavendish.«

14. Oktober 1759

»Endlich, Monsieur, zieht meine sehr schmerzliche Krankheit Sie aus Ihrer Lethargie; es ist sicherlich nicht meine Schuld, wenn Sie darin verblieben wären, denn ich hatte Ihnen alles gesagt, was sein mußte, um Sie da heraus aufzuscheuchen. Es geht mir sehr gut, nachdem ich grausam gelitten habe. Ich habe Monsieur Orry gesehen; er ist mir sehr vernünftig erschienen und hat mir Hoffnung auf unser Projekt gemacht; dasjenige, was seine Marine ausführen wird, ist groß, und ich bezweifle, daß er vom Marschall de Coigny spricht, ich habe eher Sie im Verdacht und Monsieur Beauvau. Ich erwarte den Erfolg mit einer Ungeduld, die mit sehr viel Furcht vermischt ist. Ich werde vielleicht noch etwas Schlimmeres von Ihrem Kopf sagen, aber ich habe nie derartiges von Ihrem Herzen gedacht, ich halte es für sehr ehrlich; ich bin überzeugt, daß, wenn Sie es besser kennenlernen, Sie unendlich daran gewinnen werden und daß ich für Sie, Monsieur, die Freundschaft haben werde, die Sie begehren.«

(undatiert)

»Sie werden bald übereinkommen, Monsieur, daß ich sehr unerträglich bin, weil ich immer recht habe. Wie denn! Ich habe gewagt, Ihnen zu sagen, daß Sie mit den besten und größten Eigenschaften einen kleinen Kopf hätten, der sich zu schnell erhitzte, und Sie beweisen es mir noch in diesem Augenblick. In Wahrheit bin ich verabscheuungswürdig, und ich verstehe nicht, wie Sie die Güte haben, mir nach einem solchen Unrecht zu antworten. Sie erzürnen sich wegen einer Entscheidung, die nicht aufgeklärt worden ist und die, wenn sie es ist, genau das ist, was Sie wollen; fragen Sie den Marschall danach, dem Monsieur Berryer es in meiner Gegenwart gesagt. Sie wollen die Bretagne verlassen, eine schöne Torheit, die Ihnen durch den Kopf geht; ich werde sie Ihnen ebensowenig wie die erste durchgehen lassen ... Erinnern Sie sich wohl, daß, wenn Sie Ihrem ersten Impuls gefolgt wären, Sie nicht Cavendish wären. Sie haben schlechte Laune; sagen Sie, wer hätte keine, wenn er sich in diese Richtung gehen ließe? Pfui! Ich erröte um Ihretwegen, wenn ich sehe, daß Sie weniger Mut haben als ich, Sie haben die Unannehmlichkeiten Ihres kleinen Kommandos und ich diejenigen aller Verwaltungen, da es nicht einen einzigen Minister gibt, der nicht käme, um mir seine Kümmernisse zu erzählen. Daß nur von dem Ihrigen keine Rede mehr sei, ich bitte Sie darum, ich will meine Freundschaft Monsieur Cavendish ohne Kürzung geben und daß, wenn seine Seele mir dessen wert erscheint, sein Kopf es auch sei. Ich werde an Ihrem Betragen sehen, bis zu welchem Punkt Sie darauf Wert legen.«

20. August 1760

»Der Eifer und die Talente, mit denen Sie dem König in der Bretagne gedient haben, Monsieur, haben mir für Sie das wahrhafteste Interesse eingeflößt, und ich habe Ihnen davon mit Vergnügen Beweise gegeben, wenn sich Gelegenheiten dazu fanden. Dieses gleiche Interesse erfordert von mir, Sie streng wegen des Briefes zu schelten, den Sie mir schreiben.

Was ist aus dem Eifer geworden, von dem Sie mir vor noch nicht drei Monaten Beweise gegeben haben? Wie ist es möglich, daß ein Augenblick des Ekels Sie ihn vergessen läßt? Den gewöhnlichen Seelen kommt es zu, ihre Entlassungen wegen einer Unannehmlichkeit einzusenden, aber diejenige von Monsieur d'Aiguillon muß über derartigen Miseren stehen und nichts als den Nutzen zum Ziel haben, den er seinem Meister bringen kann. Sie geben Ihrer schlechten Sache die bestmögliche Wendung, halten Sie mich nicht für töricht genug, um sie anzuwenden. Sondieren Sie Ihr Gewissen, und Sie werden alles darin finden, was ich Ihnen sage. Monsieur de Saint-Florentin, der mir gestern abend Ihren Brief zugestellt hat, ist Zeuge der Art gewesen, wie ich mit Monsieur Massiac heute morgen geredet habe; er hat mir versichert, daß Sie zufriedengestellt sein würden. Ich bin böse auf Sie. Der kleine Kopf, von dem ich am Tag Ihrer Abreise sprach, hat eine zu große Rolle gespielt. Ich weiß nicht, wann ich Ihnen verzeihen werde; Sie verdienten, daß ich mich nicht mehr für Sie interessierte.

Guten Abend, Monsieur, ich grolle Ihnen andauernd und sehr stark.«

10. September 1760

»Sie haben wohl recht, Monsieur, wenn Sie nicht immer kaltblütig von den Parlamentariern sprechen, ich denke durchaus wie Sie, und das Projekt von Monsieur de Choiseul, das für den Rat angenommen ist, hat mir die größte Freude bereitet, weil es uns die Mittel gibt, auf diese unwürdigen Bürger zu verzichten, die die Bedürfnisse des Staates mißbrauchen, um ihre Herzen Handlungen der Schwäche begehen zu lassen. Sie werden alle den Lärm machen, der ihnen gefallen wird, wir werden sie in Ruhe lassen. Sie sind noch nicht bei dem ›Nunc dimittis‹ angelangt. Man muß nicht daran denken, während des Kriegs diese Narren von Bretonen zu verlassen; suchen Sie indessen, wer Sie wird ersetzen können, denn ich habe niemanden in Aussicht, und man will Monsieur de Lorges nicht; er ist zu sehr Prokurator, zu geizig, und seine Seele ist nicht edel genug, um in einer großen Provinz zu repräsentieren, das ist die Meinung des Rates, die mir erst gestern durch Ihren kleinen Onkel übermittelt wurde. Sie sehen, daß ich Sie nicht auf meine Antwort warten lasse … Was ich sehr wohl weiß, das ist, daß Sie scheinbar sehr schlechter Laune waren, als Sie meinen Brief empfangen haben, weil ein argloser Scherz Sie sogleich aufbrausen ließ. Ich will nicht das gleiche tun, und ich beschränke mich darauf, Monsieur, Ihnen einen guten Abend zu wünschen, eine vollkommene Gesundheit, ein glückliches Jahresende, dem noch mehrere folgen mögen …«

14. September 1760

»Ich mache Ihnen mein Kompliment, Monsieur, und ich empfange das Ihre über den Eifer, von dem die Bretonen soeben dem König einen neuen Beweis gegeben haben. Ich wünsche sehr lebhaft, daß die Versammlung so zu Ende gehe, wie sie begonnen hat, und trotz Ihres kleinen Zornesausbruchs gegen den Kontrolleur müssen Sie zugeben, daß Sie ihn sehr vernünftig gefunden haben. Ich prophezeie Ihnen, daß Sie nach Ihrer Gewohnheit dem König sehr gut gedient haben werden. Wenn alles beendet sein wird, werde ich Sie sehr demütig um Verzeihung bitten, daß ich Ihnen gegenüber immer recht habe. Das ist ein großes Unrecht, aber da es auf der guten Meinung beruht, die ich von Ihrem Eifer für den Dienst des Königs und für die Talente habe, die Sie reüssieren lassen, so hoffe ich, Monsieur, daß Sie mir verzeihen werden.«

»Freuen Sie sich, Monsieur Cavendish! 1. Ich bin nicht tot, und (trotz Ihres schlechten kleinen Herzens) will ich mir schmeicheln, daß Sie nicht böse darauf sind. 2. Der Brief, den der Generalkontrolleur Ihnen heute schreibt, wird Ihnen beweisen, daß, trotz meiner Schmerzen, ich nicht unsere Eroberung vergessen habe. Geben Sie also schnell Ihre Befehle, es gibt nicht einen Moment zu verlieren. Wer kann Sie haben wissen lassen, daß die Minister den Plan nicht billigen? Es gibt nichts Unzutreffenderes.

Guten Abend, Monsieur Cavendish; dies ist viel für einen schwachen und genesenden Kopf.«

Im folgenden soll ein dritter und letzter Briefwechsel der Madame Pompadour herangezogen werden, bei dem es sich um eine Serie von Billetten und Briefen handelt, die die Favoritin während der siegreichen Jahre der ersten Feldzüge und während der unglücklichsten Jahre des Siebenjährigen Kriegs an den Grafen de Clermont gerichtet hat. Darin stützte und tröstete sie den unglücklichen General angesichts Disziplinverlust und militärischer Desorganisation, »der Zerstörung der Armee«. Oder sie spendete Beifall bei der Ernennung des Korporals La Jeunesse zum Offizier, der sich mit einer Handvoll Leute einen Weg durch die feindlichen Linien gebahnt hatte. Sie zeigte sich untröstlich »über die Schande der Nation«, stieß von Zeit zu Zeit Schmerzensrufe aus wie den folgenden: »Mir bricht das Herz, wenn ich sehe, daß die andern schöne Taten verrichten, und die Franzosen … Reden wir nicht mehr davon.« Sie sandte dem Grafen eine Kokarde, für die er sich mit den Worten bedankte, er trage sie an den Tagen, wenn er ins Gefecht müsse. Nach der Einnahme der Zitadelle von Antwerpen im Juni 1746 schrieb sie:

3. Juni 1746

»Erlauben Sie, Monseigneur, daß ich, um auf den Brief zu antworten, mit dem Sie mich beehrt haben, Ihnen mein Kompliment über die Einnahme der Zitadelle mache. Man war nicht darauf gefaßt, daß diese Operation so schnell vor sich ginge, ich bin nicht deswegen überrascht, da ja Sie sie befehligen. In Wahrheit sind die Stuarts recht unglücklich, und ich finde, daß es eine große Ungerechtigkeit ist, bedenkt man die Tapferkeit, die sie haben. Ich wäre entzückt, Nachricht von Ihnen zu erhalten und Gelegenheiten zu finden, Monseigneur, Ihnen die Versicherungen meiner aufrichtigen Anhänglichkeit zu erneuern.«

8. Juli 1746

»Ich habe den Brief erhalten, mit dem Sie mich am 29. Juni beehrt haben, Monseigneur. Ich weiß nicht, warum Sie für die gute Meinung, die ich von Ihnen habe, empfänglich sind und sich von ihr geschmeichelt fühlen. Es liegt keinerlei Verdienst darin, wie alle Welt zu denken, und ich bin in diesem Fall auf Ihrer Seite. Madame la Dauphine hält uns hier in großer Ungeduld fest, und ich versichere Ihnen, daß unser König nicht ruhig ist; er brennt, dort zu sein, wohin ihn sein Ruhm ruft und, was es mich auch koste, ich wollte, er wäre dort. Es ist nicht notwendig, daß ich Ihren Namen vor ihm ausspreche, damit er Sie nicht vergesse, es scheint mir, daß er Ihnen Gerechtigkeit widerfahren läßt, er liebt Sie sehr. Ich schmeichle mir damit, daß Monseigneur nicht an meiner aufrichtigen Anhänglichkeit an seiner Person zweifelt.«

3. Oktober 1746

»Wenn ich es aufgeschoben habe, Ihnen mein Kompliment über die Einnahme von Namur zu machen, kommt es daher, weil ich recht sicher über die Art war, in der Sie die Festungen angreifen. Ich habe Ihnen das Lesen der beiden Briefe ersparen wollen und schließe meine Grüße in diese ein. Sie sind sehr aufrichtig. Trotz der guten Meinung, die ich von Ihnen hatte, stellte ich mir nicht vor, daß die Arbeit von zwei Monaten für Sie diejenige von fünf Tagen sein würde. Seien Sie, ich bitte Sie darum, überzeugt, Monseigneur, von dem Anteil, den ich an Ihrem Ruhme nehme und von meiner aufrichtigen Anhänglichkeit.«

8. Juli 1747

»Die Einnahme von Axel, von der Chevalier de Broglie uns heute in Choisy berichtet hat, wird Ihnen, glaube ich, Schwierigkeiten machen. Ich bin sicher, Sie werden sehr erbaut davon sein. Der König empfängt immer mit Vergnügen die Versicherungen Ihrer Anhänglichkeit. Er liebt Sie sehr. Obwohl ich keine Nachricht von Monseigneur habe, höre ich nicht auf, ihm mein Kompliment über die großen Taten zu machen, die er vollbracht hat. Der König hat es mich wissen lassen und ist sehr erbaut davon, wegen der Freundschaft, die er für Monseigneur empfindet. Nach diesem wage ich nicht, ihm zu sagen, daß ich davon überwältigt worden bin, da meine Anhänglichkeit für ihn sehr aufrichtig ist.«

16. Oktober 1747

»Die Nachricht von der Schlacht von Rocoux und der Anteil, den Sie an den schönen Taten haben, die dort vollbracht wurden, Monseigneur, haben mir die größte Freude gemacht wegen des Interesses, das ich am Staat und an Ihrem Ruhm habe. Es ist groß, und alle Welt wird Ihnen Gerechtigkeit widerfahren lassen. Der König erschien mir sehr empfänglich für das, was Sie getan haben. Erlauben Sie mir, Ihnen die Versicherung meiner unverbrüchlichen Anhänglichkeit zu erneuern.«

12. März 1758

»Die Marquise de Laigle bittet mich inständigst, Sie wegen ihres Sohnes zu belästigen, der Kapitän im Regiment Fiennes und Adjutant des Marschalls ist. Ich habe ihm versichert, daß Sie jedenfalls für dieses Regiment Verbindlichkeiten eingegangen wären. Ich bitte Sie, Monseigneur, mich nicht für aufdringlich zu halten. Ich habe ihr diesen Trost nicht verweigern können. Ich bin um so untröstlicher, Monseigneur, weil Sie mir die Ehre antun, mich wissen zu lassen, daß durch den Geist und die Talente des Monsieur de Bernis die Geschäfte sich sogleich derart besserten, daß man damit dem König von Preußen wunderbar imponieren konnte. Ich fürchte sehr, daß soviel Mühen nicht durch die Stellung der Armee unnötig werden. Der Marschall de Belle-Isle beschäftigt sich einzig mit der Wiederherstellung des Militärischen, er hat die nötigen Kenntnisse und den Willen für diese schwierige Aufgabe. Erhalten Sie immer mit dem gleichen Vergnügen, Monseigneur, die Versicherungen der treuesten Anhänglichkeit.«

18. März 1758

»Leider ja, Monseigneur. Ihre Lage ist immer die gleiche. Mir ist das Herz deswegen von Schmerz durchdrungen. Wenn Sie nicht damit zurechtkommen, die Disziplin wiederherzustellen, so bestimmt darum, weil es unmöglich sein wird, denn sicherlich ergreifen Sie alle nötigen Maßnahmen. Wie nützlich Ihnen auch Crémilles gewesen sein mag, so ist er es, wie ich glaube, hier noch mehr. Der Marschall ist aufgeklärt, hat gute Absichten und, was noch mehr ist, er ist Ihnen treu verbunden. Also dürfen Sie, Monseigneur, all dessen sicher sein, was Anteil am Ministerium hat, denn ich schmeichle mir damit, daß Sie die Gefühle nicht bezweifeln, die mich an Sie für das Leben binden. Monsieur de Soubise ist von Ihren Gütebeweisen durchdrungen und wünscht mit Heftigkeit, eine Gelegenheit zu finden, Ihnen seine treueste Anhänglichkeit zu beweisen.«

23. März 1758

»Sie können meine Verzweiflung beurteilen, Monseigneur, nach der Anhänglichkeit, die Sie an mir für den König und für das Wohl des Staates kennen. Sie haben ebenfalls großen Einfluß auf meine Schmerzen. Es ist schrecklich, im Augenblick der Zerrüttung bei der Armee anzukommen, ohne Hilfe dort leisten zu können. Ich hoffe, daß Ihre neue Stellung am Rhein stabil genug sein wird, um Zeit zu lassen für die unerläßlichen Wiederherstellungen, ohne welche dem König keine Truppen bleiben würden. Der Befehl, den Sie gegen die Schelme ergehen lassen, hat in Ihrer Armee guten Erfolg gehabt. Setzen Sie es fort, Monseigneur, entmutigen Sie sich nicht durch die Querschläge aller Art, die Sie erleiden. Sie werden der Reorganisator des Heeres sein, mit dem Sie Taten vollbringen werden, die der Erhebung Ihrer Seele wert sind und die Sie für die Mühen entschädigen werden, denen Sie sich hingegeben haben. Das ist der Gegenstand meiner brennendsten Wünsche.«

26. März 1758

»Ich bin sehr froh, Monseigneur, Ihre Krankheit erst zusammen mit Ihrer Heilung erfahren zu haben. Sie hätte mir eine sehr große Beunruhigung verursacht. Ich will Ihren Schmerz nicht vergrößern, indem ich Ihnen von dem meinigen spreche; er ist von der äußersten Heftigkeit. Ich kann mich nicht mehr über die Schande der Nation trösten und über die grausame Situation, in der Sie sich befinden. Der Marschall ist sehr mit den Dingen, die Sie wünschen, beschäftigt, er beeilt sich, Ihnen Zeichen seiner Anhänglichkeit zu geben. Ich denke wie er, Monseigneur, und ich wage es, Ihnen zu sagen, daß, wenn Sie einen Augenblick gezweifelt hätten, Sie der treuen Anhänglichkeit, die ich Ihnen immer erwiesen habe, den größten Schimpf antun würden.«[7]

»Wenn Ihre Meinung mich nicht dazu ermächtigte, Monseigneur, die Kapitulation von Minden lächerlich zu finden, hätte ich geglaubt, mich zu täuschen, indem ich sie so beurteilte. Sie scheint mir nur gemacht, um die Equipagen zu retten und den Offizieren die Freiheit zu erteilen. Ich hoffe, Sie haben sie zu ihren Truppen zurückgeschickt. Ich habe laut erklärt, daß man Monsieur de La Jeunesse zum Offizier machen müsse, und ich bin sehr erfreut gewesen, so wie Sie gedacht zu haben. Es läuft ein Gerücht über die Einnahme von Dresden, das sehr angenehm wäre. Ich kann gleichwohl nicht verhindern, daß mein Herz bricht, wenn ich sehe, wie die anderen schöne Taten vollbringen und die Franzosen ... Reden wir nicht mehr davon, und empfangen Sie meine Huldigungen, Monseigneur, und meine Anhänglichkeit mit einigem Interesse.«

15. April 1758

»Sie sind überzeugt, Monseigneur, von dem heftigen Kummer, den die unglücklichen Ereignisse mir verursacht haben; derjenige, den ich heute bei Ihrem depeschierten Brief empfunden habe, mit dem Sie mich beehren, ist noch stärker, wenn es möglich ist. Ich sehe, daß die Truppen, die man Ihnen für die Kaiserin abverlangt hat, Sie zu einem zweiten Rückzug verurteilen, der tausendmal demütiger und in jeder Hinsicht gefährlicher ist als derjenige, den Sie soeben angetreten haben. Unsere bedrängten Bundesgenossen und Holland, das sich frei erklären kann, ohne ein Risiko zu laufen, sind die kleineren Unannehmlichkeiten, die daraus resultieren müssen. Andererseits, wenn wir nicht der Kaiserin die versprochene Hilfe senden, schwebt sie in sehr großer Gefahr, entthront zu werden. Wir werden also allein bleiben, nachdem wir unsere Freunde preisgaben und sie dem Tod überließen ... – entehrt in ganz Europa, zusammen mit dem König von Preußen, England und vielleicht noch manchen anderen, die auf unsere Zerstörung warten. Das ist, Monseigneur, das sehr exakte Gemälde unserer Lage ... Im übrigen, wenn Sie unsere Armee nicht für stark genug halten, wird es ein leichtes sein, Ihnen Truppen aus Flandern oder aus den anderen Provinzen zukommen zu lassen.«

28. Juni 1758

»Ich gestehe Ihnen, Monseigneur, daß der Brief, mit dem Sie mich beehren, mich verwirrt. Der Marschall de Belle-Isle hat niemals etwas anderes verlangt, als Sie die Feinde bekämpfen und verjagen zu sehen. Seine Briefe sind alle im Rat gelesen worden, weil dieser den Kampfbefehl zu positiv fand, um ihn Ihnen zuzusenden, ohne daß ihn der König selbst erteilt hätte. Nach den Tatsachen, von denen ich Kenntnis habe, verstehe ich nichts mehr von dem, was Sie mir die Ehre antun, mir mitzuteilen. Der König verlangt, daß Sie die Feinde verjagen, aber Seine Majestät kann zugleich nichts Besseres tun, als sich auf Ihre Vorsicht verlassen. Das ist, Monseigneur, der exakte Stand der Dinge. Obwohl mich das Fieber verschont hat, habe ich noch starke Kopfschmerzen; sie lassen mich nicht meine unverletzliche Anhänglichkeit vergessen.«

September 1762

»Welches sind die blöden Offiziere, Monseigneur, die Ihre Truppen irregeleitet haben und aus einer Tat, die die allerschönste sein sollte, die unglücklichste der Welt machten? Mein Trost liegt im guten Ruf der Armee. Er läßt mich hoffen, daß Sie Ihre Revanche auf eine Art nehmen werden, an die Ihre Feinde sich lange erinnern werden müssen, es gewagt zu haben, die Franzosen anzugreifen, die von einem Enkel des großen Condé befehligt werden. Ich bin Ihnen tausendfach dankbar wegen der Details, die Sie die Güte haben wollen, mir zu schicken ... Meine Gesundheit ist stark angegriffen, und ich habe nur soviel Kraft, um Monseigneur meiner zärtlichen Anhänglichkeit zu versichern.«

September 1762

»Es ist sehr schön, Monseigneur, daß Monsieur de Boisgelin ... soeben mit der angenehmen Nachricht angekommen ist, daß am 30. August die Vorhut des Prinzen Condé, befehligt von Monsieur de Levis, zusammen mit Monsieur de Stainville, dem Regiment Boisgelin, den Dragonern und den Dauphingendarmen unter Monsieur de Soubise den Erbprinzen bei Johannisberg vollkommen geschlagen haben. Wir haben elf große Kanonen genommen, zwei Standarten, tausendzweihundert Mann. Die Zahl wäre noch ansehnlicher gewesen, wenn Prinz Ferdinand, der nicht weit von seinem Neffen war, nicht durch seine Kanone unsere Dragoner niedergedonnert hätte, die Marschall d'Estrées zu ihrer Verfolgung hingeschickt hatte. Sie haben bis zu anderthalb Meilen weit den Feind verfolgt. Das Regiment und der Oberst Boisgelin haben Wunder getan. Der König hat ihn auf der Stelle zum Brigadier ernannt. Der Rest der Truppen, die gekämpft haben, haben auch Wunder verrichtet. Prinz de Condé hat sich dabei wie gewöhnlich benommen, das heißt in vollendeter Weise, und der Erbprinz sollte es überdrüssig sein, den Prinzen de Condé anzugreifen. Auch ist sein Verlust sehr beträchtlich durch die Hartnäckigkeit, mit der er sich verteidigt hat. Ich bitte Sie, Monseigneur, um Nachsicht für diesen Bericht. Ich bin nicht an die militärischen Details gewöhnt, und mein Eifer für das, was Sie interessiert, ist mein einziger Führer gewesen. Die Herren Choiseul, La Baume, Schomberg, Wormser sind leicht durch Säbelhiebe verwundet. Unser Verlust ist nicht sehr beträchtlich, er betrifft hauptsächlich das Regiment Boisgelin, das einzige der Infanterie. Monseigneur läßt meiner aufrichtigen Anhänglichkeit und meinem tiefen Respekt Gerechtigkeit widerfahren.«

Im Zusammenhang mit diesen Briefen, die an den Grafen Clermont gerichtet sind, geben wir ein Schreiben der Madame Pompadour an den Prinzen de Condé wieder, der sich bei ihr darüber beklagt hatte, daß die Zeitungen ihn beschuldigten, den Ruhm für den Sieg von Johannisberg allein für sich zu reklamieren. Auch dieser Brief ist den Archiven des Kriegsministeriums entnommen.

3. Oktober 1762

»Der vertrauliche Brief vom 28. September, mit dem Sie mich beehren, Monseigneur, läßt mich wegen der Art, wie ich darauf antworten soll, nicht zögern … Monsieur de Boisgelin kam zu mir nach Choisy. Ich bat ihn, mir auf der Karte die glückliche Handlung genau zu beschreiben, die sich am 30. August zugetragen hatte. Er erklärte mir in sehr klarer Art und vor allen Leuten, die in meinem Zimmer waren, die verschiedenen Angriffsbefehle, die man erteilt hatte, die Zeitpunkte und die Orte und sagte mir im einzelnen, was ich in Kürze wiederholen will, daß Monsieur de Levis vorausgeschickt worden war und sich trotz der Überlegenheit der Feinde sehr gut geschlagen hatte; daß Monsieur de Stainville, mit dem Monsieur de Soubise glücklicherweise früh genug ankam, zwei sehr nützliche Angriffe unternahm, daß er, Boisgelin, den Befehl erhalten hätte einzugreifen, ebenso wie Ihre Reserve, daß seine Brigade allein angekommen sei …, daß, als er sich durch die große Zahl der Feinde überflügelt sah, er nach Hilfe geschickt hätte; daß Monsieur de Soubise ihm die Dragoner herangeführt hatte, ebenso die Dauphingendarmen, ohne die er gezwungen gewesen wäre, den Posten zu verlassen. Nach dieser Erzählung, die vor aller Welt gemacht wurde, bin ich der Meinung gewesen, daß die Truppen Ihrer Reserve durch die Generäle befehligt worden seien und daß alle den Ruhm dieses Tages teilten. Ich habe zwei gleichlautende Briefe geschrieben, einfache Tatsachen, Monseigneur; der Graf de Clermont wird Ihnen einen davon zeigen können, und Sie werden daran die Wahrheit von dem sehen, was ich die Ehre habe, Ihnen zu berichten. Ich habe mir niemals eingebildet, daß es die mindeste Unannehmlichkeit geben könnte, und erst bei der Rückkehr von Choisy nach Paris haben der Abbé Cer und andere Zettel verteilt, wo nicht mehr die Rede von den Marschällen war, als wenn sie niemals existiert hätten … Ich habe nichts davon gesehen. Ich weiß zu keiner Zeit, was in die Zeitung gesetzt wird, weil ich mein Lebtag solche nicht gelesen habe. Ich habe mich schweigend verhalten aus Respekt für Sie und aus Freundschaft für Monsieur de Soubise. Das war also mein Verhalten. Was aber meine Art zu denken anbetrifft, so kann sie sich nicht verändern. Es ist sicher, daß die von Ihnen bestellten Truppen, Monseigneur, Wunder getan haben, und das kann nicht anders sein, wenn sie Ihrem Beispiel folgen. Es ist ebenso sicher, daß Monsieur de Stainville, die Dragoner und die Dauphingendarmen, die von Monsieur de Soubise herangeführt worden sind, sich als sehr nützlich erwiesen haben. Ich komme also auf die Wahrheit zurück, das heißt, daß die Reserve und ein Teil der Armee an diesem Tag gut gedient haben. Ich kann daher nicht begreifen, durch welche Schicksalsverknüpfung diese Angelegenheit eine Verdrießlichkeit erzeugt hat. Ich bin sehr betrübt darüber wegen der Anhänglichkeit, die ich für Sie hege, Monseigneur, und wegen meiner Freundschaft für Monsieur de Soubise. Sie lassen seiner Redlichkeit Gerechtigkeit widerfahren. Er ist Ihr Schwiegervater, daher kann ich mir nicht vorstellen, daß es den Leuten, die keine andere Beschäftigung haben als Böses zu tun, gelingt, Sie miteinander uneins werden zu lassen. Ich hoffe und wünsche es auf das lebhafteste. Ich weiß nicht, Monseigneur, ob ich Ihnen gefalle, wenn ich Ihnen sage, was ich denke, aber Sie haben es mir befohlen, und ich schwöre Ihnen, daß dieser Brief nur von der Wahrheit und meiner treuen Anhänglichkeit für Sie diktiert ist. Ich bitte Sie um Verzeihung, Monseigneur, wegen meiner Kritzelei, aber meine Augen sind so ermüdet, daß es mir unmöglich wäre, wieder anzufangen, und ich kann niemandem anvertrauen, was ich die Ehre habe, Sie wissen zu lassen.«

Wenn die Marquise nicht schrieb, suchte sie Zerstreuung in der Lektüre. Ihre Bibliothek war nicht nur das Lesekabinett einer Frau, sondern sie war zugleich ihr Arsenal und ihre Schule. Die Bände standen dort nicht der Repräsentation wegen, vielmehr dienten sie dazu, ihre Erziehung zu vollenden, oder sie gebrauchte sie als Waffen. Die Bücher halfen ihr bei der richtigen Wortwahl, lieferten ihr die Kenntnis über vorausgegangene geschichtliche Ereignisse, ermöglichten es ihr, ohne Peinlichkeiten über Kunst und Politik sowie über die ernstesten Staatsgeschäfte und die größten Konflikte mit ministerieller Kompetenz zu sprechen. Die Bücher erzählten ihr alles, was ihr zu wissen notwendig schien. Neben juristischen und politischen Schriften standen in ihrer Bibliothek auch philosophische Bücher, die alten wie die neuen Moralisten, und die Favoritin brauchte nur den Arm auszustrecken, um nach der Weisheit des Heidentums oder nach der Voltaires zu greifen.

Neben diesen philosophischen Büchern und Ratgebern stand auch eine herrliche Sammlung auf den Regalen, die die Theaternärrin verriet: eine einzigartige Anhäufung von Werken über das Theater, von Mysterienspielen, Dramen, Opern und Komödien. Hier und dort verlockten Bücher mit Werken berühmter Kupferstecher die Marquise zur Nachahmung und erteilten ihr stumme Lektionen. Welch eine Bücherpracht, deren edelste Exemplare das Auge durch ihre Maroquinrücken und ihre mit Wappen geschmückten Schilder ansprachen! Sie erregten die Phantasie der Pompadour, vergnügten sie, wiegten sie ein und entführten sie in eine Welt des Traums! Diese Bibliothek war auch eine Schatzkammer der Romanliteratur, denn sie umfaßte Liebesromane aus allen Ländern, spanische, italienische, französische Ritterromane, Heldenepen, historische, moralische, politische, satirische und komische Romane, dazu phantastische Geschichten und Feenmärchen. Jede Form der literarischen Fiktion umgab die Marquise mit ihrer speziellen Illusion und ihrem besonderen Zauber, um sie für wenige Stunden die Gegenwart vergessen zu lassen.

Enttäuschungen

❦

In den letzten Jahren ihres Lebens, als sie die wahre Königin
Frankreichs war, mußte Madame Pompadour dennoch
kämpfen und ihren Platz verteidigen. Dieses Mal handelte es
sich nicht um ein Hirschpark-Abenteuer, um eine jener vor-
übergehenden Launen, die die Favoritin unbeschadet über-
standen hatte, weil sie das Herz des Königs nicht berührten –
die neue Verbindung des Königs hatte durchaus etwas mit
Liebe zu tun. Da die neue Herzensdame sich geweigert hatte,
wie die anderen Liebschaften in das für diese Zwecke einge-
richtete Haus im Hirschpark einzuziehen, besuchte der König
sie in ihrer hübschen Wohnung in Passy. Mademoiselle Romans, die Tochter eines Advokaten aus Grenoble, besaß die
längsten schwarzen Haare, die man sich denken konnte – so
lang, daß sie sich damit hätte zudecken können. Ihre ganze
Verführungskunst bestand in der fast orientalisch anmuten-
den Trägheit ihres schönen Körpers, der fast immer auf einem
Kanapee in wollüstiger Nonchalance und sanfter Erschöpfung ausgestreckt lag.

Doch nicht diese Reize machten Anne Coupier de Romans
gefährlich; sie hatte ein Faustpfand, das der Marquise fehlte:
Sie hatte einen Sohn von Ludwig XV., einen Sohn, den der König auf inständiges Bitten der Mutter praktisch anerkannt hatte. Dieser Sohn des Königs war der ganze Stolz von Mademoiselle Romans. Überall führte sie das schöne Kind in
einem Korbwagen spazieren, kleidete es in Spitzen und zeigte es allen. Sie konnte ihr Geheimnis nicht für sich behalten,
sonst wäre sie daran erstickt, und so rief sie einmal in den Tui-

lerien, als eine Menschenmenge das Kind umringte, aus: »Ach, meine Damen und meine Herren, zerdrücken Sie es nicht, und lassen Sie das Kind des Königs atmen!«

Diese Mutter, dieses Kind stellten für die Favoritin eine Quelle lastender Sorgen dar. Eines Tages, als Mademoiselle Romans, in einem Winkel des Bois de Boulogne sitzend, die Haare mit einem diamantenen Kamm hochgesteckt, das Kind Ludwigs XV. stillte, sah sie zwei Frauen näherkommen, von denen die eine ihr Gesicht unter einer Haube und hinter einem vorgehaltenen Schnupftuch verbarg, während die andere sie grüßte und sagte: »Das ist aber ein schönes Kind!« – »Ja, damit stimme ich überein, obwohl ich seine Mutter bin«, antwortete die junge Frau, und als die fremde Dame sie fragte, ob der Vater ein schöner Mann sei, sagte sie: »Sehr schön. Wenn ich ihn Ihnen nennen würde, so würden Sie dasselbe sagen wie ich.« – »Ich habe also die Ehre, ihn zu kennen, Madame?« – »Das ist sehr wahrscheinlich.« Die beiden Frauen – es waren Madame Pompadour und Madame Hausset – entfernten sich, und mit einem Seufzer meinte die Marquise: »Es sind wirklich schöne Geschöpfe, Mutter und Kind.« Voller Verzweiflung im Herzen kehrte sie nach Versailles zurück, und ihre Besorgnis verstärkte sich weiter, als sie einen Abglanz ihrer eigenen Befürchtungen in den Augen ihres Protégés Choiseul entdeckte.

Aber wie schon nach dem Mordanschlag auf den König war auch jetzt jene Frau zur Stelle, die mit gesundem Menschenverstand und klarsichtiger Erkenntnis der Verhältnisse bei Hof alles wieder ins Lot brachte und mit ihrem praktischen Sinn der Favoritin ihren Mut zurückgab – es war die Marschallin de Mirepoix. So sagte sie zu Madame Pompadour:

»Ich werde Ihnen nicht sagen, daß er Sie mehr liebt als jene, und wenn man durch einen Zauberstab sie hierher transportieren könnte, wenn man ihr heute ein Souper gäbe und über ihren Geschmack auf dem laufenden wäre, so hätten Sie vielleicht Ursache zu zittern.

Aber die Fürsten sind vor allen Dingen Gewohnheitsmenschen; die Freundschaft des Königs für Sie ist das gleiche Gefühl, das er für seine Wohnung und seine Umgebung hegt. Sie sind an seine Art und Weise, an seine Geschichten gewöhnt, er legt sich keinen Zwang auf, fürchtet nicht, Sie zu langweilen. Wie denken Sie denn, daß er den Mut haben soll, das alles an einem Tag über Bord zu werfen, eine andere Art der Einrichtung zu wählen und dem Publikum durch eine so große Dekorationsveränderung ein Schaustück auf eigene Kosten zu bieten?« Und was das Kind betraf, den Gegenstand so großer Unruhe für die Marquise, fügte sie hinzu: »Seien Sie überzeugt, daß der König sich sehr wenig aus Kindern macht. Er hat deren genug und möchte sich mit der Mutter und dem Sohn keine Last auferlegen. Sehen Sie, wie wenig er sich um den Grafen de Luc kümmert, der ihm so ähnlich ist; er redet nie über ihn, und ich bin sicher, er wird nichts für ihn tun. Noch einmal, wir leben nicht unter Ludwig XIV.«[1]

Diese Worte der Marschallin gaben der Marquise die Sicherheit zurück und erlaubten ihr endlich, diese Liaison auf das Maß einer Hirschpark-Affäre zu reduzieren. Gewohnheit war es also vor allem, was den Fortbestand ihrer Herrschaft sicherte. Ihre Verbindung zum König war jetzt so gefestigt, daß Treulosigkeiten keine Gefahr mehr für ihre Position darstellten. Sie durfte davon überzeugt sein, daß die Gunst des Königs durch nichts zu erschüttern war. Keine Drohung konnte in Zukunft mehr ihr Glück vergiften; zu Ende waren die schlaflosen Nächte, die quälenden Gedanken, die fortwährenden Sorgen. Ihren letzten, ihren einzigen furchterregenden Feind, den Dauphin, hatte die Favoritin ausgeschaltet, indem sie ihn beim König wegen seiner Frömmelei und Bigotterie lächerlich gemacht und überdies bei Ludwig den Verdacht genährt hatte, sein Sohn habe in irgendeiner Weise mit dem Mordanschlag zu tun gehabt.

Obwohl das Glück ihr jetzt ungetrübt zuzulächeln schien, legte sich in den letzten Jahren eine tiefe und dunkle Traurigkeit auf Antlitz und Seele der Madame Pompadour, die in der Tat nichts gemeinsam hatte mit einer Figur aus einer heiteren Oper, wie es ein Teil der Geschichtsschreibung gerne darge-

stellt hat. Vielmehr war sie eine überaus ernste, nachdenk-
liche, ein wenig melancholische Frau. Schon in den ersten
Jahren als Mätresse schien sie ihrer Illusion beraubt, wie in
einem Brief an ihren Bruder durchklingt:

»Je mehr ich im Alter fortschreite, mein lieber Bruder, desto mehr
werden meine Gedanken philosophisch. Ich bin sicher, Sie werden
ebenso denken. Mit Ausnahme des Glücks, mit dem König zusammen zu sein, das mich gewiß über alles tröstet, ist der Rest nichts als
ein Gewebe von Bosheit, Plattheiten, überhäuft von allem Elend,
wessen die armen Sterblichen fähig sind. Ein schöner Stoff für Gedanken, besonders für jemanden, der so nachdenklich geboren ist,
wie ich es bin.«

Und ein anderes Mal schrieb sie:

»Überall, wo es Sterbliche gibt, mein lieber Bruder, werden Sie bei
ihnen Falschheit und alle Laster finden, deren sie fähig sind. Allein
leben wäre gar zu langweilig, also muß man sie wohl mit ihren Feh-
lern dulden und so tun, als sähe man sie nicht.«

In allem, was sie sagte, in allem, was sie auf das Papier hin-
warf, finden sich Worte und Sätze, die Schmerzensschreien
ähneln.[2] Und jeden Tag aufs neue wurde das Leben der Favoritin Zug um Zug vergiftet. Schließlich begriff sie mit ihrem
weiblichen Instinkt, daß es nur noch Barmherzigkeit war, die
den König an ihr festhalten ließ. Er fürchtete wohl eine Ver-
zweiflungstat, falls er sie verließ, möglicherweise Selbstmord.
Lediglich solche Befürchtungen seien es gewesen, die ihn von
einer Trennung abhielten, bekannte er nach dem Tod seiner
Mätresse.

Choiseul, den die Marquise nicht nur zum Leitenden Minister, sondern – darin stimmen die meisten Zeitzeugen
überein – vermutlich auch zu ihrem Liebhaber gemacht hat,
benahm sich ihr gegenüber recht hart, anspruchsvoll und
befehlshaberisch, und mit wundem Herzen mußte sie mitansehen, wie er ihren Günstling Bertin zu stürzen versuchte, um

auch das Finanzressort zu übernehmen. Doch ihr größtes Kümmernis war das Scheitern ihres Lebenstraums; denn es war ihr nicht gelungen, wirklichen Ruhm zu erwerben. Wenn sie über die Nachwelt lästerte: »Nach uns die Sintflut«, so geschah dies, um die Sorgen des Königs zu besänftigen. Doch hinter dieser Maske vorgetäuschter Gleichgültigkeit und Sorglosigkeit verbarg sich das ehrgeizige Bestreben, ihrem Namen in der Geschichte einen ruhmreichen Platz zu sichern. Von dem Moment an, als der Zufall sie auf diesen hohen Posten gehoben hatte, war sie bemüht gewesen, sich über die Gegenwart zu erhöhen und sich der Nachwelt zu erhalten.

Sie hatte geträumt, ihren Namen mit glanzvollen Siegen verbinden zu können, mit eroberten Städten, unterworfenen Provinzen, einer territorialen Vergrößerung Frankreichs – kurz mit unsterblichen Ruhmestaten. Für einen Augenblick hatte sie geglaubt, das politische Genie des Kardinals Richelieu übertreffen zu können, und davon geträumt, den Preußenkönig vor ihr um Gnade betteln zu sehen. Einen Augenblick lang hatte sie die Hand nach Hannover, Hessen und Sachsen ausgestreckt und gehofft, die Grenzen Frankreichs bis zur Schelde vorzuschieben. Was war von den vielen Illusionen geblieben?[3] Das Glück der Schlachten war Frankreich nicht wohlgesonnen gewesen. Die Marquise kannte sie alle, die Niederlagen, die auf Roßbach und Minden, auf Warburg und Vellinghausen gefolgt waren – beispiellose Unglücksfälle, durch die sogar die Tapferkeit der französischen Soldaten in Frage gestellt und das französische Rheinufer fremden Truppen ausgesetzt worden war.

Die Demütigungen Frankreichs waren persönliche Demütigungen für sie. Es waren Schläge für ihre ehrgeizigen Ambitionen, wenn die französischen Geschwader die Meere verließen und in die Häfen flüchteten, wenn in Indien und Amerika der Kolonialbesitz verlorenging. Hinzu kamen im Innern des Reichs die Folgen solcher Rückschläge, all das Elend, das unglücklich verlaufende Kriege nach sich ziehen:

verödete Landstriche, brachliegende Äcker, hungernde Menschen, ein zusammengebrochener Handel und erschöpfte Finanzen, die den Bedürfnissen des Königs und des Staates nicht genügten. Frankreich stand ruinierter, geschwächter, erniedrigter da als in jenen traurigen Tagen, als die Monarchie Ludwigs XIV. unterging.

Dieses mitansehen zu müssen, verwundete Madame Pompadour in jedem Augenblick. Sie verfluchte das Schicksal, erlitt dumpf ihren Kummer, würgte ihr Schamgefühl hinunter, doch immer wieder rissen die Wunden auf, wenn etwa sich der Blick des Königs vor einem fremden General senkte, der durch das Unglück Frankreichs berühmt geworden war. Als endlich die ganze Politik der Marquise mit dem Frieden von Paris ihr schmähliches Ende fand, mußte Frankreich auf die meisten seiner Ansprüche in der Neuen Welt verzichten – ein Opfer, für das die Favoritin von den kommenden Jahrhunderten zur Rechenschaft gezogen werden sollte.

Das Erwachen nach einem solchen Traum und der ausbleibende Ruhm nach soviel Ehrgeiz stellten eine harte Enttäuschung dar für eine Frau, die es gewöhnt war, alle Dinge nach ihrem Willen und ihrer Laune auszurichten. Nichts konnte sie darüber hinwegtrösten, und so sagte der Mann, der im vertrautesten Umgang mit ihr lebte, der Herzog de Choiseul, wohl zu Recht gegenüber ihrer Kammerfrau: »Ich fürchte, meine Liebe, daß sie sich von der Melancholie übermannen lassen und vor Kummer sterben wird.«

Vor Kummer sterben – sie, die Marquise de Pompadour! Doch es kam fast so. Nach dem Besuch bei einer Kartenlegerin entfuhr es Madame Pompadour: »Die Hexe hat gesagt, daß ich Zeit haben würde, in mich zu gehen. Ich glaube es wohl, denn ich werde nun vor Kummer sterben.«

Das Vermächtnis

❦

Jeanne-Antoinette Poisson, später Madame d'Étioles und Marquise de Pompadour, »in der Sünde empfangen«, hatte seit ihrer ersten Jugend Blut gespien. Auf Milchkuren, die ihr zunächst halfen, mußte sie später, mit Rücksicht auf die Gewohnheiten des Königs, verzichten und das ganze Jahr hindurch »laufen und trinken und essen«. Sie führte fortan ein »Leben immer an der Luft und auf offener Straße«, so drückte sie es einmal aus – ein Leben, das ihren kränklichen, der Ruhe und Schonung bedürftigen Körper ermüdete und überanstrengte, nicht zuletzt durch die unausgesetzte fieberhafte Anspannung, unter der sie Tag für Tag und Jahr für Jahr stand. Unbarmherzig gegen sich selbst, nahm sie all die Erkältungen, Fieberschübe und Schröpfkuren hin, all die ungezählten Tage, die sie im Bett hatte zubringen müssen. Zudem war ihre elende Gesundheit durch eine Reihe von Fehlgeburten geschwächt worden.[1]

Schon 1748 registrierte d'Argenson, als er eines Tages bei der Messe in der Kapelle von Versailles die Favoritin im Nachtgewand antraf, ihre ausgezehrten Wangen und die ungesunde Gesichtsfarbe. Ein Jahr später wunderte sich der ganze Hof über ihre abgemagerte Gestalt – sie hatte plötzlich keinen Busen mehr – und ihre ausgetrocknete, gelb verfärbte Haut. Eine recht indiskrete Skizze des Malers La Tour, die nach der Natur angefertigt wurde, verrät den trostlosen Gesundheitszustand der Marquise und hat nichts von der offiziellen Hübschheit des großen Porträts im Louvre, das sie mit rosigem Papiermachéteint zeigt. Und doch setzte ihre Schönheit unbekannte Kräfte frei, die sie attraktiv erhielten trotz welkender Reize.

1756, als sie zur Ehrendame der Königin ernannt worden war, litt sie unter derart starkem Herzklopfen, daß es ihr manchmal unmöglich war, Maria Leszczynska zu begleiten. Im November 1757 ging es der Marquise so schlecht, daß sie ihr Testament aufsetzte. Vergebens schminkte sie mit Weiß und hellem Rot ihr bleiernes Gesicht, vergebens suchte sie unter prächtigen Toiletten mit verzweifelter Koketterie ihre Magerkeit zu verbergen. Sie gab sich alle erdenkliche Mühe, ihren Verfall geheimzuhalten, aber jedermann sah sie so, wie sie war: verbraucht, verloren, sterbend. Auf einer Reise nach Choisy versagten ihre Kräfte endgültig, kündigte der Körper dem Willen endgültig den Dienst auf – von nun an mußte sie das Bett hüten.

Doch nicht nur Krankheiten waren es, die Madame Pompadour zeitlebens quälten, denn ständig machten ihr auch Geldverlegenheiten zu schaffen.[2] Ihre Bauwut hatte ebenso wie ihre Sammelleidenschaft dazu geführt, daß sie weit über ihre Verhältnisse lebte. Da ihre Einkünfte nicht ausreichten, mußte sie stets auf Möglichkeiten sinnen, Geld zu beschaffen, doch keine noch so mißliche Situation vermochte sie zu einer Änderung ihres Lebensstils zu bewegen. Hatte der König seiner Mätresse in den Zeiten der ersten Leidenschaft vierundzwanzigtausend Livres monatlich zur Verfügung gestellt, so regulierte sich diese Pension in dem Maße, wie die Liaison zur Gewohnheit wurde, und betrug am Ende nicht mehr als viertausend Livres. Nicht anders verhielt es sich mit den Neujahrsgeschenken des Königs, die sich 1747 auf fünfzigtausend Livres beliefen, bald um mehr als die Hälfte im Wert sanken und seit 1750 ganz eingestellt wurden. Wie sollte da eine so verschwenderische Frau wie die Marquise zurechtkommen, vor allem in den Kriegsjahren? Sie schaffte es, indem sie ihr Glück im Spiel versuchte – 1752 gewann sie fast achtunddreißigtausend Livres, 1753 zwanzigtausend Livres – oder, wenn die Gewinne ausblieben, Wertsachen wie Schmuck oder Tabakdosen verkaufte. Dieses fehlende Gleichgewicht zwischen den Einnahmen und den Ausgaben, wodurch Schulden auf Schulden gehäuft wurden, führte dazu, daß sie bei ihrem Tod nicht mehr Geld hinterließ als siebenunddreißig Louisdors in ihrem Schreibtisch.

Innerhalb weniger Tage nahm der Husten der Kranken zu; sie litt unter Erstickungsanfällen, und die Ärzte verbargen ihre Besorgnis nicht. Der König besuchte die Kranke fast täglich, und wenn er in Versailles festgehalten wurde, ließ er sich durch Kuriere über die Situation in Choisy auf dem laufenden halten. Nach drei Wochen, als es bereits keine Hoffnung mehr zu geben schien, trat eine plötzliche Besserung ein. Das Fieber sank, der Husten hörte fast ganz auf, und eines Morgens machten die Freunde der Marquise die freudige Mitteilung, sie habe fünf Stunden in einem Sessel schlafen können und befände sich so wohl, daß sie versuchen wolle, abends in ihrem Bett zu schlafen.

Nachdem das Fieber zwischenzeitlich mehrere Male zurückgekehrt war, konnte die Marquise schließlich aufstehen und im Wagen in der Umgebung Choisys spazierenfahren. Es war wie eine Auferstehung, und mit Einwilligung der Ärzte wurde der Tag für die Rückkehr nach Versailles festgesetzt. Cochin erhielt den Auftrag, auf die Genesung der Marquise ein Blatt zu zeichnen, für das Favart bereits einen Vers geschmiedet hatte.[3] Doch Stich und Zeichnung sollten zu spät ankommen. Die Marquise, die nach Versailles transportiert worden war, lag im Sterben. Der König hatte sie in sein Palais bringen lassen, obwohl nach der Etikette nur Prinzen dort den Tod erwarten durften.

Die Marquise de Pompadour verleugnete auch in den letzten Momenten ihres Lebens nichts von ihrem Charakter. In Erwartung des Todes blieb sie die, die sie gewesen war. Mit einem Hauch Rouge auf den Wangen agierte sie bei ihrem letzten Auftritt so professionell wie zu Lebzeiten in einem Theaterstück, und man könnte sogar behaupten, daß sie in ihrer Todesstunde ihre Abschiedsvorstellung gab. Mit Einwilligung des Königs ließ sie einen Pfarrer rufen, den sie durch ihre philosophische Gelassenheit und ihren würdigen Abgang in Erstaunen versetzte. Noch einmal ging sie das 1757 aufgesetzte Testament durch:

»Im Namen des Vaters und des Sohnes und des Heiligen Geistes.

Ich, Jeanne-Antoinette Poisson, Marquise de Pompadour, an Gütern getrennte Gattin des Charles-Guillaume Le Normant, habe mein gegenwärtiges Testament und die Bestellung meines letzten Willens gemacht und geschrieben, von dem ich will, daß er in seinem vollen Umfang ausgeführt werde:

Ich befehle meine Seele Gott, indem ich ihn anflehe, Mitleid mit mir zu haben, mir meine Sünden zu verzeihen und mir die Gunst zu bewilligen, dafür Buße zu tun und in einer Verfassung zu sterben, die seiner Barmherzigkeit würdig ist, indem ich hoffe, seiner Gerechtigkeit durch die Verdienste des kostbaren Blutes Jesu Christi, meines Heilandes, und durch die mächtige Beihilfe der heiligen Jungfrau und aller Heiligen des Paradieses teilhaftig zu werden.

Ich wünsche, daß mein Körper nach Paris ohne Feierlichkeit zu den Kapuzinerinnen an der Place Vendôme gebracht und in der Gruft der Kapelle beigesetzt werde, die mir gewährt worden ist.

Ich hinterlasse Monsieur Collin aus Dankbarkeit für seine Anhänglichkeit an meine Person eine Pension von sechstausend Livres, Monsieur Quesnay viertausend, Monsieur Nesmes dreitausend, Monsieur Lefèvre, meinem Zureiter, eintausendzweihundert Livres. Meinen drei Damen, Mademoiselle Jeanneton, meinen drei Kammerdienern, Köchen, Offizieren, dem Haushofmeister, Kellermeister, Portier, jedem zehn Prozent des Fonds von fünfhundert Livres. Um meine Absichten deutlicher zu machen, werde ich ein Beispiel anführen: Madame Labarry ist seit zwölf Jahren in meinem Dienst; wenn ich in diesem Augenblick stürbe, würde man ihr sechshundert Livres Lebensrente auszahlen, das macht zwölf mal fünfzig, zu zehn Prozent, von fünfhundert Livres Fonds, und mit jedem Dienstjahr erhöht sich dies um fünfzig Livres.

Ich hinterlasse meinen Lakaien, Kutschern, Türhütern, Trägern, Portiers, Gärtnern, Garderobefrauen und Hofmägden den Fond von dreihundert Livres, deren Zinsen man ihnen bezahlen wird, indem man dieselbe Methode befolgt, die ich eben in dem vorausgehenden Artikel erklärt habe.

Ich lasse meinen übrigen Dienstboten, die nicht in den beiden erwähnten Artikeln einbegriffen sind, hundertfünfzig Livres in Fonds, aus denen man ihnen die Pension auf dieselbe Art, wie sie hier oben erklärt ist, auszahlen wird. Überdies ordne ich an, daß alle Pensionen und Gründungen, die zu meinen Lebzeiten gemacht wurden, voll ausgeführt werden sollen; außerdem gebe ich meinen Kammerfrauen alles, was meine Garderobe an Kleidern, Wäsche und Kleidungsstücken enthält, die Spitzen inbegriffen.

Außerdem gebe ich meiner dritten Kammerfrau eine Gratifikation von dreitausend Livres, worin die Lebensrente nicht inbegriffen ist, dann der Garderobefrau, die mich täglich bedient, zwölfhundert Livres Gratifikation, ihre Lebensrente nicht inbegriffen. Außerdem meinen drei Kammerdienern dreitausend Livres Gratifikation.

Ich flehe den König an, das Geschenk anzunehmen, das ich ihm mit meinem Haus in Paris mache, das geeignet ist, als Palast für eines seiner Enkelkinder zu dienen. Ich wünsche, daß es für Monseigneur, den Grafen von Provence, sei.

Ich flehe auch Seine Majestät an, das Geschenk anzunehmen, das ich ihm mit all meinen Steinen mache, die von Guay geschnitten sind, seien es Armbänder, Ringe, Siegel usw., um sein Kabinett feiner geschnittener Steine zu vermehren.

Was den Rest meiner Immobilien und Güter anbetrifft, von welcher Natur sie seien und an welchem Ort sie liegen mögen, so gebe und verleihe ich sie Abel-François Poisson, dem Marquis von Marigny, meinem Bruder, den ich zu meinem Universalerben mache und einsetze. Im Todesfall setze ich an seine Stelle Monsieur Poisson de Malvoisin, Quartiermeister beim Heer, augenblicklich Brigadechef der Carabiniers, und seine Kinder.

Ich ernenne zum Exekutor meines gegenwärtigen Testamentes den Prinzen de Soubise, dem ich die Macht verleihe, alles ins Werk zu setzen und zu tun, was für die vollkommene Ausführung desselben notwendig sein wird und im besonderen solche Fonds, Renten und Effekten meiner Nachfolge anzugeben, die er geeignet halten wird, um für die genaue Auszahlung aller Lebenspensionen, die ich vermacht habe, aufzukommen; und wenn es keine passenden gibt, gebe ich ihm Vollmacht, von dem baren Geld zu entnehmen, dessen Zinsen dazu dienen sollen, besagte lebenslängliche Pensionen zu bezahlen wie auch dazu, solche Pensionen zu benennen und zu entlohnen, um die zu besagtem Zweck bestimmten Zinsen zu erheben und um Ausbezahlung besagter Lebenspensionen an jeden der genannten Erben zu veranlassen, die mittels der besagten Delegation und Bestimmung keinen Anspruch erheben werden können, noch irgendwelche Privilegien oder Hypotheken auf alle anderen Güter meiner Erbschaft erhalten.

Wie beschwerlich auch für Monsieur de Soubise dieser Auftrag sein mag, den ich ihm erteile, soll er ihn doch als sicheren Beweis des Vertrauens ansehen, das mir seine Redlichkeit und seine Tugenden eingeflößt haben. Ich bitte ihn, zwei von meinen Ringen anzunehmen, und zwar ist der eine mein großer Diamant von aquamariner Farbe, der andere eine Gravur von Guay, die Freundschaft darstellend; ich schmeichle mir damit, daß er sich nie davon trennen wird und daß sie ihm diejenige Person der Welt ins Gedächtnis zurückrufen werden, die für ihn die zärtlichste Freundschaft gehabt hat.

Gegeben in Versailles, 15. November 1757.
Jeanne-Antoinette Poisson
Marquise de Pompadour

Madame Pompadour überlas das Kodizill, das sie am 30. März 1761 auf die Rückseite dieses Testaments geschrieben hatte:

»Ich vermache Abel-François Poisson, meinem Bruder, Marquis de Marigny, mein Marquisatsgut Ménars mit Pairswürde nebst seinen Dependancen, so wie er es am Tag meines Ablebens finden wird, und danach seinen Kindern und männlichen Kindeskindern, und zwar immer dem Ältesten. Wenn er nur Töchter hat, so soll die Substitution nicht stattfinden, und das Besitztum soll unter ihnen geteilt werden.

Im Fall, daß mein Bruder ohne Nachkommenschaft stirbt, setzte ich an seine Stelle und zu denselben Bedingungen Monsieur Poisson de Malvoisin ein, der gegenwärtig Brigadechef der Carabiniers ist.«

Und sie diktierte Collin, ihrem Hausprokurator, folgendes zweite Kodizill:

»Es ist mein Wille, als Zeichen der Freundschaft, um sie meiner gedenken zu lassen, folgenden Personen zu geben:

Madame du Roure das Bild meiner Tochter in einem Kästchen, das mit Diamanten besetzt ist. Obwohl meine Tochter nicht die Ehre hat, ihr anzugehören, wird es sie doch der Freundschaft, die ich für Madame du Roure empfand, eingedenk machen.

Der Marschallin de Mirepoix meine neue, diamantenbesetzte Uhr.

Madame de Châteaurenaud ein Kästchen mit dem Porträt des Königs, mit Diamanten besetzt, das man mir dieser Tage liefern sollte.

Der Herzogin de Choiseul eine silberne, mit Diamanten besetzte Schachtel.

Der Herzogin de Gramont eine Schachtel mit einem diamantenen Schmetterling.

Dem Herzog de Gontaut einen Trauring von rosa und weißer Farbe aus Diamanten, mit einem grünen Knoten verschnürt, sowie eine Schachtel aus Karneol, die er immer sehr geliebt hat.[4]

Dem Herzog de Choiseul einen Diamanten von aquamariner Farbe (meergrüner Beryll) und eine schwarze Schachtel, mit Ecken und Fächern durchstochen.

Dem Marschall de Soubise einen Ring von Guay, der die Freundschaft darstellt; es ist sein Porträt und das meinige seit den zwanzig Jahren, die ich ihn kenne.

Madame d'Amblimont meinen Schmuck aus Smaragden.[5]

Wenn ich irgend jemanden von meinen Leuten in meinem Testament vergessen haben sollte, so bitte ich meinen Bruder, dafür Sorge zu tragen, und ich bestätige mein Testament; ich hoffe, daß er das Kodizill gut finden wird, das mir die Freundschaft diktiert und das ich durch Monsieur Collin habe schreiben lassen, da ich nur noch die Kraft hatte, es zu unterschreiben.

Die Marquise de Pompadour
Versailles, 15. April 1764

Ein Vermächtnis, das nicht im Testament erwähnt wurde, betraf ihre Tiere. Diese hatte sie dem Grafen Buffon, einem ihrer Protégés, anvertraut, der Naturforscher und tierlieb war. Er hielt sein Versprechen und kümmerte sich um Papagei, Hund und Wickelschwanzaffen der Madame Pompadour.

Bis zu ihrem letzten Atemzug füllte die Marquise ihre Rolle als einflußreiche Favoritin aus; bis zu ihrem letzten Seufzer gab sie Audienzen, und ihre halb erkalteten Hände hielten noch krampfhaft an der Macht fest. Noch einige Stunden vor ihrem Tod unterhielt sie sich mit Janelle, der ihr geheime Mitteilungen über die Post gebracht hatte. Dann, als sie fühlte, daß ihr Ende nahte, sagte sie lächelnd: »Einen Augenblick, Herr Pfarrer, wir werden zusammen fortgehen.«

Sie starb am 15. April 1764, dem Palmsonntag, in den »Petits Appartements« gegen sieben Uhr abends nach etwa zweimonatiger Krankheit im Alter von dreiundvierzig Jahren.

Man hat dem König nachgesagt, er habe anläßlich des Leichenzugs nur ein kühles, herzloses Wort gefunden,[6] mehr soll er nicht gesagt haben über diese Frau, von der er eines Tages behauptete, daß er sie niemals geliebt und nur darum behalten hätte, um sie nicht zu töten. Und kaum war Madame Pompadour begraben, diese Frau, die den Hof belebte, schrieb die Königin Maria Leszczynska an Hénault: »Im übrigen fragt man jetzt ebensowenig nach ihr, die nicht mehr ist, als ob sie niemals existiert hätte. So ist die Welt; es lohnt sich wahrhaft nicht, sie zu lieben.«

Mäzenin der Künste

ᘓᗧᘒ

Will die Nachwelt es dem Tode gleichtun und Madame Pompadour all ihrer faszinierenden Äußerlichkeiten entkleiden, schaut man hinter den Purpur, mit dem Könige ihre Mätressen umhüllen, nimmt man ihr die Aureole, die sie nicht zuletzt wegen ihrer Skandale umgab, hebt man alle Schleier und dringt bis zum Kern ihrer Person vor, so wird diese Frau als Sinnbild moralischer Unerbittlichkeit dastehen.[1] Eine absolute Härte gegen sich selbst, eine überlegene Beherrschtheit aller Regungen, Sinne und Instinkte, das Talent zu Lüge und Komödie, ein vollkommener Egoismus, der den des Königs ergänzte, das Kalkül eines Politikers, dem alles Mittel zum Zweck war, kennzeichneten die Marquise. Ein unbedingter Wille auf ein angestrebtes Ziel, ein philosophischer Geist, ironisch und skeptisch, kaltblütig und ohne zärtliche Regungen oder religiöse Gefühle, ein Herz ohne Gnade, ohne Verzeihung, unerbittlich im Groll und in der Rache, taub gegenüber den Bitten und Klagen jener, die in Ungnade gefallen waren oder in der Bastille litten, deren Anstaltsleiter sie selbst ernannte – so war die Favoritin im Innern beschaffen.

Nicht anders als die Mätresse Ludwigs XIV., die Maintenon, ging es ihr um Herrschaft – Herrschaft über den König, Herrschaft über die Regierungsgeschäfte. Was sie als Frau zur Schau trug, war bereits in dem jungen Mädchen angelegt gewesen. Von der Mutter geprägt und verdorben, hatte sie sich selbst dazu bestimmt, eine Mätresse des Königs zu werden. Der Ehrgeiz regelte ihre Leidenschaften, die Vernunft ihr Gewissen.

Als Tochter der Bourgeoisie gestaltete die Pompadour ihre Herrschaft und ihren Traum nach dem Vorbild und dem Maßstab ihres Standes, denn stets drangen Elend und Kleinlichkeiten der Lebensordnung durch, aus der sie stammte. Es war zumeist eine Zänkerinnen- und eine »Rühr-an-alles«-Direktion, bei der sie sich auch auf niederes Gezänk einließ – was allerdings nicht allein aus dem Geist des Bürgertums geschah, sondern mehr mit ihrer speziellen familiären Herkunft zu tun hatte. Die Monarchie war in ihren Händen nichts als eine Pfründenliste, und man mußte sie sehen, wie sie ihre Gunst aufdrängte und alles an sich riß: Geld, Ehren, Pensionen, Stellungen, Besoldungen, Ordensbänder, Gunstbezeigungen, Anwartschaften. Sie war die erste königliche Mätresse, die das Ansehen ihrer Position durch ihre Gier und die Unersättlichkeit der Gelderpressung entehrte.

Betrachten wir jedoch im Louvre das Porträt, das La Tour gemalt hat,[2] so tritt uns eine ganz andere Frau entgegen. In weißen bestickten Atlas gehüllt, in einer silbernen Robe mit großen Spitzenmanschetten, die sich am Ellenbogen öffnen, mit einem Oberkleid, das Bänder von blassem Violett schmücken, sitzt die Marquise ungezwungen in einem Sessel, läßt leger ein wenig ihr Kleid zurückfallen und ein Stück Spitzenunterrock sehen, unter dem ihre Füße in rosa Pantoffeln mit hohem Absatz hervorschauen. In der Hand hält sie das Blatt eines Notenhefts, ihren Arm stützt sie auf einer Konsole auf. Ihr Haar ist leicht gepudert, ihr Blick scheint zerstreut auf einen schönen Traum gerichtet, während die Andeutung eines Lächelns ihr Gesicht erhellt. Auf der Konsole neben ihr liegen, wie zum Gebrauch, Bücher, die ihr geistiges Umfeld bezeugen, wie der dritte Band des *Esprit des lois* und der vierte Band der *Enzyklopädie*. Neben dem Globus liegt ein weiteres Buch, auf dessen Rücken die Bezeichnung *Geschnittene Steine* zu lesen ist, und auf einer Radierung sind die Worte zu erkennen: »Pompadour sculpsit« und »Darstellung des Steinschneidens und der verschiedenen Instrumente, die dazu nötig sind«. Auf dem Boden sieht man eine Mappe, mit blauen Schleifen verknotet und mit drei Türmen als Wappenzeichen – in einer solchen Mappe bewahrte die Marquise ihre eigenen Werke auf. Anbetungswürdig, in geistvoller Schönheit und sicherem Geschmack ersteht auf diesem Gemälde die Marquise vor dem Auge des Betrachters – unsterblich nicht zuletzt durch das, was sie auf dem Bild demonstrativ umgibt: die Kunst.

Madame Pompadour hat die Kunst wirklich geliebt; sie hat sie protegiert und praktiziert. Ihre Kupferstiche, so wenig sie auch wert, so ungeschickt sie auch sein mögen, bezeugen doch ihren Eifer. Liebhaberei – das ist es, was sie in die Kunst ihrer Zeit einbrachte. Sie beschäftigte sich nicht nur mit diesen Dingen, weil es der Konvention entsprach, sondern sie hatte ein echtes Interesse daran und verfügte zudem über einen sicheren Geschmack. Sie inspirierte die Kunst und widmete ihr all ihre Mußestunden, einen Teil ihres Lebens, ihr ganzes Herz. Sie war ihr Luxus und ihr Ruin zugleich. Sie unterstützte Maler, Bildhauer, Stecher und Architekten, die sich durch ihren Beifall geehrt fühlten.

Sie protegierte die Kunst und die Künstler des 18. Jahrhunderts. Sie begleitete dieses kleine Volk der großen Namen bei seinen Mühen, bei seinen Arbeiten. Sie brachte sich selbst durch die Lebhaftigkeit ihres Gefühls ein, sie lobte oder kritisierte, sie regte die Phantasie an und wies neue Wege. Ihren Lieblingsmaler und Ratgeber François Boucher holte sie aus den Höhen des Olymps und aus der Welt der Fabel und verlangte ihm Zeichnungen des Alltagslebens ab: Familienszenen, eine Gärtnerin, eine Milchhändlerin, die sie für die Ausstattung ihres Schlosses in Crécy haben wollte. Mit bemerkenswerter Inspiration – ein Verdienst, das man vergessen hat, ihr zuzuschreiben – diktierte sie Van Loo die *Conversation espagnole*. Sie wollte die französische Kunst aus der Dienstbarkeit und der Monotonie überlieferter Gegenstände herausreißen, von all den Alexandern, Cäsaren und Scipionen, von all den griechischen und römischen Helden befreien. Sie forderte die Künstler zu einer Darstellung des zeitgenössischen Lebens auf, sie drängte sie trotz ihres Widerstands, ihrer Vorurteile dazu, die eigene Zeit zum Gegenstand und zum Königreich ihres Genies zu machen.

Nicht nur die Kunst ist es, die das Andenken der Marquise bewahrt hat. Um die Zeit zu besiegen, standen nicht nur Leinwand, Marmor, gestochener Kupfer für sie zur Verfügung, sondern auch das Kunsthandwerk, und in der Tat scheint es, als ob Anmut und Geschmack in allen Dingen ihrer Zeit in ihrer Person kulminierten. So gesehen erscheint das ganze Jahrhundert als eine einzige Reliquie der Favoritin. Ihre Persönlichkeit lebt in all diesen Zeugnissen der Vergangenheit fort, deren Mannigfaltigkeit die Universalität ihrer Interessen widerspiegelt. Auch die Mode, dieses große Herrschaftsgebiet der Mätressen, wurde durch sie inspiriert. Sie erfand das kokette »Déshabillé« und den Degenknoten, den sie dem Marschall von Sachsen wieder richtete, sie gab vielen Kunsterzeugnissen ihrer Zeit, diesem Zubehör einer erlesen-raffinierten Zivilisation, einen Namen: Sie taufte die Karosse, den Kamin, den Spiegel, das Sofa, das Bett, den Stuhl, den Kasten, den Fächer – Meisterwerke oder Nippes bis hin zum Etui, zum Zahnstocher berührte sie mit ihrem Namen wie mit magischem Strahl. Von der Tapisserie bis zur Chinoiserie, von der Sèvres-Tasse bis zum Olla-Potrida-Topf, vom Wandgetäfel bis zum böhmischen Lüster, von der Wanduhr bis zum Trumeauspiegel, vom Großen bis zum unendlich Kleinen – alles Gute und Hübsche, alles Reizvolle des Jahrhunderts wurde von ihr, dieser Patronin des Luxus, gefördert.

Das war das große Verdienst der Madame Pompadour: Sie war die Königin des Rokoko. Als solche konnte sie sich in einem anmutigen Triumphzug, von allen Grazien ihrer Zeit umringt, auf die Nachwelt zubewegen. Die Geschichte sollte zwar mit wachsendem Abstand einen Schleier über die ehrgeizige Favoritin werfen, sie bisweilen gar vergessen, doch

von der kunstsinnigen Mätresse Ludwigs XV. blieb ein strah-
lender Abglanz, der sie in die Reihe der Musen der Malerei,
der Skulptur, der Architektur, des Kupferstichs, der Musik und
der Poesie erhob.

Nachwort

Als die Brüder Goncourt 1860 ihre Biographie über die Marquise de Pompadour veröffentlichten, war seit dem Tod dieser berühmt-berüchtigten Mätresse fast ein Jahrhundert vergangen. In Frankreich hatten sich politische Umwälzungen ungeahnten Ausmaßes vollzogen, wie sie selbst die größten Skeptiker nicht vorauszudenken gewagt hatten. Das Ancien Régime mit seinem Glauben an ein königliches Gottesgnadentum, mit seiner dekadenten Sinnlichkeit und Lebensgenuß hingegebenen höfischen Gesellschaft hatte – wie seine letzten Repräsentanten Ludwig XVI. und Marie-Antoinette – unter der Guillotine ein unrühmliches Ende gefunden. Auf die Wirren des Revolutionsjahrzehnts war Napoleon Bonaparte gefolgt, der den Franzosen das erste Kaiserreich, aber auch eine Reihe entbehrungsreicher Feldzüge beschert hatte. Als seine Ära zu Ende war, hatte ein Bruder des enthaupteten Königs, der aus dem englischen Exil zurückgekehrte Ludwig XVIII., zehn Jahre lang vergeblich versucht, neu auflebenden Royalismus und revolutionär-freiheitliche Errungenschaften zu versöhnen. Neue Unruhen waren unter seinem reaktionären Bruder und Nachfolger ausgebrochen, bis im Zuge der Julirevolution von 1830 – nach der Abdankung Karls X. – erstmals ein französischer König durch Wahl auf den Thron gelangte: Herzog Louis-Philippe von Orléans aus der bourbonischen Seitenlinie. Doch auch der Bürgerkönig Philippe Égalité blieb Episode: 1848 wurde die Republik ausgerufen, 1850 unternahm Louis Napoleon einen Staatsstreich und proklamierte sich zwei Jahre später zum Kaiser. Er herrschte als Napoleon III., bis er 1870 nach der Niederlage bei Sedan in deutsche Kriegsgefangenschaft geriet.

Den Brüdern Goncourt schien diese Welt, in der sie lebten, wenig attraktiv. Edmond, 1822 geboren, und sein acht Jahre jüngerer Bruder Jules hielten nichts von den Parolen der Revolution, von Demokratie und Gleichheit. Sie glaubten weder an die Segnungen des Fortschritts noch an die des Sozialismus und betrachteten mit Skepsis und Abscheu das Heraufziehen des Industriellen Zeitalters mit seinen sie abstoßenden Begleiterscheinungen. Sie haßten Armut und Elend: »Mein ganzes Ich lehnt sich gegen diese Dinge auf«, notierte Jules 1857 nach dem Besuch eines Elendsquartiers.

Die Brüder, deren Adelsprädikat auf den 1786 durch den Urgroßvater erworbenen Herrensitz Goncourt in den Vogesen zurückging und die sich dank einträglicher Pachtzinsen aus verschiedenen Gütern ein sorgenfreies Leben leisten konnten, zogen es vor, die sie umgebende Realität weitgehend zu negieren und sich statt dessen einer versunkenen Zeit zuzuwenden, deren Lebensgefühl sie sich als Ästheten und Verfechter einer Aristokratie des Geistes verbunden fühlten. In ihren Augen war das vorrevolutionäre 18. Jahrhundert das »französische Jahrhundert par excellence«. Seinen Endzeitcharakter durchaus erkennend, bewunderten sie doch »die Verrücktheit …, die Launen der Eleganz des Lasters, die Noblesse und die Erlesenheit der Ausschweifung«. Sie waren fasziniert davon, daß das pure Ziel dieses Jahrhunderts »das Amüsement, das Vergnügen« gewesen war. Welch andere Zeit konnte, was Raffinement und Geist anging, da mithalten!

Mit einer Sammelwut ohnegleichen trugen sie alles zusammen, was aus diesem Jahrhundert stammte: Zeichnungen, Tapisserien und Porzellan ebenso wie fernöstliche Preziosen; Erstausgaben, Tagebücher und Memoiren, Briefwechsel und Testamente ebenso wie Rechnungen, Speisekarten und Theaterzettel. Als Augenmenschen, denen es um den sinnlichen Eindruck ging, versuchten sie, sich bei jedem Objekt, das sie erwarben, den vormaligen Besitzer und seine Geschichte vorzustellen. Und genau hier liegt der Ausgangspunkt für die umfangreichen Studien der Brüder zur Kunst-, Gesellschafts- und Sittengeschichte des 18. Jahrhunderts, die noch heute bedeutsam sind.

»Mittels der Beobachtung des individuellen und des kollektiven Lebens, mittels der Bewertung der Gewohnheiten, der Leidenschaften, der Ideen, der moralischen ebenso wie der materiellen Moden wollen wir vom Fuß bis zum Gipfel, vom Körper bis zur Seele eine ganze entschwundene Welt wieder auferstehen lassen«, formulierten die Brüder in ihrem Werk über *Die Frau im achtzehnten Jahrhundert*. Sie wollten den Historikern, die in ihren Augen diese bedeutsame Epoche zum »legendären Jahrhundert der komischen Oper« hatten verkommen lassen, korrigierend mit eigenen Studien entgegentreten. Mehr Künstler als Historiker, waren sie jedoch an den Haupt- und Staatsaktionen nur peripher interessiert, was ihnen bereits zu Lebzeiten als Mangel bzw. Versäumnis angekreidet wurde. Doch eine vorrangige Beschäftigung mit der politischen Geschichte entsprach nicht ihrer Intention; worum es ihnen ging, war die Darstellung des »historischen Menschen in seiner intimen Wahrheit«. Nur wenn es gelang, auch scheinbar nebensächliche Details, etwa ein Theaterprogramm oder einen Kaufvertrag, lebendig werden zu lassen, erstand in ihren Augen Geschichte – eine Sichtweise, die für den an einen journalistischen, sich auf das Wesentliche beschränkenden Berichterstattungsstil gewöhnten Leser von heute manchmal gewöhnungsbedürftig ist. Da die Goncourts ihren Präferenzen entsprechend weder an einer chronologischen Abfolge noch an einem klar erkennbaren Faktengerüst interessiert waren, wurden dem vorliegenden Band zur besseren Orientierung einige erläuternde Anmerkungen sowie eine Zeittafel und ein kommentiertes Personenregister angefügt.

Der größte Teil der historischen Studien – aber auch der Romane – ist Frauen gewidmet, was bei den Zeitgenossen, die die beiden Junggesellen als frauenfeindlich einschätzten, Verwunderung hervorgerufen hat. Doch war diese Konzentrierung der Goncourts auf weibliche Protagonisten durchaus folgerichtig, denn im 18. Jahrhundert, das nicht nur eine Epoche dekadenter Lebensart war und den Keim seines Niedergangs bereits in sich trug, sondern zugleich als Blütezeit von Kunst und Kultur, von Wissenschaft, Literatur und Philosophie gesehen werden muß, waren es vor allem Frauen, die in diesem Bereich inspiriert und kritisiert, protegiert und auch regiert haben. Wissensdurstig auf allen Gebieten eigneten sich diese Frauen, die zumeist der Aristokratie angehörten, eine subtile Bildung an und übten durch ihre Salons und abendlichen Zirkel einen immensen Einfluß aus. Sie seien zu einem »neuen Staat im Staate« geworden, heißt es in Montesquieus *Lettres persanes*. In ihrer Hand lag es, über Erfolg oder Nichterfolg eines Künstlers, eines Literaten zu entscheiden. Und in einer Zeit ausgeprägten Mäzenatentums drängten diese sich danach, zum Kreis der Erwählten geladen zu werden, und sie waren sich nicht zu schade, als Gegenleistung devote Verse für ihre Gönnerinnen zu schmieden, wie es selbst Voltaire für Madame Pompadour getan hat. »Die Seele dieser Zeit, der Mittelpunkt dieser Welt, das nach allen Seiten seine Strahlen werfende Licht«, so das pathetische Resümee der Goncourts, »der Gipfel, von dem alles herniederströmt, das Bild, nach dem alles sich formt, ist die Frau.«

Aber die Frauen des Ancien Régime waren nicht nur Musen und Mäzeninnen, sie waren auch – und nicht zuletzt – Mätressen. Als Geliebte von Bankiers und Ministern, von Herzögen und Marschällen konnten sie Einfluß auf die wirtschaftlichen und politischen Belange nehmen. Höhepunkt einer amourösen Karriere war es zweifellos, vom König erwählt zu werden – eine Stellung, die keineswegs als unehrenhaft, sondern als durchaus erstrebenswert galt und in aristokratischen Kreisen als Privileg der Töchter und Damen von Adel verteidigt wurde. Daß auch die Brüder Goncourt den königlichen Favoritinnen beträchtliche Bedeutung beimaßen, belegt nicht nur die Tatsache, daß sie ein Buch über sie geschrieben haben, sondern im Vorwort zu dieser *Geschichte der Mätressen Ludwigs XV.* beanspruchten, damit »eine Geschichte Ludwigs XV. zu schreiben«.

Den beiden wichtigsten Vertreterinnen an der Seite dieses entscheidungsschwachen, immer gelangweilten und leicht lenkbaren Monarchen widmeten sie darüber hinaus gesonderte Studien: Neben der letzten Mätresse, der Madame du Barry, beschäftigten sie sich eingehend mit jener Frau, die am längsten Geliebte und Vertraute, Freundin und Beraterin des Königs gewesen ist – Jeanne-Antoinette Poisson, die spätere Marquise de Pompadour. Sie war – ein Skandal beinahe – die erste Bürgerliche, die den Aufstieg zur offiziellen Mätresse schaffte, sich eine Stellung bei Hof und in der Politik erkämpfte und der schließlich sogar die Königin ihre Reverenz bezeugen mußte, indem sie ihrer Ernennung zur Ehrendame zustimmte. Trotzdem stand die Marquise zeitlebens zwischen den Fronten: Sie war der Hofgesellschaft, die ihr die bürgerliche Herkunft vorwarf und ihren Ehrgeiz fürchtete, ebenso suspekt wie dem Volk, das sie wegen ihrer Verschwendungssucht haßte und sie Verräterin an den Interessen des Dritten Standes schimpfte.

Getreu ihrem Geschichtsverständnis, das Augenmerk auf den menschlichen Mikrokosmos zu richten, Innenleben und Sitten mikroskopisch genau darzustellen, werteten die Brüder Goncourt die Flut schriftlicher Hinterlassenschaften von Zeitzeugen aus – darunter die des Abbés Bernis, des Herzogs de Luynes, des Marquis d'Argenson und, am aufschlußreichsten hinsichtlich der privaten Details, der Madame du Hausset, Kammerfrau der Pompadour. Aus der Vielzahl einzelner Beobachtungen und Bewertungen entstand, zusammengesetzt wie ein Puzzle, das facettenreiche, manchmal widersprüchliche Porträt einer Frau und gleichzeitig einer Epoche, wobei die Brüder Goncourt darauf verzichtet haben, sich auf eine einzige Meinung, eine bestimmte Sichtweise festzulegen. Mal schelten sie die Pompadour, mal verteidigen sie sie; mal ist sie ein Segen, mal ein Verhängnis für den König und das ganze Land. Mal erscheint sie als bedauernswerte Kreatur und mißverstandene Frau, mal als machtbesessene Despotin und kaltherzige Egoistin. Unbestritten allein sind ihre Verdienste als Förderin der Künste und Wissenschaften, wobei ihr auch hier vorgeworfen worden ist, sie habe sich mit den von ihr Protegierten eine publizistische Machtbasis schaffen wollen. So schwankt das Bild der Pompadour zwischen Gut und Böse, zwischen kunstsinniger Mäzenin und ehrgeizig-ruhmsüchtiger Mätresse, und es bleibt dem Leser die Entscheidung überlassen, welches Gesicht der Marquise ihm am wesentlichsten erscheint und welcher Deutung er sich anschließen mag. Aber man kann es auch mit den Brüdern Goncourt halten und eine Person, eine Epoche in der Vielfalt ihrer Erscheinungsformen verstehen und akzeptieren. Denn die Wahrheit – auch die historische – ist nur selten einlinig und schon gar nicht einfach auszuloten.

Ulrike Nikel

Anmerkungen

»Ein Bissen für den König«

1 Das System des Absolutismus, das unter Ludwig XIV. seinen Höhe- und Glanzpunkt erreichte, hat seine Wurzeln im späten Mittelalter, denn seit dieser Zeit war es Ziel der französischen Könige, einen monarchischen Staatsapparat aufzubauen, indem sie das reiche Bürgertum für ihre Zwecke einspannten, ohne den Adel seiner Privilegien zu berauben. Auf diese Weise bildete sich mit der Zeit neben dem Schwertadel (noblesse d'épée) eine mächtige Schicht geadelter Bürgerlicher heraus (noblesse de robe).

Neben diesem Amtsadel, dessen Stellen erblich waren, verliehen wurden oder gekauft werden konnten und dessen Mitglieder vor allem in den französischen Parlamenten saßen, wurde als weitere tragende Säule des absolutistischen Staates die Institution des Intendanten geschaffen. Unmittelbar vom königlichen Rat ernannt und allein dem Monarchen unterstellt, überwachten in den Provinzen etwa dreißig Intendanten die Arbeit von Behörden und Gerichten, nahmen Polizei- und Justizaufgaben wahr. Als finanzielle Stütze des Staates fungierten die Generalpächter, die vom König das Recht auf die Erhebung von Zöllen, Monopolen und diversen Steuern, insbesondere auf Salz und Getränke, gegen Zahlung einer Pachtsumme käuflich erwarben.

Solche Protektion neuer staatstragender Schichten machte die Verwaltung unabhängig vom Adel und erlaubte es, dessen politischen Einfluß drastisch einzuschränken. Nach mehreren Adelsaufständen gegen das absolutistische Königtum (Fronde) setzte Ludwig XIV. alles daran, den Geburtsadel, vor allem die Prinzen von Geblüt wie die Orléans, Condé und Conti, endgültig zu entmachten, indem er sie nach Versailles holte und damit unausgesetzter Kontrolle unterwarf. Etwa zweitausend Personen waren es, denen nun als Ersatz für politische Macht erlesener Genuß und nie endendes Amüsement geboten wurden. Abhängig von königlichen Zuwendungen, galt eine Verbannung auf die Güter in der Provinz als unerträglich bitteres Schicksal, wie Saint-Simon es ausgedrückt hat. Zwar waren Angehörige des Hofadels im Conseil d'Etat vertreten, aber wirkliche Machtbefugnisse hatte diese Einrichtung ebensowenig wie die anderen Ratsgremien oder die einzelnen Minister bzw. Staatssekretäre. Nur wem es gelang, Ohr und Vertrauen des Königs zu gewinnen, konnte Einfluß auf Politik und Staatsgeschäfte nehmen.

Eine besondere Rolle für Funktionsfähigkeit oder Lähmung des Staatsapparats kam zunehmend dem Parlament von Paris zu. Seit dem 14. Jahrhundert gab es in den größeren französischen Städten Parlamente, die in ihrer jeweiligen Region die richterliche Gewalt ausübten. Den größten Zuständigkeitsbereich und darüber hinaus die herausragendste politische Machtposition hatte das Parlament von Paris. Hatten sich die Parlamentsräte, die dem Amtsadel angehörten, zunächst als Garanten des monarchischen Prinzips und damit als Wahrer königlicher Autorität verstanden, so geriet diese Position ins Wanken, als nach dem Tod des Sonnenkönigs das absolutistische System wie die gesamte überlieferte Gesellschaftsordnung nicht mehr von allen kritiklos akzeptiert wurden. Jetzt mehrten sich bei den verschiedensten Auseinandersetzungen Stimmen im Parlament, die von einer Interessenvertretung des Volkes gegen königliche Willkür sprachen, wobei es den Räten letztendlich wohl um die Verteidigung ihrer Standesprivilegien ging, wie etwa um das Remonstranzrecht. Dieses vom Monarchen erteilte Recht zum Einspruch gegen ein königliches Gesetz hatte ursprünglich allein dem Zweck gedient, sicherzustellen, daß dieses neue Gesetz einem alten nicht widersprach, doch mißbrauchte das Parlament den Einspruch zunehmend als politisches Werkzeug und weigerte sich, ihm nicht genehme Gesetze einzuregistrieren. Zwar konnte der König die Einregistrierung durch ein »Lit-de-justice«-Verfahren erzwingen, aber die Parlamentsräte setzten den König in der Folge oft dadurch unter Druck, daß sie ihre Arbeit nieder- und damit die Rechtsprechung lahmlegten und gleichzeitig gemeinschaftlich ihren Rücktritt anboten, was der König kaum annehmen konnte, da es einen kostspieligen Rückkauf der Ämter bedeutet hätte. Zwanzig Jahre mit Unterbrechungen zogen sich die Auseinandersetzungen zwischen dem Pariser Parlament und Ludwig XV. hin, ohne daß der König ein wirksames Instrument gefunden hätte, die revoltierenden Parlamentarier zur Räson zu bringen. Meist wurden Kompromisse ausgehandelt, und erst 1771 gelang es Maupeou als Justizminister, das Parlament in die Knie zu zwingen, indem er über einhundert Räte aus Paris verbannte und vereinfachte Verfahrensweisen einführte.

2 Es sei an dieser Stelle die Beschreibung eines Zeitgenossen wiedergegeben, von G. Leroy, dem Oberjagdmeister des Parks von Versailles: »Die Marquise de Pompadour war von einer Größe, die das gewöhnliche Maß überschritt, schlank, ungezwungen, geschmeidig, elegant; ihr Antlitz paßte gut zu ihrer Erscheinung; es war ein vollkommenes Oval. Sie besaß schöne Haare, die mehr hellkastanienbraun als blond waren, ziemlich große Augen, von schönen Wimpern in der Farbe der Haare beschattet. Die Nase war durchaus wohlgebildet, der Mund reizend, die Zähne waren außerordentlich schön und ihr Lächeln bezaubernd. Die schönste Haut, die man sich denken kann, verlieh allen ihren Zügen einen besonderen Glanz. Ihre Augen hatten einen eigenen Reiz, den sie vielleicht der Unbestimmtheit ihrer Farbe verdankten; sie hatten nicht das lebhafte

Funkeln schwarzer, das zarte Schmachten blauer Augen, die Feinheiten, welche grauen Augen eigentümlich sind; ihre unbestimmte Farbe schien sie für alle Arten der Verführung geeignet zu machen und alle Eindrücke einer sehr beweglichen Seele widerzuspiegeln. Auch war das Mienenspiel der Marquise unendlich wechselhaft, doch niemals bemerkte man eine Disharmonie in den Zügen ihres Gesichts. Alle schlossen sich zu einer Einheit zusammen, wodurch sich eine Seele verriet, die sich selbst genügend beherrschen konnte. Ihre Bewegungen stimmten mit dem Übrigen zusammen, und das Gesamtbild ihrer Person schien den Grenzstrich zwischen dem letzten Grad der Eleganz und dem ersten des Adels zu zeichnen.« Stellen·wir diesem Porträt das eines anderen Zeitgenossen gegenüber, der die Schönheit der Marquise allerdings durch die Brille des Hasses sah. Der Marquis d'Argenson schilderte die Favoritin mit folgenden Ausdrücken: »Sie ist blond und weiß, ohne besondere Charakterzüge des Äußeren, aber mit Anmut und Talenten begabt. Sie ist groß von Figur, aber ziemlich schlecht gebaut.«

3 Poisson hatte es für geraten befunden, in die Fremde zu gehen. 1733 traf er in Hamburg einen Oberst Thiauges, den er bat, sich beim Generalkontrolleur zu erkundigen, ob es für ihn ungefährlich sei, nach Frankreich zurückzukehren. Auf die Versicherung hin, daß seine Sache nicht schlecht stünde, kam Poisson nach Paris zurück und verlangte eine neue Untersuchung, die der Kardinal Fleury zunächst ablehnte. Erst durch Intervention einer Bekannten der Familie wurde der Fall wieder aufgerollt, der Urteilsspruch 1741 revidiert. (*Memoiren des Herzogs de Luynes*, Band VII)

4 Mademoiselle Poisson war zwanzig Jahre alt, als sie am Donnerstag, dem 9. März 1741, in der Kirche St. Eustache Charles-Guillaume Le Normant d'Étioles ihre Hand gab. Ihr Gatte war Ehrenritter des Oberlandesgerichts und jüngerer Sohn des Hervé-Guillaume Le Normant, Generalschatzmeister der Münzen, und der Elisabeth de Francini, die in der Rue St. Honoré wohnten. An dieser Stelle soll auch die Geburtsurkunde der Braut Erwähnung finden: »Am 30. Dezember 1721 wurde als Tochter des François Poisson, Stallmeister seiner Königlichen Hoheit, des Herzogs von Orléans, und seiner Gemahlin, der Louise-Madeleine de la Motte, die in der Rue Cléry wohnten, die gestern geborene Jeanne-Antoinette Poisson getauft. Gevatter stand Pâris-Montmartel, Stallmeister und beratender Sekretär des Königs aus dem Hause und von der Krone Frankreichs, Gevatterin Mademoiselle Antoinette-Justine Pâris, Tochter des Antoine Pâris, Stallmeister, Schatzmeister und Generalpächter in der Provinz Dauphiné.« Die Brüder Goncourt erwähnen nicht, daß vielfach nicht François Poisson für den Vater gehalten wurde, sondern Monsieur Le Normant de Tournehem.

5 Monsieur de Bridge, den man den schönen Mann nannte, galt als Geliebter der Madame d'Étioles. Eines Tages sagte Ludwig XV., der ihm eine Falle stellen wollte, um die Wahrheit zu erfahren: »Geben Sie nur zu, daß Sie ihr Geliebter gewesen sind; sie hat es mir selbst gestanden, und ich for-

dere von Ihnen diesen Beweis Ihrer Aufrichtigkeit!« Bridge erwiderte, daß Madame sagen könne, was sie wolle, um ihren Scherz damit zu treiben, daß er aber niemals etwas anderes gewesen sei als ihr Freund.

6 Darini, der päpstliche Nuntius, schrieb am 26. April 1745: »Am Hofe herrscht große Erregung, weil der König, von einer tollen Liebe für Madame d'Étioles erfüllt, allen denen ein böses Gesicht zeigt, die er im Verdacht hat, daß sie seine Leidenschaft mißbilligen.« Und er fügte hinzu: »Dem armen Gatten hat er verbieten lassen, noch irgendwelche Beziehungen zu seiner Frau zu unterhalten.«

7 »Ich erfuhr gestern«, heißt es beim Herzog de Luynes am 28. April, »daß Monsieur d'Étioles, der soeben aus der Provinz heimkehrte und hoffte, seine von ihm sehr geliebte Frau vorzufinden, sehr erstaunt gewesen ist, als Monsieur Le Normant de Tournehem, der Generalpächter, sein Verwandter und Freund, zu ihm kam und ihm sagte, daß er nicht mehr auf seine Frau rechnen solle, denn sie habe einer leidenschaftlichen Neigung nicht mehr widerstehen können, und es gäbe keinen andern Ausweg, als sich mit dem Gedanken der Trennung von ihr vertraut zu machen. Bei dieser Nachricht fiel d'Étioles in Ohnmacht. Da man fürchten mußte, er würde, sobald er sich erholt hatte, sich zu töten versuchen, brachte man alle vorhandenen Waffen aus seinem Bereich. Er sprach davon, daß er hingehen wolle, um seine Frau den Armen des Königs zu entreißen. Endlich aber entschloß er sich, ihr durch Monsieur de Tournehem einen flehenden Brief zu senden, den Madame d'Étioles ohne Rührung las und dem König weitergab, um ihm durch die Bloßstellung eines großen Schmerzes ein Vergnügen zu bereiten. Ludwig XV. konnte sich nicht enthalten, der Dame zu sagen: »Sie haben einen wahrhaft rechtschaffenen Mann, Madame!«

8 Die Familie Nesle zählte zu den ältesten Familien der Picardie, war jedoch wenig vermögend. Louise, die erste Tochter, im gleichen Alter wie Ludwig XV., wurde sechzehnjährig mit dem Grafen de Mailly, einem entfernten Verwandten, verheiratet, der Leutnant bei der Schottischen Garde war. Als Ehrendame Maria Leszczynskas begegnete Louise de Mailly dem König; ihre Liaison begann 1733, wurde aber erst fünf Jahre später öffentlich bekanntgegeben, als sie Wohnräume in der Nähe der königlichen Gemächer erhielt. 1738 stellte Louise dem König ihre zwei Jahre jüngere Schwester Pauline vor, die bald darauf dessen neue Geliebte wurde. Zur Wahrung des Scheins verheiratete man Pauline mit dem Marquis de Vintimille (d. i. Ventimiglia), einem Neffen des Erzbischofs von Paris. Sie starb 1741 bei der Geburt ihres Sohnes, den Ludwig XV. jedoch nicht offiziell anerkannte. Der Graf de Luc, wegen seiner Ähnlichkeit mit dem König »Demi-Louis« genannt, wurde von Louise de Mailly aufgezogen. Ebenfalls 1741 wurde die dritte Nesle-Schwester, Marie-Anne, verwitwete Marquise de La Tournelle, auf Betreiben des Herzogs de Richelieu zur neuen königlichen Mätresse; ihre Schwester Louise mußte Versailles verlassen. Marie-Anne, zur Ehrendame der Königin und zur Herzogin de Châteauroux ernannt,

war nicht nur schöner als ihre älteren Schwestern, sondern auch bei weitem ehrgeiziger und einflußreicher.

9 Vom Geschlecht der Pompadours, deren Ursprung im Limousin zu suchen ist, war zu Anfang des Jahrhunderts als einziger Stammhalter ein Abbé übriggeblieben, der sein Brevier von seinem Lakai lesen ließ und glaubte, daß es damit abgetan sei.

10 »Die Gräfin d'Estrades war durch Heirat mit Madame d'Étioles verwandt. Ich habe diese letztere viel bei der Gräfin, die eine meiner Freundinnen war, gesehen. Ihre Mutter, Madame Poisson, besaß zwar den Weltton nicht, hatte aber Geist, Ehrgeiz und Mut. Sie und ihre Tochter drängten mich oft, sie zu besuchen, doch hatte ich mich dem ständig widersetzt, weil die Gesellschaft, die sie bei sich versammelten, mir nicht zusagte. Diese Weigerung hätte mir als Kränkung angerechnet werden müssen. Eines Tages erhielt ich von Madame d'Estrades ein Billett, in dem sie mich bat, zu ihr zu kommen. Ich ging hin und erfuhr, daß Madame d'Étioles die Mätresse des Königs geworden sei und daß sie, trotz meiner Weigerungen, den Wunsch habe, in meiner Person einen Freund zu besitzen, und daß der König ihre Wahl billige. Ich wurde acht Tage später zum Abendessen bei Madame d'Étioles gebeten, um dort unsere Angelegenheiten zu besprechen. Ich bezeigte ihr den größten Widerwillen, mich zu dieser Vereinbarung herzugeben, an der ich in Wirklichkeit gar keinen Anteil nahm und die meinem Stand wenig angemessen erschien. Man drang in mich, ich erbat Bedenkzeit. Ich fragte die rechtschaffenen Leute um Rat; alle stimmten darin überein, daß, da ich in keiner Weise zur Leidenschaft des Königs beigetragen hatte, ich mich dem Freundschaftsdienste für eine alte Bekannte nicht verweigern dürfe und ebensowenig dem Guten, das meine Ratschläge im Gefolge haben könnten. Ich entschied mich also in diesem Sinne, und wir tauschten die Versicherungen ewiger Freundschaft miteinander aus ...« (Aus den Memoiren des Abbé Bernis)

11 Madame Poisson starb sechsundvierzigjährig am 24. Dezember 1745 – den Mutmaßungen d'Argensons zufolge – an einer Krankheit, die man nicht gut mit Namen nennen könne. Man dichtete auf sie die folgende Grabschrift:
»Ci – gît qui sortant d'un fumier/Pour faire une fortune entière/Vendit son honneur au fermier/Et sa fille au propriétaire.« (Hier ruht, die von einem Misthaufen kam und, um eine glänzende Laufbahn zu nehmen, ihre Ehre dem Pächter verkaufte und ihre Tochter dem Landesherrn.)

Weibliche Diplomatie

1 Den Memoiren des Herzog de Luynes zufolge ist dieser Brief der Madame Pompadour auf den Februar 1746 zu datieren. Er beeinflußte die Königin gegenüber der Favoritin in gewissem Sinne positiv und rührte sie. Dennoch blieb sie unerbittlich in Dingen, die ihre religiösen Gefühle hätten verletzen können. Nachdem Madame Pompadour die Königin um Er-

laubnis gebeten hatte, bei der Abendmahlsfeier eine der Schüsseln zu tragen, ließ Maria Leszczynska ihr sagen, daß für diese Zeremonie Damen in genügender Anzahl vorhanden seien. Trotz dieser Weigerung ließ die Pompadour der Königin ihren Wunsch übermitteln, sich Ostern beim Almosensammeln zu beteiligen, doch beharrte Maria trotz aller angeführten Gründe darauf, es sei nicht wohlanständig, wenn die Favoritin sich an der Sammlung beteilige.

2 Die »Menus Plaisirs« waren eine eigenständige Behörde, deren einziger Zweck darin bestand, mit reichlich zur Verfügung stehenden Geldmitteln für ständige Zerstreuung und Unterhaltung bei Hof zu sorgen. Lebenslust und Müßiggang galten selbst in Krisenzeiten als hohe Tugenden, und so boten die »Menus Plaisirs« jungen talentierten Mitgliedern der Hofgesellschaft ein ideales Betätigungsfeld. Verantwortlicher Leiter dieser Institution war in seiner Eigenschaft als erster Kammerherr der Herzog de Richelieu.

Eros und Bühne

1 Am 24. Februar spielte man *La Préjugé à la Mode* von de La Chausée und *L'Esprit de Contradiction* von Dufresny. Am 27. Februar zeigte sich Madame Pompadour unübertrefflich als Colette in den *Trois Cousines* von Dancourt. Am 22. März sang sie in der Oper *Erigone*. Im nächsten Winter wurden die Schauspiele auf einem etwas abgeänderten und verbesserten Theater fortgeführt, und zwar wurden im Dezember *Le Mariage fait et rompu* und am 30. Dezember *L' Enfant prodigue* von Voltaire gegeben. Am 10. Januar wurde der *Tartuffe* wieder aufgenommen; am 13. Januar folgten die *Dehors Trompeurs* oder *L'Homme du Jour* und *Le Méchant* von Gresset. Der Abend wurde durch die Pantomime *Le Pédant* beendet. Am 26. Februar brachte der Spielplan *Les dehors Trompeurs* von Boissy, am 27. Februar *Ragonde* mit der Pompadour in einer Hosenrolle. Am 28. März gab es *La Vue du Ballet des Sens*, am 30. *La Cléopatre des Fêtes Grecques et Romaines*.

Das Eröffnungsstück auf dem Theater der Gesandtschaftstreppe war *Les Surprises de l' Amour*. Am 10. Dezember wurde *Tancred* gespielt, am 12. *La Mère coquette* von Quinault. Diesem folgte *L'Opérateur chinois*, ein lebhafter und lärmvoller Dorfjahrmarkt. Von Dezember bis Februar gingen eine Reihe mythologischer Schäferspiele, Ballette und Opern, darunter die berühmte *Acis und Galathéa*, in Szene. Im November 1749 wurde das Theater durch das Schäferspiel von Issé wieder eröffnet, dem im Januar 1750 eine zweite Aufführung der *Dehors Trompeurs* folgte. Daran schloß sich eine Reihe von Stücken an, darunter die Tragödie *Alzire* von Voltaire, bis das Theater mit einer Wiederholung des *Méchant* geschlossen wurde, denn einem Beschluß des Königs zufolge fanden von nun an keine Aufführungen von Komödien und Balletten mehr in Versailles statt, weil die Kosten dieser theatralischen Zerstreuung den König entsetzten. (Aus den *Memoiren des Herzogs de Luynes*, Band VIII)

1 Der Adelsbrief wurde mit folgender Begründung eingeleitet: »Da die Kenntnisse, welche Monsieur François Poisson sich durch eine fortwährende und anstrengende Beschäftigung mit allem, was die Verproviantierung der Armeen anbetrifft, errungen hatte, Uns bewogen, seine Dienste im Jahre 1721 und 1722 in Anspruch zu nehmen, um der Provence, die damals von einer ansteckenden Krankheit heimgesucht wurde, und der von derselben Ansteckung bedrohten Nachbarprovinz die notwendige Hilfe zu verschaffen, hatten wir um so mehr Veranlassung, Uns wegen dieser Wahl zu beglückwünschen, als der besagte Monsieur Poisson sich des ihm anvertrauten Auftrages mit Auszeichnung entledigte, ohne sich von den Gefahren, denen sein Leben ausgesetzt war, zurückhalten zu lassen. Nachdem Uns diese Erfahrung versichert hatte, daß in bezug auf die schnellste Ausführung Unserer Befehle im Jahre 1725 er Uns nützlich sein könnte, um die Übel zu verhüten, welche durch die Getreideteuerung im Königreich entstehen konnten, glaubten Wir, die Verproviantierung der Stadt Paris und verschiedener Lager in den Grenzorten in keine besseren Hände legen zu können. In Ausübung dieses Amtes schonte er weder sein Vermögen noch seine Arbeit noch den Kredit, den er erhalten konnte; aber obschon seine Talente, seine Wachsamkeit und sein Eifer Anerkennung fanden und Erfolg hatten, so wurden seine Verdienste dennoch so wenig belohnt, daß man ihm sogar die Rückerstattung seiner Auslagen und der Anleihen, die er hatte machen müssen, schuldig blieb, so daß er sich mehr als zwanzig Jahre lang den hartnäckigsten Verfolgungen ausgesetzt sah, die ihn zwangen, sein Geschäft und seine Familie zu verlassen und acht Jahre in einer Zurückgezogenheit zu leben, die er nirgend anders als im Ausland finden konnte. Da endlich das Betragen des besagten Monsieur Poisson, welches von den gerechtesten und erlauchtesten Beauftragten untersucht worden ist, sowie das von ihnen abgegebene Urteil die ganze Genauigkeit und Treue seines Dienstes zur Feststellung brachten, da die von ihm gemachten Anleihen für richtig befunden, seine Vorschüsse festgestellt und liquidiert worden sind und er sein Ansehen und seine Freiheit wiedererlangt hat, das aber, was er an seinem Vermögen und noch mehr an seiner Reputation eingebüßt hatte, nur durch die Ehrenerklärung wiedergutgemacht werden konnte, welche Wir denjenigen unter Unseren Untertanen schulden, die im Dienste Unseres Staatslebens mit so viel Uneigennützigkeit und Eifer tätig sind, wie es Monsieur Poisson war, so glauben Wir ihm diese Genugtuung schuldig zu sein, die er nach eigener Aussage höher schätzt als alles, was er an Entschädigung und Belohnung zu beanspruchen hatte. Aus diesem Grunde wollen Wir ihn mit einem Titel ehren, den er seinen Nachkommen vererben kann, auf daß er für sie, wie für alle Unsere Untertanen, ein anfeuerndes Beispiel sei, das sie reizt, dem Staat und dem Vaterland zu dienen, soweit es ihre Talente und ihre Erfahrungen vermögen.«

Besitztümer und Schlösser

1 Ludwig XV. verlieh der Marquise dieses Appartement durch folgenden Akt: »Heute, am 8. August 1751, da der König in Compiègne war und der Madame Marquise de Pompadour ein neues Zeichen seines Wohlwollens zu geben gedachte, hat ihr Seine Majestät das große Appartement mit seinen Dependancen und das des rechten Flügels bis zur Straße hin, das sich im ersten Stockwerk der Residenz der Gesandten zu Paris, Rue Neuve des Petit-Champs, befindet, zum Geschenk gemacht, auf daß besagte Marquise de Pompadour zeitlebens davon die Nutznießung habe, das Ganze gemäß dem davon aufgestellten und in der Baukanzlei Seiner Majestät niedergelegten Plane mit der Bedingung, daß besagte Dame dasselbe an niemand vermieten oder abtreten darf, gleichviel unter welchem Vorwand, und außerdem mit der Verpflichtung, bezeichnetes Logement zu räumen und zur Verfügung zu stellen, so oft außerordentliche Gesandte in Paris eintreffen, weil dieses Haus ihnen und ihrem gesamten Gefolge ausgewiesen ist.«

2 Außer den hier aufgezählten Besitztümern besaß Madame Pompadour auch noch das »Taudis«, das später Babiols oder Brimbouron genannt und mit Bellevue vereinigt wurde. Auch soll sie, wie der Marquis d'Argenson in seinen Memoiren behauptet, für zweihunderttausend Livres die Herrschaft Sèvres erworben haben, und andere Quellen nennen sie als Besitzerin von Grundstücken in der Garançiere deux Églises, Bret la Roche und La Rivière im Limousin.

Auf der Lauer

1 »Diese Madame d'Estrades«, berichtete Madame du Hausset, »verdankt ihre Existenz lediglich den Gütebeweisen Madames, und so häßlich sie auch war, machte sie doch den Versuch, ihr den König abspenstig zu machen. Eines Tages hatte der König, als er in Choisy weilte, sich einen Rausch angetrunken; ich glaube, es war das erste Mal, daß ihm dies passierte. In diesem Zustand bestieg er eine große, schöne Barke, auf die ihn Madame wegen einer Magenverstimmung nicht begleiten konnte. Madame d'Estrades ergriff diese Gelegenheit; sie folgte dem König, und auf dem Rückweg, da es bereits dunkel geworden war, begleitete sie den König in ein Geheimkabinett und überbot sich dem König gegenüber, den man auf einem Ruhebett eingeschlafen wähnte, in Avancen. Sie erzählte Madame am Abend, sie habe das Kabinett eines Geschäftes wegen aufgesucht und sei vom König dorthin verfolgt worden; dort habe er dann versucht, sie zu vergewaltigen. Aber sie konnte alles behaupten, was sie wollte, denn der König wußte weder, was er gesagt noch was er getan hatte.«

2 »Vorgestern abend wollte Madame d'Estrades sich von La Muette nach Paris begeben; sie fragte Madame Pompadour: ›Um wieviel Uhr muß man zum Souper wieder da sein?‹ ›Zur gewohnten Stunde, Gräfin.‹ Sie ging. Am Fuß des Berges ›Des bons Hommes‹ wurde sie durch einen Kurier ein-

geholt, der ihr einen Brief von Saint-Florentin übergab, durch den ihr der König befahl, ihr Amt niederzulegen und nicht wieder bei Hofe zu erscheinen, der sie aber gleichzeitig des Weiterbezugs ihres Gehalts durch Seine Majestät versicherte. Ihre Wohnung in Versailles wurde dem Grafen und der Gräfin de Tessé gegeben.« (Memoiren des Herzogs de Luynes, Bd. XIV)

3 Madame du Hausset hat berichtet, daß Madame Pompadour sich einige Tage hindurch nach Ambra duftende, mit Vanille gewürzte Schokolade, Trüffeln und Selleriesuppen zubereiten ließ. Madame du Hausset entschloß sich hierauf, die Herzogin de Brancas auf die Gefahren dieser unnatürlichen Erhitzung aufmerksam zu machen. Auf die Vorhaltungen ihrer Freundin hin gestand die Marquise unter Tränen, daß sie aus Furcht, das Herz des Königs zu verlieren, ihre erkalteten Sinne, die ihn nicht befriedigten, durch die Kur zu erhitzen suche. Die Herzogin nahm die Drogen und warf sie unter Pfuirufen in den Kamin. Des weiteren erzählte ihr hierauf unter Weinen Madame Pompadour, der König habe in der vergangenen Nacht unter dem Vorwand, es sei ihm zu heiß, ihr Bett verlassen und sich auf ihr Kanapee gelegt und dort die halbe Nacht zugebracht; er werde ihrer sicher bald überdrüssig werden und sie durch eine andere Mätresse ersetzen. Die Herzogin beruhigte sie, mahnte zu Sanftmut und Gefälligkeit gegen den König und redete ihr gut zu, auf die Macht der Gewohnheit zu vertrauen. Daraufhin gab die Marquise die Gewaltkur auf und vertraute sich ihrem Leibarzt Quesnay an, der ihr riet, sich gesund zu erhalten, sich Bewegung zu verschaffen und für eine gute Verdauung zu sorgen. Madame Pompadour befolgte diesen Rat und fand bald, daß ihr »Herr« zufriedener mit ihr sei.

Ersonnene List

1 Mit vierzehneinhalb Jahren wurde die schöne Louise O'Murphy dem König zugeführt, der ihr eine Gouvernante, ein Zimmermädchen, eine Köchin und zwei Lakaien zur Verfügung stellte. Auch ließ er ihr Tanzunterricht erteilen und sie in anderen unterhaltsamen Dingen unterweisen. Die Beziehungen des Königs zu ihr könnten demnach durchaus von größerer Bedeutung gewesen sein, als in der Memoirenliteratur zugegeben wird. Der Nuntius des Papstes berichtete im Mai 1755, daß allem Anschein nach die »Sultanin« in gleichem Maße an Kredit verliere, als die neue Leidenschaft für die junge Irin an Kraft gewinne. Noch kurz bevor der Hof nach Fontainebleau ging, hatte man Szenen erlebt, daß jedermann glaubte, die Favoritin werde aus eigenem Antrieb gehen. Obwohl sie in der Zuversicht, die Rivalin verscheuchen zu können, dem König nach Fontainebleau folgte, konnte sie es nicht verhindern, daß dem neuen Stern ebenfalls eine Wohnung bereitet und ein ungeheurer Aufwand an Teppichen, Kleidern und Schmucksachen für sie getrieben wurde. Diejenigen aber, die sie dort im hellen Tageslicht sehen zu können hofften, wurden

enttäuscht, denn wegen Anzeichen ihrer Schwangerschaft ließ sie sich nicht sehen.

2 Pamphletisten und Historiker der Revolutionszeit haben später absichtlich die Zahl der Frauen, die den Hirschpark bevölkert haben sollen, ins Unermeßliche übertrieben. Auch über das Haus selbst wurden viele Märchen in Umlauf gesetzt. Es war keinesfalls ein legendäres Serail, sondern in Wirklichkeit ein eher bescheidenes Gebäude mit einem winzigen Garten, das zwischen zwei Straßen lag und vier Zimmer sowie einige Kabinette enthielt. Der Name stammte noch aus der Zeit, als dort ein Hirschpark gewesen war. Nach Erklärung des Gerichtstaxators, der beauftragt worden war, das kleine Haus zu erwerben, wurde das Objekt unter dem Namen J. N. C. Cremers für den König gekauft, der darin nach Gutdünken schalten und walten konnte. Erst unter Madame du Barry, die das Herz des Königs ganz allein in Beschlag nahm, wurde das Haus weiterverkauft.

3 Das Inkognito des Königs wurde bisweilen durch Zufälle verraten – so wenn Ludwig XV. beim Wechseln der Kleider vergaß, sein blaues Ordensband abzulegen. Laut Madame du Hausset reagierte anläßlich des Mordanschlags auf den König ein Mädchen des Hirschparks mit Zeichen heftiger Verzweiflung. Sie wisse wohl, gestand sie, daß ihr Besucher der König sei, und sie habe dies dadurch entdeckt, daß sie eines Tages seine Taschen durchstöbert und ihm zwei Briefe entwendet habe. Als Ludwig von dieser Indiskretion erfuhr, stellte er seine Besuche bei jenem Mädchen ein und gab der anderen Bewohnerin des Hauses den Vorzug. Die Verlassene warf sich ihm bei nächster Gelegenheit zu Füßen und rief aus: »Sie sind der König des ganzen Reichs, aber das würde mir nichts bedeuten, wären Sie nicht auch der meines Herzens. Verlassen Sie mich nicht, mein lieber Herr! Ich glaubte, wahnsinnig zu werden, als man versuchte, Sie zu ermorden.« – »Sie sind es noch«, rief die Hausdame. Der König umarmte das Mädchen, das sich beruhigte. Einige Zeit später brachte man es in eine Irrenanstalt.

Auf dem politischen Parkett

1 Der preußische Herrscher hatte außerdem die Reize der Favoritin als »kleine Reize« bezeichnet und Voltaire, der ihm die ehrerbietigen Grüße der Mätresse überbringen sollte, geantwortet: »Ich kenne sie nicht.« Endlich hatte Friedrich II. einmal abfällig geschrieben: »Ich glaubte übrigens nicht, daß ein König von Preußen gehalten sei, mit einer Mademoiselle Poisson viel Umstände zu machen, um so weniger, wenn sie arrogant ist und sich gegen den Respekt verfehlt, den sie gekrönten Häuptern schuldig ist.«

2 Vom 2. November 1750 an, als er von Ludwig XV. empfangen wurde, bis zum 5. November 1752, als er seine Abschiedsaudienz erhielt, arbeitete von Kaunitz daran, Madame Pompadour für seine Ziele einzuspannen.

1750 berichtete er nach Wien: »Ich habe ebensowenig vergessen, für Madame de Pompadour Aufmerksamkeiten an den Tag zu legen; ich weiß, daß der König mir dafür erkenntlich und daß sie dafür empfänglich gewesen ist.« Und am 22. August 1751 schrieb er: »Wenn sich Madame de Pompadour in die ausländischen Angelegenheiten mischte, so habe ich Ursache zu glauben, daß sie uns damit keinen schlechten Dienst erweist. Sie beweist mir viel Güte und besitzt Vertrauen zu mir.«

3 Eines Tages, als die Marquise in dieser Weise vom Kopf des österreichischen Gesandten sprach, machte jemand den Versuch, dessen Kopfputz lächerlich zu machen; die Favoritin entgegnete lebhaft: »Er ist Alkibiades, der seinem Hund den Schwanz abschneiden ließ, um den Athenern zu reden zu geben und ihre Aufmerksamkeit von den Dingen abzulenken, die er ihnen verheimlichen wollte.«

4 Abbé Bernis leistete bei dieser Gelegenheit der Marquise einen großen Dienst. Sie hatte ihm eines Tages ihre Lage anvertraut, ihren Plan, sich vom Hof zurückzuziehen: »Es ist mir unmöglich, die Bewegung, die ich empfand, zu beschreiben«, schrieb Bernis, »aber ich beherrschte sie im Augenblick, indem ich ihr sagte: ›Madame, ein Staatsminister darf nicht in dieser Weise seine Gefühle zeigen.‹ Ich stand auf und wollte aus dem Kabinett gehen, aber sie hielt mich zurück und nötigte mich, ihr zu sagen, was mein Projekt sei. Ich bekannte ihr, daß ich dem König schreiben wollte, ihm vorstellen, wie sehr eine neue, öffentlich anerkannte Mätresse seinem Ruf, seinen Geschäften schaden und beim Wiener Hof Ärgernis erregen würde. Die Marquise zitterte bei meinem Entschluß. Sie ließ mich empfinden, daß ich mich dem Mißfallen des Königs aussetzte, indem ich ihm mit diesem Freimut schriebe, und daß, wenn er schwach genug wäre, meinen Brief seiner Mätresse zu zeigen, ich noch größere Gefahr liefe. Ich antwortete mit Festigkeit, daß ich all dies in Erwägung gezogen hätte. Trotz der Schreckensanfälle der Marquise führte ich meinen Entschluß aus, dem König zu schreiben; niemals hat man seinem Herrscher mit mehr Respekt und mehr Offenherzigkeit die Wahrheit gesagt, als ich es tat. Die Schlußfolgerung war, daß, wenn der König darauf beharrte, eine neue Mätresse zu deklarieren, ich ihn anflehte, mir zu erlauben, daß ich mich zurückzöge. Ich brachte diesen Brief der Marquise, die vor Bewunderung und Dankbarkeit weinte, in mir einen so mutigen Freund zu finden. Aber zufrieden damit, das Geheimnis meines Herzens zu kennen, wollte sie nicht darin einwilligen, daß dieser Brief dem König übergeben würde. Ich versiegelte ihn auf der Stelle, und da der König einen Augenblick später bei der Marquise eintrat, wartete ich, bis die Majestät wieder zurückkam, um ihr zu folgen und ihr meinen Brief zu übergeben, indem ich sie darum anflehte, ihm die größte Aufmerksamkeit zu widmen und eine schnelle Antwort darauf zu geben. Die Antwort ließ auf sich warten. Der König übergab sie mir eigenhändig am nächsten Morgen, und ich überbrachte sie, vollkommen mit Siegeln versehen, der Marquise. Der König sprach darin mit der größten Güte und Freimütigkeit zu mir; er sprach

im einzelnen über die guten Eigenschaften der Marquise und über ihre Fehler und versprach mir, der Neigung zu entsagen, die er für ihre Rivalin empfand, weil er die Gefahren vorausahnte, die darauf für seine Angelegenheiten und seinen Ruf erwachsen würden.«

5 Dem »Präsent« Maria Theresias an Madame Pompadour ging ein Brief von Kaunitz voran. Mit schmeichelhaften Worten wurden darin die guten diplomatischen Dienste gewürdigt, die die Marquise der Kaiserin beim König von Frankreich geleistet hatte. Ferner wurde ihr mitgeteilt, daß Graf von Starhemberg beauftragt sei, ihr eine kleine Aufmerksamkeit zu übergeben. Der Brief schloß mit der Bitte an Madame Pompadour, dem Grafen Kaunitz, der »hocherfreut« sei, daß es der Kaiserin gefallen habe, sich seiner hier zu bedienen, »die Gnade« zu erweisen, von seiner ungebrochenen Anhänglichkeit überzeugt zu sein. Die Marquise dankte Kaunitz mit ebenso überschwenglichen Worten und legte ihrer Antwort den zitierten Brief an Maria Theresia bei. Eine Depesche von Starhemberg an Kaunitz berichtet dann von der Geschenkübergabe: Madame Pompadour habe den zu großen Reichtum des Geschenks beklagt, der sie dazu zwinge, vor aller Welt ein Geheimnis daraus zu machen, aus Furcht vor den Deutungen, die man daran knüpfen könnte. »Der König«, hieß es weiter, »welcher sich vorgestern bei Madame de Pompadour zur Stunde eingefunden hat, da sie mich hatte bitten lassen, dorthin zu kommen, um mir den Brief für I. M. zu übergeben, hat mich wissen lassen, wie sehr er persönlich empfänglich sei für dieses Zeichen der Aufmerksamkeit, das I. M. geruht habe, ihr zu geben.«

6 In dem Freundschafts- und Allianzvertrag, der in Versailles – genauer in Jouy auf dem Landgut des Marquis de Rouillé – zwischen dem König und der Kaiserin abgeschlossen wurde, versprach Maria Theresia, alle Länder des Königs in Europa zu sichern und zu verteidigen. Ludwig XV. sagte zu, alle Länder zu sichern und zu verteidigen, die in der Pragmatischen Sanktion als Besitz Maria Theresias festgeschrieben worden waren. Gegenseitig versicherten sie sich ihrer Dienste, um Angriffe, die einen der beiden Vertragspartner gefährdeten, abzuwehren. Außerdem versprach der König ein Hilfskorps von effektiv achtzigtausend Mann, achtzehntausend Mann Infanterie und sechstausend Kavallerie oder – falls die angegriffene Seite dies vorzog – achttausend Silbergulden im Monat für jedes Tausend Mann Infanterie und vierundzwanzigtausend für jedes Tausend Mann Kavallerie. Anläßlich des Einfalls in Sachsen wurden fünfundvierzigtausend Mann aufgeboten, um August III., König von Polen und Kurfürst von Sachsen, dem Vater der Dauphine, zu Hilfe zu kommen.

Klerus und Monarchie

1 Der Jansenismus, eine nach seinem Begründer Cornelius Jansen benannte kirchliche Reformbewegung, die seit dem 17. Jahrhundert eine Renaissance augustinischen Denkens sowie eine Besinnung auf strenge morali-

sche Grundsätze und auf asketische Verinnerlichung forderte, fand in Frankreich zunächst nicht nur zahlreiche Anhänger vor allem im niederen Klerus, sondern er gewann hier eine besondere Brisanz durch seine Verbindung mit dem Gallikanismus. Dieser basierte zum einen auf einer explizit national-kirchlichen Ausrichtung gegen zentralistische Hegemonieansprüche aus Rom und räumte zum anderen dem Staat weitgehende Befugnisse in kirchlichen Angelegenheiten ein. Bereits 1438 in Frankreich zum Staatsgesetz erhoben, wurden 1682 die sog. Gallikanischen Artikel formuliert, die de facto bis zur Französischen Revolution Geltung behielten. Darin wurden die Ansprüche des Königtums gegenüber der Kirche als unantastbar definiert, und päpstliche Entscheidungen sollten nur Gültigkeit erlangen, wenn eine Zustimmung der Gesamtkirche erfolgte. Doch die Praxis sah zunehmend anders aus, denn nach der letzten Bulle, die den Jansenismus als Irrlehre verdammte (»Unigenitus«, 1713), unterwarf sich der französische Klerus nach und nach dem päpstlichen Willen und gab damit einen Teil der gallikanischen Prinzipien preis. Nach diesem Einlenken der Kirche waren die Protagonisten von Gallikanismus und Jansenismus vornehmlich in den Reihen des auf politische Unabhängigkeit bedachten Pariser Parlaments zu finden. So verteidigten die Parlamentsräte des Recht der verfemten Jansenisten auf Publikation einer Zeitschrift gegen die Zensurbestrebungen des Kardinals Fleury. Durch diese Politisierung konnte sich der Jansenismus in den dreißiger Jahren zu einer Volksbewegung entwickeln, mit der etwa zwei Drittel der Pariser Bevölkerung sympathisierten.

2 Quesnay verdankte seine Gunststellung vor allen Dingen einer Unpäßlichkeit Ludwigs XV. – ein Vorgang, den Madame du Hausset miterlebt hat: Mitten in der Nacht trat Madame Pompadour im Hemd in das Zimmer ihrer Kammerfrau ein: »Kommen Sie«, sagte sie, »der König liegt im Sterben.« Madame du Hausset fand den König, der nach Luft schnappte, im Bett der Favoritin. Sie goß ihm Wasser über und gab ihm Hoffmannstropfen. Ludwig kam wieder zu sich und sagte zu der Kammerfrau: »Lassen Sie uns kein großes Aufheben machen, gehen Sie zu Quesnay und sagen Sie ihm, daß sich Ihre Gebieterin schlecht fühle, und sagen Sie Ihren Leuten, sie möchten nicht schlecht darüber reden.« Quesnay kam bald, fühlte dem König den Puls, erklärte die Krise für beendet und holte eine Arznei, nach deren Einnahme der König sich wunderbar erholte. Das Garderobenmädchen erhielt den Auftrag, für Madame Pompadour Tee zu kochen, und der König konnte seine Wohnung, auf dem Arm Quesnays gestützt, aufsuchen, ohne daß die Dienerschaft irgend etwas argwöhnte. Am folgenden Morgen stellte Ludwig XV. ein kleines Billett für Madame Pompadour aus: »Meine liebe Freundin, Sie müssen einen großen Schrecken bekommen haben, aber Sie mögen sich beruhigen; es geht mir gut, und der Doktor wird es bezeugen.«

3 Madame Pompadour zögerte, sich zur ersten Aufführung des *Catilina* von Crébillon zu begeben – aus Furcht, vom Publikum im Parkett ausgepfif-

fen und beschimpft zu werden. Als sie 1750 die Wohnung ihrer Tochter in Paris besichtigen wollte, drängte sie ein Freund, schnell nach Versailles zurückzukehren, weil es für sie in Paris nicht sicher sei. D'Argenson fügte in seinen Memoiren hinzu, sie habe gefürchtet, gelyncht zu werden. Eine Zeitlang wagte sie nicht zu reisen, wenn ihr nicht eine Schutztruppe vorausritt und eine nachfolgte.

Der Mordanschlag

1 Obwohl die Verwundung nicht schwer war, glaubte der König, tödlich getroffen worden zu sein, da er bereits vorher unter Vorahnungen gelitten hatte, durch Mord zu sterben. Als Maurepas seinen Abschied nehmen mußte, hatte er gesagt: »Ich sehe wohl ein, daß ich den gleichen Tod wie Heinrich IV. sterben werde.«

2 Bernis sagte nach einem Besuch im königlichen Kabinett, wo schon ein Gefäß für die Letzte Ölung bereitstand: »Ich stieg zu Madame Pompadour hinab, sie warf sich mir mit solchen Klagen und Seufzern in die Arme, die sogar ihre Feinde erweicht haben würden. Ich bat sie, all ihre seelischen Kräfte zu sammeln, sich auf alles gefaßt zu machen und sich der Vorsehung zu unterwerfen; indem ich hinzufügte, daß sie ..., da sie seit mehreren Jahren nicht mehr seine Mätresse sei, seine Befehle erwarten solle, sich vom Hofe zu entfernen; daß, da sie Verwahrerin der Geheimnisse des Staates, der Briefe Seiner Majestät sei, sie über ihre Person nicht verfügen dürfe; daß ich sie zu allen Stunden über den Zustand des Monarchen auf dem laufenden halten und daß ich meine Zeit zwischen dem, was ich dem Staat und der Freundschaft schuldete, teilen würde ... Ich verließ sie, indem ich diese Worte beendete und kam zu allen Stunden der Nacht, die ich vollständig bei dem König zubrachte, zurück, um sie zu trösten und weiter dann zwanzigmal täglich, solange die Krankheit dauerte.«

3 In den Memoiren des Herzogs de Luynes (Bd. XVI) heißt es: »Alles befindet sich hier in der größten Gärung. Die Freunde der Madame Pompadour haben gesagt und geschrieben, daß sie den König seit dem ersten oder dem zweiten Tag nach seiner Verwundung wieder gesehen haben. Diese Tatsache ist falsch, und dieser Besuch war unmöglich während der ganzen Zeit, in welcher der König im Bett geblieben war; es ist Tag und Nacht Besuch in seinem Zimmer gewesen. Es ist sogar Grund vorhanden zu glauben, daß weder eine Botschaft noch ein Brief überbracht wurden ... Niemand hatte ihren Namen bis zum gestrigen Tag ausgesprochen, nachdem der König Monsieur de Clermont gefragt, woher er käme, und dieser antwortete, daß er von Madame Pompadour herkäme, worauf der König nichts antwortete ... Man versichert, daß der König zur Gräfin Toulouse gesagt habe, daß es dieses Mal unwiderruflich vorbei sein müsse. Fest steht allerdings, daß ... der König ... vorgestern zu Madame Pompadour hinabstieg und sich dort nahezu eine halbe Stunde aufhielt und daß er gestern zwei Stunden dablieb. Der König scheint von diesem Er-

eignis ernstlich betroffen. Es steht fest, daß er gesagt hat, er wollte, es hätte ihn einen Arm gekostet, nur daß dieses sich nicht ereignet hätte, und man behauptet, daß, als man seine Wunde sondierte und ihm voller Freuden versicherte, sie sei nicht tief, er gesagt haben soll: ›Sie ist es mehr, als ihr glaubt, denn sie reicht bis zum Herzen.‹ Es steht auch fest, daß er, seit er geheilt und außer Bett ist, gesagt haben soll, als jemand seine Freude über seine Genesung ausdrückte: ›Ja, dem Körper geht es gut, aber diesem hier geht es schlecht‹, und dabei legte er die Hand an seinen Kopf, ›und diesen zu heilen ist unmöglich‹.«

»Am Mittwoch, den 19. … Übrigens hat der König den gleichen Lebensgang wieder aufgenommen und Madame de Pompadour auch. Der ganze Hof und alle fremden Minister waren gestern bei ihr. Der König geht oft hin, er war gestern oder vorgestern da und stand aufrecht mit mehreren anderen Personen, während sie im Tête-à-Tête mit Monsieur de Chaulnes zu Mittag aß. Er soupierte gestern dort. Man nimmt indessen an, daß dieser äußere Schein nichts an einem festen Entschluß, den der König gefaßt hat, wird ändern können …«

»Dienstag, den 25. … Obgleich alle Dinge den früheren Lauf wieder genommen haben, war Madame de Pompadour nirgends erschienen – weder beim König zum Zeitpunkt der Damenreverenzen noch bei der Königin, zu der sie als Ehrendame die Gewohnheit hat, ziemlich oft hinzukommen; endlich erschien sie gestern wieder dort, um ihre Aufwartung zu machen. Es wäre sehr schwer vorauszusagen, was das Ende von all diesem sein wird. Es scheint, daß der König mit großer Andacht zu Gott betet, und Madame de Pompadour fährt fort, alle Tage die Messe zu hören.«

4 Ludwig XV. empfand wirklichen Kummer darüber, sich von Machault, »dem Mann nach seinem Herzen«, trennen zu müssen. Und der königliche Erlaß, der ihn seines Amtes enthob, wurde in Worten abgefaßt, wie sie sich in anderen Entlassungsschreiben nicht fanden. Beim Herzog de Luynes liest man: »Machault, obwohl ich von Ihrer Ehrlichkeit und von der Gradheit Ihrer Absichten überzeugt bin, so verpflichten mich doch die gegenwärtigen Verhältnisse, Ihnen das Staatssiegel wieder abzufordern und Sie Ihres Amtes als Marinesekretär zu entheben. Bleiben Sie meiner Protektion und meiner Freundschaft für immer versichert. Wenn Sie mich um irgendeine Gunst für Ihre Kinder zu bitten haben, so dürfen Sie das jederzeit tun; es geziemt sich, daß Sie einige Zeit in Arnonville bleiben. Ich erhalte Ihnen Ihre Pension von zwanzigtausend Livres und die Ehrenzeichen des Großsiegelbewahrers.«

Intrigen, Verrat und Ressentiments

1 Es war um diese Zeit, daß Friedrich II., der für sich selbst »kaum ein anderes Asyl sah als das in den Armen des Todes«, den Plan faßte, Madame Pompadour zu kaufen. Dies geht aus Briefen an seine Schwester hervor,

in denen er die Möglichkeit erwog, der Favoritin bis zu fünfhunderttausend Dukaten für einen vorteilhaften Frieden anzubieten. Aus anderen Briefen geht hervor, daß er beabsichtigte, den Frieden mit dem Fürstentum Neuchâtel – dessen Stände 1707 den preußischen König zum Herrn gewählt hatten – zu erkaufen, über das er der Marquise die Oberhoheit verleihen wollte. Es heißt ferner, Madame Pompadour wollte dieses Fürstentum als Zuflucht nach dem Tod Ludwigs XV., doch existieren keine konkreten Beweise, daß solche Verhandlungen stattgefunden haben.

2 Die ganze Art, wie Madame Pompadour um ihren Erfolg bemüht war, zeigt ein Brief an Pâris-Duverney: »Obwohl ich, mein Dummkopf, von der Freundschaft, die Monsieur Soubise für Sie hat, sehr überzeugt bin und ebenfalls von derjenigen, die Sie ihm zurückgeben, ist doch seine Lage in diesem Augenblick so delikat, daß ich es mir nicht versagen kann, Ihnen denselben in besonderer Weise anzuempfehlen. Durch die Maßnahmen, die er gemeinsam mit dem Wiener Hof getroffen hat, scheint es noch möglich, Sachsen in diesem Jahr zu befreien. Ich werde auf das Detail der ungeheuren Vorteile nicht eingehen, die diese Befreiung für das Wohl der Geschäfte und den Weg des Friedens mit sich bringen würde. Hierüber werden gewandtere Personen als ich mit Euch reden. Ich beschränke mich darauf, zu Euch über die Empfindungen zu reden, die mich ebensosehr um des Waffenruhms des Königs als um denjenigen eines Freundes willen bewegen, der mir teuer ist. Die Subsistenzmittel allein können hier einen Stillstand verursachen; ich bitte Sie daher, bei der ganzen Freundschaft, die Sie für mich haben, sich lebhaft mit dieser Armee zu beschäftigen. Wenn Sie es mir versprechen, werde ich mich nicht länger beunruhigen und werde mir dabei schmeicheln, einen glücklichen Erfolg davongetragen zu haben. Sie sind empfindsam, mein Dummkopf, Sie kennen mich; urteilen Sie darüber, ob ich dankbar sein werde; aber ich werde Sie darum nicht mehr lieben; denn dies ist seit langem nicht mehr möglich.«

3 Bernis hat in seinen Memoiren seine Verbannung im Jahre 1758 einer Voraussage von Gesandten Roms zugeschrieben. Diese hatten anläßlich seiner Ernennung zum Kardinal prophezeit, daß er damit auch bald die Position des Leitenden Ministers einnehmen werde, wie es unter der Regentschaft des Kardinals Fleury praktiziert worden war. Bernis mutmaßte: »Da ihre Briefe auf der Post aufgefangen worden waren, überzeugte Madame de Pompadour, die mich nicht leiden konnte, wahrscheinlich den König leicht davon, daß ich seine Hand zwingen würde, wenn er mich nicht auf eine meiner Abteien verbannte. Bemerkenswert ist, daß der Tag, an dem der Kurier aus Rom ankam, derselbe war, an dem der König mir in einem Brief voller Güte erlaubte, das Auswärtige Amt zu verlassen.« Weiter verpflichtete ihn der König, mit seinem Nachfolger, Graf de Stainville, in Kontakt über alles zu bleiben, was Bezug auf die Auswärtigen Angelegenheiten hatte.

1 Bei Bernis heißt es: »Dem Grafen de Stainville gelang es ohne viel Mühe, Madame de Pompadour davon zu überzeugen, daß eine Empfindung, die weit stärker war als die Liebe selbst, ihn dazu gebracht hatte, alles zu wagen, um ihr nützlich zu sein. Madame de Pompadour fühlte als dankbare Frau die Wichtigkeit dieses Dienstes; sie empfand von diesem Augenblick an, daß die Art Abneigung, die sie gegen Monsieur de Stainville hatte, sich in Freundschaft verwandelte, ihr Herz, das von Natur gut und empfindsam war, durch die Gefahr gerührt, der er sich ausgesetzt hatte, um ihr einen Dienst zu leisten. Sie machte ihn sich daher zum Freund. Denn man muß Madame de Pompadour Gerechtigkeit widerfahren lassen: Die ganze Koketterie, die man ihr zuschreibt, kann in ihrem Sinne nur sehr ehrenhaft gewesen sein; ihr Herz ist deren nicht fähig. Nicht nur rettete sie den Grafen de Stainville vor dem Zorn des Königs, sie ließ ihn auch für die Gesandtschaft in Rom ernennen, da sie ihm den verlangten Turiner Gesandtschaftsposten nicht hatte verschaffen können.«

2 Der Herzog de Lauzun hat die Verfahrensweise bei diesen Einladungen festgehalten: »Diese Soupers in den ›Petits Appartements‹ waren bei den Höflingen sehr gefragt, und dazu eingeladen zu werden, galt als eine der beneidetsten Auszeichnungen. Aber die Zahl der Erwählten war sehr beschränkt, und die Kandidaten mußten sich einer ziemlich demütigenden Etikette aussetzen. Diese Soupers, zu denen etwa dreißig Personen geladen wurden, fanden in den Gemächern des Königs statt, und zwar in so wenig geräumigen Zimmern, daß man den Billardtisch mit Brettern abdecken mußte, um das Büfett darauf aufzubauen, und oftmals mußte der König seine Spielpartie beschleunigen, um den Tafeldeckern Platz zu machen. Die Damen wurden am Morgen oder am vorhergehenden Abend benachrichtigt; für sie galt eine Kleiderordnung, die für jede andere Gesellschaft völlig aus der Mode gekommen war: Faltenrock und Bänderhaube. Sie hatten sich im kleinen Theatersaal einzufinden, wo eine Bank für sie aufgestellt war, und folgten nach der Aufführung dem König in die Kabinette. Das Los der Herren war minder angenehm. Für sie waren zwei Bänke gegenüber denen der geladenen Damen aufgestellt, und alle Höflinge, die auf eine Einladung hofften, nahmen darauf Platz – man nannte dies: ›sich für die Kabinette präsentieren‹. Während der Theateraufführung richtete der König, der allein in seiner Loge saß, ein großes Opernglas auf diese Bänke, und man sah ihn eine gewisse Zahl von Namen aufschreiben. Nach der Vorstellung versammelten sich die Höflinge im Vorzimmer zu den Kabinetten, und bald darauf öffnete ein Diener, einen Leuchter in der Hand, die Tür und rief einen Namen. Der glückliche Erwählte verbeugte sich gegenüber den anderen und trat in das Allerheiligste ein. Die Tür öffnete sich wieder; abermals wurde ein Name aufgerufen, und so ging es fort, bis die Liste zu Ende war. Jetzt schlug der Diener die Tür mit einem deutlichen Knall zu, und die Übriggebliebenen

wußten, daß es keine Hoffnung mehr gab, und mit gesenktem Haupt zogen sich die Verschmähten zurück.« (Gaston Maugras, *Le Duc de Lauzun et la cour intime de Louis XV*, 1893)

Die Korrespondenz der Madame Pompadour

1 Die Marquise hinterließ bei ihrem Tod ungeheure Kunstschätze, von denen nur ein kleiner Teil bei den zwei Auktionen auftauchte, in denen Gegenstände aus ihrem und dem Besitz ihres Bruders, der sie beerbt hatte, angeboten wurden. Die erste fand 1766, die zweite 1782 statt. Der Katalog enthielt nur 99 Positionen: 54 Gemälde, 6 Miniaturen, Pastelle und Zeichnungen sowie 39 Stiche. Es waren Gemälde von Boucher, Pierre, Oudry, Bachelier, Huet, Duplessis, Gouachen von Baudouin, der größte Teil der Gravuren von Watteau und Chardin usw. Der zweite Katalog enthielt mehr als 163 Gemälde aus der flämischen und der französischen Schule (Boucher, Chardin, Greuze, Vernet usw.), Zeichnungen von Boucher und Cochin, eine Marmorbüste Ludwigs XV., eine goldene und silberne Reiterstatue, Terrakotten usw., außerdem eine Reihe kostbarer Möbel, verschiedenes Porzellan aus China, Japan und Frankreich, Schmuck, Schatullen, ein Fortepiano und anderes mehr.

2 Die Schlacht von Laufeld gegen Ende des Zweiten Schlesischen Kriegs, die am 2. Juli 1747 durch den König selbst und den Marschall von Sachsen gewonnen worden war.

3 Dieser Umzug hatte mit der bevorstehenden Rückkehr der Prinzessinnen Louise und Sophie aus dem Kloster zu tun, die Madame Pompadour in einem Brief an ihren Bruder vom 19. Oktober 1750 geschildert hat:

»Die Prinzessinnen Sophie und Louise sind hier angekommen. Der König ist ihnen entgegengegangen mit Monsieur le Dauphin und Madame Victoire; ich habe die Ehre gehabt, ihnen zu folgen. In Wahrheit gibt es nichts Rührenderes als diese Zusammenkünfte; die Zärtlichkeit des Königs ist etwas Unglaubliches, und sie erwidern sie mit ganzem Herzen. Madame Sophie ist fast ebenso groß wie ich, sehr gut von Gemüt, dick, hat einen schönen wohlgeformten Busen, eine schöne Haut, ebenfalls sind die Augen schön. Sie gleicht dem König im Profil wie ein Tropfen Wasser dem andern, von vorne nicht ganz so sehr, weil sie einen unangenehmen Mund hat. Im ganzen ist sie eine schöne Prinzessin. Madame Louise ist beispiellos groß, doch ohne rechte Form. Die Züge sind eher häßlich als hübsch, doch bei alledem hat sie eine feine Physiognomie, die viel mehr gefällt, als wenn sie schön wäre. Wir sind heute alle vorgestellt worden.«

4 Madame Sauvé, eine frühere Fischverkäuferin, war die Geliebte des Grafen d'Argenson, der sie als Betreuerin des Herzogs von Burgund empfahl. Die Meinung des Hofs ging wie die der Marquise dahin, daß sie durch dieses Manöver Aufmerksamkeit erregen wollte. Der Marquis d'Argenson hat in seinen Memoiren behauptet, daß das Paket mit entzündbaren Mate-

rialien auch einige Blätter mit beleidigenden Versen über die Marquise enthalten habe. Jedenfalls wurde Madame Sauvé am 17. Oktober 1751 in die Bastille gebracht und kam erst am 6. März 1752 wieder frei – und dies nur unter der Bedingung, fern von Paris zu leben. Der päpstliche Nuntius, Darini, hat in seiner Korrespondenz mit dem Kardinal Valenti behauptet, daß zusammen mit dem Mehl- und Pulverpaket, das in die Wiege des Herzogs von Burgund gelegt worden war, ein Zettel gefunden wurde, auf dem stand: »Wenn wir den einen verfehlen sollten, so wird uns doch der andere nicht fehlen.«

5 Die Mutter der Dauphine, Kurfürstin Maria-Josepha, Gattin Augusts III., des Kurfürsten von Sachsen und Königs von Polen, soll nach den preußischen Eroberungszügen an Kummer gestorben sein.

6 Der Herzog d'Aiguillon plante eine Invasion Englands, für die er Truppen und Schiffe in Vannes sammelte. Sie nannte ihn in ihren Briefen Cavendish, weil der Herzog bei Saint-Cast den englischen Regimentskommandeur Lord Frederick Cavendish gefangengenommen hatte.

7 Antwort auf einen Brief von Clermont, in dem dieser unter dem Datum: Paderborn (20. März 1758), geschrieben hatte: »Wir dürfen uns nicht mehr schmeicheln, Madame, wir haben keine Soldaten mehr und fast nichts, was man Offiziere nennen könnte. Tut Euer Möglichstes, damit man die kleine Anzahl der Guten, die uns bleibt, protegiere und gut aufnehme. Das ist das einzige Mittel, sie zu erhalten und es anderen möglich zu machen, gut zu werden. Ich weiß, man sagt, ich sähe schwarz, aber ich sehe die Wahrheit, daher kann ich nicht weiß sehen.«

Enttäuschungen

1 Die Marschallin de Mirepois behielt nicht ganz recht. Dieser Sohn, Louis-Aimé, war das einzige der zahllosen unehelichen Kinder, das der König offiziell anerkannte. Von den königlichen Töchtern aufgezogen, wurde er später Priester und nannte sich Abbé de Bourbon. Kaum zwanzigjährig starb er an Pocken.

2 Eine Stelle aus den Memoiren des Abbé Bernis läßt den Seelenzustand der Favoritin erkennen, die einen Augenblick daran dachte, sich vom Hof zurückzuziehen: »Ich fand 1755, als ich aus Venedig ankam, Madame de Pompadour in einer Lage durchaus verschieden von derjenigen, in der ich sie verlassen hatte; sie war nicht mehr jene von allen liebenswürdigen Talenten umgebene Frau, die Frankreich im Schoß der Freuden regierte. Der König hegte seit einigen Jahren keine Leidenschaft mehr für sie, es blieb ihm nur noch das Gefühl der Freundschaft, des Vertrauens und jenes Band der Gewohnheit, das bei den Fürsten das allerstärkste ist. Madame de Pompadour hatte Trost nötig; sie sah mich mit der allergrößten Freude ankommen. Ich war ihr bewährter Freund. Sie zögerte nicht, mir ihr Herz zu öffnen und mir alle seine Wunden zu entdecken. Sie berichtete mir von der Intrige des Königs mit Madame de Choiseul, die ein Jahr zu-

vor im Kindbett gestorben war; sie ließ mich wissen, daß Madame d'Estrades, von d'Argenson beraten, diese ganze Intrige mit der unwürdigsten Undankbarkeit geleitet habe ... Ich fand Madame de Pompadour höchst angewidert von dem Hof. Sie zeigte mir die Kopie der Briefe, die sie dem König geschrieben hatte, um die Erlaubnis zu erhalten, sich zurückzuziehen; sie machte vor mir nicht weniger ein Geheimnis aus denjenigen, die sie ihm über die geschäftlichen Dinge schrieb. Die ersteren überzeugten mich nur davon, daß sie launisch und angeekelt sei, aber ich sah darin nicht den festen Entschluß.«

3 Diderot hat in ziemlich harten Ausdrücken zusammengefaßt, was das Regiment der Madame Pompadour Frankreich hinterlassen hat: »Nun wohl, was ist uns von dieser Frau zurückgeblieben, die an Menschen und Geld erschöpft uns ohne Ehre und Energie gelassen, die das politische System Europas über den Haufen geworfen hat? Der Vertrag von Versailles, der so lange dauern wird, wie er dazu fähig ist; der ›Amor‹ von Bouchardon, den man immer bewundern wird; einige von Guay gravierte Steine, die die späteren Sammler mit Bewunderung erfüllen werden, ein schönes kleines Gemälde von Van Loo, das man manchmal ansehen wird, und ein Häufchen Asche.«

Das Vermächtnis

1 Beim Herzog de Luynes ist zu lesen: »Es sind schon zwei oder drei Tage her, daß Madame de Pompadour unpäßlich ist und daß man sie nicht mehr sieht. Ich habe heute erfahren, daß diese Unpäßlichkeit eine Fehlgeburt ist, man hat mich versichert, daß es wenigstens die dritte sei, seitdem sie hier Wohnung genommen hätte.«

2 Eine Bitte um Geld seitens ihres Vaters erwiderte Madame Pompadour am 12. Januar 1753: »Ich habe dem, was ich Euch bei mehr als einer Gelegenheit gesagt habe, nichts hinzuzufügen; ich bin viel weniger reich, als ich es in Paris war. Was ich habe, ist mir gegeben worden, ohne daß ich darum gebeten hätte; die für meine Häuser gemachten Aufwendungen haben mir viel Verdruß bereitet; das ist mit Rücksicht auf den Gebieter geschehen, dagegen läßt sich nichts sagen; wenn ich aber Reichtümer verlangt hätte, so würden mir alle die gemachten Ausgaben ein beträchtliches Einkommen zugeführt haben. Ich habe dergleichen nie verlangt, und Reichtum soll mich nicht unglücklich machen. Einzig die Empfindsamkeit meiner Seele kann das zuwege bringen. Ich habe wenigstens den Trost, daß das Publikum diese Betrachtung anstellt und mir Gerechtigkeit widerfahren läßt. Bei dieser meiner Denkungsart können Sie indessen darüber urteilen, ob ich Lust habe, mit dem Bitten zu beginnen. Es bleibt Ihnen immer die Hilfsquelle der mir angehörigen Fonds in den Händen des Monsieur Montmartel; das ist augenblicklich nicht beträchtlich, weil ich fast alles für die Kriegsschule hergeliehen habe ...«

3   Le soleil est malade, / Et Pompadour aussi./
     Ce n'est qu'une passade, / L'un et l'autre est guéri./

Le bon Dieu qui féconde / Nos vœux et notre amour /
Pour le bonheur du monde / Nous a rendu le jour /
Avec Pompadour. / Votum populi, laus ejus.
(Die Sonne ist krank und auch die Pompadour; / doch es war nur eine
Passade. Die eine und die andere sind geheilt. / Der gute Gott, der unse-
re Wünsche und unsere Liebe befruchtet, / hat der Welt zum Glück uns
den Tag zurückgegeben und mit ihm die Pompadour. Votum populi, laus
ejus!)

4 Der Herzog von Gontaut, ein Schwager von Choiseul, war einer der intimsten Freunde der Pompadour. Gemeinsam mit dem Abbé Bernis hatte der gewandte Höfling die junge Madame d'Étioles auf ihre Rolle bei
Hof vorbereitet. Gontaut hatte entscheidend daran mitgewirkt, den Sturz
der Favoritin, der durch Erhebung der jungen Madame Choiseul-Romanet zur neuen Geliebten des Königs herbeigeführt werden sollte, zu verhindern, und er war bei ihr, als sie starb.

5 Madame d'Amblimont und Madame d'Esparbes wurden von der Marquise »ihre kleinen Katzen« genannt. »Alles was uns beschäftigt«, sagte sie
zu Ludwig XV., »ist für sie griechisch, aber ihre Heiterkeit verschafft mir
Ruhe und erlaubt mir, mich nachher mit ernsten Dingen zu befassen. Sie
haben die Jagd, Majestät, die Sie zerstreut, und dafür sind jene mir ein
Ersatz.« Als sie einige Zeit darauf mit Madame du Hausset über Madame
d'Amblimont sprach, sagte die Marquise: »Es ist eine Person, die vielleicht wegen der Treue gegenüber ihren Freunden und wegen ihrer Ehrlichkeit einzigartig ist. Hören Sie zu und sprechen Sie mit niemandem,
wer es auch sei, darüber: vor vier Tagen hat der König im Vorübergehen
auf seinem Weg zur Tafel sich ihr genähert und, indem er sie zum Schein
kitzelte, hat er ihr einen kleinen Brief zustecken wollen. Die d'Amblimont
spielte darauf die Ausgelassene und hat ihre beiden Hände hinter den
Rücken gesteckt, so daß der König genötigt gewesen ist, das Briefchen auf-
zuheben, das zu Boden gefallen war.« Madame Pompadour fügte hinzu:
»Sie ist unbesonnen, aber sie hat mehr Geist und Seele als die Prüden und
die Frommen. Die d'Esparbes würde es nicht so machen, sie würde vielleicht entgegenkommend gewesen sein.«

6 Die Goncourts zitieren das folgende »herzlose Wort« des Königs seltsa-
merweise nicht: Es heißt, der König habe dem Totenwagen der Marquise
mit der Uhr in der Hand nachgesehen und dann gesagt: »Madame la Marquise hat schlechtes Wetter zur Reise!« Der Herzog de Lauzun hat dagegen die Geschichte anders erzählt. »Ein striktes Gesetz untersagte, einen
Leichnam in einem königlichen Schloß zu lassen. Nichts durfte an das
Ende des menschlichen Lebens erinnern. Dieses barbarische Verbot wurde erbarmungslos auf die irdischen Reste der Frau angewendet, der noch
vor wenigen Tagen ganz Frankreich zu Füßen gelegen hatte. Der Leichnam
war noch nicht erkaltet, als er schon nackt auf eine Tragbahre geworfen
und mit einem Leichentuch bedeckt wurde, das so eng gespannt war, daß
die Formen des Kopfes, der Brüste, des Bauches und der Beine sich sehr

deutlich abzeichneten. In diesem seltsamen Aufzug wurden die irdischen Reste der Marquise von zwei Leichenträgern durch die Gänge des Schlosses und die Straßen von Versailles getragen und bis zum Begräbnis in einem besonderen Haus der Stadt abgestellt. Der König nahm sich, wie gewöhnlich, sehr zusammen und ließ seine Gefühle kaum erkennen; gleichwohl empfand er, was man auch sagen mag, einen aufrichtigen Schmerz. Am Tag des Begräbnisses wütete ein furchtbarer Sturm. Es war sechs Uhr abends, als der Zug in die große Landstraße nach Paris einbog. Der König hatte, in Begleitung seines ersten Kammerdieners auf dem Balkon seines Zimmers Platz genommen; er bewahrte ein andächtiges Schweigen und betrachtete düsteren Blickes den traurigen Zug. Gleichgültig gegen den Regen und den wütenden Sturm blieb er auf dem Balkon, solange der Zug zu sehen war. Dann trat er in das Zimmer zurück; zwei große Tränen rannen ihm über die Wangen, und schluchzend rief er aus: »Ach, das war die einzige Ehre, die ich ihr erweisen konnte!« (Gaston Maugras, *Le Duc de Lauzun et la cour intime de Louis XV*, 1893)

Mäzenin der Künste

1 In seinen Memoiren urteilte Bernis letztlich verzeihend: »Die Marquise hatte keines der großen Laster ehrgeiziger Frauen, sie hatte aber alle kleinen Miseren und die Leichtigkeit solcher Frauen, die von ihrer Erscheinung und der vorgegebenen Überlegenheit ihres Geistes berauscht sind. Sie tat Böses, ohne bösartig zu sein, und das Gute aus Eingenommenheit: Ihre Freundschaft war eifersüchtig wie die Liebe, leicht, unbeständig wie diese und niemals sicher.«

2 La Tour galt als Original. Er ließ sich nur schwer, erst durch Bitten und Vorstellungen seiner Freunde dazu bewegen, nach Versailles hinauszufahren, um Madame Pompadour zu malen, und er tat es nur unter der Bedingung, daß die Sitzung von niemandem unterbrochen würde. Bei der Favoritin erbat er sich die Freiheit, es sich bequem zu machen. Sie wurde ihm gewährt. Plötzlich löste er die Schnallen seiner Schuhe, seine Strumpfbänder, seinen Kragen, nahm seine Perücke ab, befestigte sie an einem Armleuchter, zog aus seiner Tasche eine kleine Taftkappe und setzte sie auf seinen Kopf. In diesem malerischen Aufzug begann er das Porträt. Es dauerte keine Viertelstunde, und Ludwig XV. spazierte herein. La Tour sagte, indem er seine Mütze abnahm: »Sie hatten versprochen, Madame, daß Ihre Tür verschlossen würde.« Der König lachte herzlich und ermunterte ihn fortzufahren. »Es ist mir nicht möglich, Euer Majestät zu gehorchen«, erwiderte der Maler, »ich werde wiederkommen, wenn Madame allein sein wird.« Im gleichen Augenblick stand er auf, nahm seine Perücke, seine Strumpfbänder und zog sich in einem anderen Raum an, indem er mehrmals wiederholte: »Ich mag es nicht, unterbrochen zu werden.« Die schöne Favoritin gab der Laune ihres Malers nach, und das Porträt wurde vollendet.

Edmond und Jules de Goncourt
Chronologie

1822	Geburt von Edmond de Goncourt am 26. Mai in Nancy.
1830	Geburt von Jules Alfred de Goncourt am 17. Dezember in Paris.
1832–1840	Schulbesuch Edmonds (Lycée Henri IV); danach Jurastudium.
1840–1848	Jules besucht das Collège Bourbon.
1849	Edmond und Jules führen in Paris (Rue Saint-Georges) mit Hilfe des elterlichen Vermögens ein sorgenfreies Leben.
1849–1850	Reisen (Frankreich, Algier, Schweiz, Belgien).
1851	Beginn der Aufzeichnungen im *Journal*.
1852	Der erste Roman *En 18..* erscheint nach starken Zensureingriffen. Fortan erscheinen alle Publikationen der Brüder unter gemeinsamem Namen (bis zum Tod von Jules 1870).
1854	*Histoire de la Société française pendant la Révolution.*
1855	*Histoire de la Société française pendant le Directoire. La Peinture à l'Exposition de 1855.*
1857–1858	*Portraits intimes du XVIIIe siècle.*
1859–1876	*L' Art du XVIIIe siècle.*
1860	*Les Hommes de lettres* (Roman, Titel der 2. Aufl.: *Charles Demailly*), *Madame du Barry* und *Madame Pompadour*.
1861	*Maitresses de Louis XV.*
1862	*La Femme au XVIIIe siècle.* Jeden Montag treffen sich die Brüder Goncourt mit Flaubert, Gautier, Paul de Saint-Victor, Sainte-Beuve und Taine zu den »diners Magny«.
1864	*Renée Mauperin* (Roman).
1865	*Germinie Lacerteux* (Roman).
1866	*Henriette Maréchal* (Drama).
1867	Reise nach Rom.
1868	Kauf des Hauses in Auteuil.

1869	*Madame Gervaisais* (Roman).
1870	Tod von Jules am 20. Juni.
1874	Edmond schafft in seinem Testament vom 14. Juli die Grundlagen für eine Académie, als deren erste zehn Mitglieder er Flaubert, Banville, Barbey d'Aurevilly, Paul de Saint-Victor, Louis Veuillot, Fromentin, Ph. de Chennevières, León Cladel, Daudet und Zola ernennt. Zu den späteren Mitgliedern gehören u. a. Maupassant und Huysmans.
1877	*La Fille Elisa.*
1879	*Les Frères Zemgano.*
1881	*La Maison d'un artiste.*
1882	*La Faustin.*
1884	*Chérie.*
1887	Die ersten 3 Bände des *Journal* erscheinen (6 weitere erscheinen bis 1896).
1891	*Outamaro* (Band 1 von *L' Art japonais du XVIIIe siècle*).
1893	*La Guimard.*
1896	*Manette Salomon* (Stück in neun Tableaux); *Hokusai* (Band 2 von *L' Art japonais du XVIIIe siècle*). Tod von Edmond am 16. Juli bei seinem Freund Daudet.
1903	Die Académie Goncourt wird am 11. Januar als gemeinnützig anerkannt. Erster Preisträger des »Prix Goncourt« ist im Dezember John-Antoine Nau.

Quellen

1. Briefe und Dokumente der Madame Pompadour

Catalogue de livres de Madame la Marquise de Pompadour, Dame du Palais de la Reine, 1765.

Correspondance de Madame de Pompadour avec son père M. Poisson et son frère M. de Vandières, hg. von A. P. Malassis, 1878.

Inventaire des biens de Madame de Pompadour, publié pour la Societé des bibliophiles français, 1939.

Lettres de Madame la Marquise de Pompadour, hg. von M. du Roure, Paris 1828.

2. Erinnerungen von Zeitgenossen

d'Argenson, R. L., Marquis, Mémoires, 1802.

Barbier, E. F. F., Journal historique et anecdotique du règne de Louis XV., 1802.
Bernis, Cardinal de, Mémoires et lettres, 1825.
Besenval, P. V. de, Mémoires, 1806.
Brancas, Duchesse de, Mémoires, o. J.

Choiseul, E. F., Duc de, Mémoires, 1790.
Correspondance secrète de Louis XV. avec ses agents diplomatiques, hg. von V. de Broglie, 2 Bde, 1876.
Correspondance secrète inédite de Louis XV. sur la politique étrangère, hg. von E. Boutaric, 2 Bde, 1866.

Duclos, Ch., Mémoires secrets sur les règnes de Louis XIV et Louis XV, Paris 1791.

Hausset, Madame du, Mémoires, 1824.
Hénault, Ch. J. F., Mémoires, 1855.

Leroy, G., Louis XV. et Madame de Pompadour, 1876.
Lettere del Monsignore Carlo Darini, Nunzio Apostolico a Parigi, al Cardinale Valenti, segretario di Stato di Benedetto XIV., Mailand 1777.
Luynes, Duc de, Mémoires sur la cour de Louis XV., 1861.

Marmontel, J. F., Mémoires, 1804.
Maurepas, Comte de, Mémoires, Paris 1792.

Richelieu, Duc de, Mémoires, 1790.

Voltaire, Siècle de Louis XV. et correspondance générale (Œuvres complètes), 1877–1882.

Zeittafel

1710   *15. Februar:* Ludwig XV. als Urenkel des Sonnenkönigs Ludwig XIV. in Versailles geboren. Seine Eltern sind Ludwig, Herzog von Burgund, und Marie-Adelaide von Savoyen. Der kleine Herzog von Anjou, der wie sein älterer Bruder, der Herzog von Bretagne, den Taufnamen Ludwig erst später erhält, steht in der Thronfolge vorerst nur an vierter Stelle hinter seinem Großvater, dem Grand Dauphin, seinem Vater und seinem Bruder.

1711   *April:* Tod des Grand Dauphins Ludwig.

1712   *Februar:* Die Eltern Ludwigs und sein älterer Bruder sterben innerhalb weniger Tage an den Masern. Der zweijährige Herzog von Anjou ist jetzt aufgrund der Primogenitur Dauphin. »Das ist also alles, was von meiner Familie bleibt«, soll Ludwig XIV. gesagt haben.

1713   Papst Clemens XI. erläßt die Bulle »Unigenitus«, mit der die jansenistische Lehre verurteilt wird.
Der römisch-deutsche Kaiser Karl VI. verkündet die Pragmatische Sanktion. Mit diesem Erbfolgegesetz will er die Anrechte auch weiblicher Nachkommen auf die ungeteilte, uneingeschränkte Nachfolge in den Erblanden gegen männliche Prätendenten aus habsburgischen Nebenlinien sichern. Es gelingt ihm, die Zustimmung der Reichsstände sowie der meisten europäischen Großmächte zu erreichen – unter der Bedingung, daß die Thronfolgerin einen Prinzen heiratet, der selbst über keine nennenswerte Macht verfügt.

1713/14   Ende des Spanischen Erbfolgekrieges (1701) durch die Friedensschlüsse von Utrecht und Rastatt. Der Bourbone Philipp von Anjou, ein Enkel des Sonnenkönigs, wird endgültig als spanischer König (Philipp V.) anerkannt, muß aber für sich und seine Nachkommen auf alle Thronfolgerechte in Frankreich verzichten.

1714   Der Kurfürst von Hannover wird als Georg I. König von Großbritannien und Irland. Beginn der Personalunion zwischen dem britischen Königreich und dem Kurfürstentum Hannover.

1715   *1. September:* Tod Ludwigs XIV. Sein Urenkel folgt ihm als Ludwig XV. auf den Thron. Die Regentschaft übernimmt der Herzog von Orléans aus einer bourbonischen Nebenlinie, der nach dem

Verzicht Philipps von Spanien und dem Tod eines weiteren Enkels des Sonnenkönigs nächster Thronanwärter ist.

1721   *30. Dezember:* Jeanne-Antoinette Poisson als Tochter des Verwalters François Poisson und der Louise-Madeleine de la Motte in Paris geboren.

1723   *Dezember:* Nach dem Tod Philipps von Orléans geht die Regentschaft an Louis-Henri, Herzog de Bourbon-Condé, über.

1725   François Poisson verläßt Frankreich, um einer Strafverfolgung zu entgehen. Er kehrt erst acht Jahre später zurück.
        September: Heirat Ludwigs XV. mit Maria Leszczynska, der Tochter des polnischen Exkönigs Stanislaus Leszczynski.

1726   *Juli:* Übernahme der Regierungsgeschäfte durch Ludwig XV. und Entlassung des Regenten. Ernennung von Kardinal Fleury zum Leitenden Minister.
        Nach dem Tod Georgs I. wird sein Sohn Georg II. August König von England und Irland. Gleichzeitig Kurfürst von Hannover, ist er an der politischen Entwicklung auf dem Kontinent stark interessiert.

1729   *September:* Als viertes Kind des Königspaares wird der Dauphin Ludwig (Louis-Stanislas) geboren.

1730   Die Bulle »Unigenitus« (1713) erhält in Frankreich Gesetzeskraft. Ernennung Orrys zum Generalkontrolleur der Finanzen.

1733–38 Polnischer Thronfolgekrieg.

1733   *Februar:* Nach dem Tod Augusts des Starken, sächsischer Kurfürst und polnischer König, erhebt nicht nur sein Sohn Ansprüche auf den Thron, sondern auch der polnische Exkönig Stanislaus Leszczynski, dessen Kandidatur von seinem Schwiegersohn Ludwig XV. gegen Rußland und Österreich unterstützt wird. Da Frankreich in der bevorstehenden Verbindung zwischen der österreichischen Thronfolgerin Maria Theresia und dem lothringischen Herzog Franz-Stephan eine gefährliche Machtverschiebung zu seinen Ungunsten heraufziehen sieht, falls es zu einer Vereinigung Lothringens mit den österreichischen Erblanden käme, wird der Thronfolgestreit in Polen zum Anlaß genommen, gegen die habsburgischen Besitzungen in Italien vorzugehen. Unterstützt wird Frankreich hier durch Spanien, dessen Königin Elisabeth Farnese in ihrer italienischen Heimat für ihre Söhne ehrgeizige Pläne verfolgt.

1735   *Oktober:* Im Präliminarfrieden von Wien wird der sächsische Kurfürst als polnischer König (August III.) bestätigt. Stanislaus Leszczynski erhält für seinen Verzicht auf die polnische Krone das Herzogtum Lothringen, das nach seinem Tod an Frankreich fallen soll. Franz-Stephan von Lothringen wird mit dem Großherzogtum Toskana entschädigt, wo er nach dem Tod des letzten Medici die Herrschaft antreten soll (1737).

1736   *Februar:* Erzherzogin Maria Theresia heiratet in Wien Franz-Stephan von Lothringen.

1738   *Januar:* Louise de Mailly wird als erste offizielle Mätresse Ludwigs XV. öffentlich vorgestellt und erhält Wohnräume in Versailles.
November: Mit dem Frieden von Wien endet der Polnische Thronfolgekrieg. Die Präliminarien von 1735 werden bestätigt. In Italien muß Österreich das Königreich Neapel-Sizilien an den spanischen Infanten Don Carlos (später Karl III. von Spanien) abtreten, erhält dafür das durch Erbe an die spanischen Bourbonen gefallene Herzogtum Parma-Piacenza.

1739   *August:* Heirat der ältesten Königstochter Louise-Elisabeth (Madame Première) mit dem spanischen Infanten Philipp (ab 1748, Frieden von Aachen, Herzog von Parma-Piacenza). Diese Ehe verstärkt die Bindung Frankreichs an die antihabsburgische Italienpolitik des spanischen Hofes.

1740–48 Österreichischer Erbfolgekrieg.

1740   *Mai:* Friedrich II. wird preußischer König.
Oktober: Nach dem Tod Karls VI. tritt Maria Theresia die Herrschaft in den habsburgischen Erblanden an (1741 Krönung zur Königin von Ungarn, 1743 zur Königin von Böhmen).
Dezember: Unter Mißachtung der Pragmatischen Sanktion, der Preußen zugestimmt hat, fällt Friedrich II. in Schlesien ein und löst damit den Ersten Schlesischen Krieg aus (bis 1742).

1741   *März:* Jeanne-Antoinette Poisson heiratet Charles-Guillaume Le Normant d'Étioles, den Neffen ihres väterlichen Wohltäters Le Normant de Tournehem.
Juni: Mit dem Vertrag von Breslau stellt Frankreich sich an die Seite des preußischen Königs.
September: Pauline de Vintimille, nächste königliche Mätresse nach ihrer Schwester Louise de Mailly, stirbt bei der Geburt ihres Sohnes, des Grafen de Luc (Demi-Louis). Neue offizielle Mätresse wird ihre Schwester Marie-Anne de La Tournelle, später Herzogin de Châteauroux.

1742   *Januar/Februar:* Wahl und Krönung des bayerischen Kurfürsten, der selbst Ansprüche auf das österreichische Erbe erhebt, zum neuen römisch-deutschen Kaiser (Karl VII.).
Eintritt Großbritanniens und der Generalstaaten auf seiten Österreichs in den Krieg.

Juni/Juli: Friedenschlüsse von Breslau und Berlin beenden den Ersten Schlesischen Krieg zwischen Preußen und Österreich. Zwar verliert Maria Theresia den größten Teil Schlesiens, doch hat sie einen ihrer Gegner vorerst ruhiggestellt, denn die Kriegshandlungen in Italien und den Niederlanden gehen weiter (gegen Frankreich, Spanien, Sardinien-Piemont, Bayern).
Madame d'Étioles bringt als erstes Kind einen Sohn zur Welt, der jedoch bereits im Säuglingsalter stirbt.

1743   *Januar:* Tod des Kardinals Fleury.
Juni: Niederlage einer vom Marschall de Noailles befehligten französischen Armee gegen ein britisches Heer bei Dettingen unter dem Kommando Georgs II.
Ernennung des Grafen d'Argenson zum französischen Kriegsminister.

1744   *Juni:* Bündnis zwischen Frankreich und Preußen.
August: Beginn des Zweiten Schlesischen Krieges. Das Vorrücken österreichischer Truppen unter Karl von Lothringen über den Rhein in Richtung Lothringen veranlaßt Friedrich II., erneut in die Kämpfe einzugreifen und in Böhmen einzufallen.
August: Geburt von Alexandrine Le Normant d'Étoiles, der Tochter Jeanne-Antoinettes.
Dezember: Tod der königlichen Mätresse, Madame de Châteauroux.

1745   *Februar:* Hochzeit des Dauphins Ludwig mit der spanischen Infantin Maria-Theresia. Auf einem Maskenball anläßlich dieses Ereignisses begegnen sich Ludwig XV. und Madame d'Étoiles.
Mai: Schlacht von Fontenoy. Sieg der Franzosen unter Moritz von Sachsen über ein vom Herzog von Cumberland befehligtes britisch-niederländisch-österreichisches Heer.
September: Nach ihrer Scheidung und Erhebung zur Marquise de Pompadour wird Jeanne-Antoinette bei Hof eingeführt.
September/Oktober: Wahl und Krönung von Maria Theresias Ehemann zum römischen-deutschen Kaiser (Franz I. Stephan). Nach dem Tod des Wittelsbachers Karl VII. im Januar und der Anerkennung der Pragmatischen Sanktion durch den neuen bayerischen Kurfürsten im Frieden von Füssen (April) – gegen Rückgabe seines von Österreich besetzten Landes – ist der Weg frei geworden für die Rückführung der Kaiserwürde an das Haus Habsburg.
Dezember: Frieden von Dresden beendet den Zweiten Schlesischen Krieg. Friedrich II. behält Schlesien und erkennt dafür Franz I. Stephan als Kaiser an. Fortdauer der Kämpfe in Italien und den Niederlanden.
Dezember: Tod von Madame Poisson.
Nach der Entlassung Orrys wird Machault neuer Generalkontrol-

leur der Finanzen (auf Betreiben der Madame Pompadour und der Brüder Paris).
Ernennung Voltaires zum königlichen Historiographen.

1746   *Januar:* Eroberung Brüssels durch die Franzosen.
Juni: Bündnis zwischen Österreich und Rußland.
Sieg des Fürsten Liechtenstein über die franz.-span. Hauptmacht sichert österreichische Herrschaft in Oberitalien, wo in der Folge keine nennenswerten Kämpfe mehr stattfinden. Verlagerung der Auseinandersetzungen auf den niederländischen Kriegsschauplatz.
Juli: Tod der Dauphine Maria-Theresia nach Geburt einer Tochter (la petite Madame).
Oktober: Französischer Sieg unter Moritz von Sachsen bei Raucoux über die Pragmatische Armee (Österreich, Großbritannien-Hannover, Niederlande).

1747   *Januar:* Erste Theateraufführungen auf der Bühne der »Petits Appartements« in Versailles.
Februar: Wiederverheiratung des Dauphins mit Maria-Josepha von Sachsen (Marie-Josèphe).
Juli: Französischer Sieg bei Laufeld über britisch-niederländische Truppen.
Oktober: Sieg Moritz' von Sachsen bei Rocoux.
Seesieg der Briten bei Cap Finisterre.

1748   Errichtung eines neuen Theaters in Versailles im Treppenhaus der Gesandten.
März: Tod der »petite Madame« Marie-Thérèse.
Oktober: Frieden von Aachen beendet den Österreichischen Erbfolgekrieg. Schlesien bleibt preußisch, die Pragmatische Sanktion wird bestätigt. Trotz österreichischer Abtretungen in Italien erfolgt keine Verschiebung des europäischen Gleichgewichts. Für die britisch-französische Rivalität in Übersee bedeutet der Friedensschluß nur einen provisorischen Waffenstillstand, denn nur wenige Jahre später wird der Kolonialkrieg in voller Schärfe neu entflammen.

1749   Beginn eines Volksaufstandes in den Pariser Armenvierteln.
Entlassung und Verbannung Maurepas', des ärgsten Widersachers der Madame Pompadour.

1750   Voltaire geht an den Hof Friedrichs II. (bis 1752).
Madame Pompadour läßt Schloß Bellevue erbauen. Verlegung des Theaters dorthin.
François Poisson erhält vom König das Landgut Marigny übertragen.
November: Tod des Marschalls Moritz von Sachsen.

1751	Erste militärische Auseinandersetzungen mit Großbritannien auf indischem Territorium.
	September: Ludwig Herzog von Burgund als erster Sohn des Dauphins und der Marie-Josèphe von Sachsen geboren.
1752	Affäre Ludwigs XV. mit Madame de Choiseul-Romanet, die von einer Hofclique zur Ausschaltung Madame Pompadours eingefädelt wird.
1753	Beginn der Auseinandersetzungen zwischen König und Pariser Parlament (bis 1754 und erneut 1756).
	Hungersnöte und Aufstände in der Provinz.
	Liaison des Königs mit Louise O'Murphy (La Morphise).
1754	Beginn von Kämpfen an der Grenze zwischen britischem und französischem Territorium in Nordamerika.
	Tod von Alexandrine Le Normant d'Étioles, der Tochter der Pompadour, und Tod ihres Vaters François Poisson. Abel Poisson, Monsieur de Vandière, wird jetzt Marquis de Marigny.
	August: Der spätere Ludwig XVI. wird als zweiter Sohn des Dauphins geboren (Louis-Auguste, Herzog von Berry).
	Rücktritt Machaults vom Amt des Generalkontrolleurs wegen unpopulärer Steuermaßnahmen. Er wird jetzt Staatssekretär für Marineangelegenheiten.
1755	*November:* Marie-Antoinette, die spätere Frau Ludwigs XVI., in Wien als Tochter Maria Theresias und Franz I. Stephan geboren.
1756–63	Siebenjähriger Krieg.
1756	*Januar:* Konvention von Westminster zwischen Preußen und Großbritannien, die der brit. Monarch Georg II. trotz seiner Abneigung gegen den Preußenkönig abschließt, führt Frankreich endgültig an die Seite Österreichs. Damit ist eine Umkehr des bisherigen Bündnissystems vollzogen (Renversement des alliances).
	Februar: Madame Pompadour wird Ehrendame der Königin.
	Mai: Erster Versailler Vertrag zwischen Frankreich und dem Wiener Hof. Für die Unterstützung bei der geplanten Rückgewinnung Schlesiens stellt Österreich die Abtretung der Niederlande in Aussicht.
	Juni: Grobritannien erklärt Frankreich den Krieg. Richelieu verschafft den Franzosen mit der Eroberung der Festung Mahon auf der Baleareninsel Menorca einen großen Anfangserfolg.
	August: Friedrich II. fällt in Sachsen ein. Er führt diesen Präventivschlag, um – wie schon in den Schlesischen Kriegen – Pfänder für einen günstigen Friedensschluß in die Hand zu bekommen.
	Oktober: Kapitulation der sächsischen Truppen bei Pirna. – Papst Benedikt XIV. greift mit einer Enzyklika in den Jansenismus-Streit

ein, was zu einem Wiederaufleben des Konflikts zwischen König und Parlament führt.

1757 *Januar:* Attentat auf Ludwig XV. Der Täter Damiens, ein Hausdiener, wird zum Tod verurteilt. In der Pariser Bevölkerung latent herrschende Unzufriedenheits- und Unmutsgefühle machen sich in Haßtiraden gegen die ungeliebte Mätresse des Königs Luft. Entlassung von Kriegsminister d'Argenson und Marineminister Machault, die den Mordanschlag auf den König zur Entfernung der Pompadour vom Hof nutzen wollen. Übernahme des Kriegsressorts durch Marschall Belle-Isle.

Februar: Allianz von Sankt Petersburg zwischen Österreich und Rußland gegen Preußen.

Juni: Niederlage Friedrichs gegen die von Daun geführten Österreicher bei Kolin.

Juli: Französischer Sieg unter Führung des Marschalls d'Estrées über die Armee des Herzogs von Cumberland bei Hastenbeck.

August: Auf Betreiben der Madame Pompadour Ablösung des Marschalls d'Estrées und Übernahme des Oberkommandos durch Richelieu.

September: Kapitulation der britisch-hannoverschen Truppen und Abschluß der Konvention von Kloster Zeven, die die Auflösung der Armee Cumberlands zum Inhalt hat und Hannover den Franzosen überantwortet. Der Herzog von Cumberland, ein Sohn Georgs I. und Bruder des britischen Königs Georg II., wird wegen dieser Vereinbarung von seinem Kommando abberufen.

November: Sieg Friedrichs II. bei Roßbach über Franzosen und eine Reichsarmee.

Dezember: Preußischer Sieg bei Leuthen über Karl von Lothringen.

1758 Ablösung Richelieus vom Oberkommando durch den Grafen de Clermont aus dem Hause Bourbon-Condé.

Juni: Niederlage der Franzosen bei Krefeld gegen eine britisch-hannoversche Armee unter Ferdinand von Braunschweig. Nach dem preußischen Sieg bei Roßbach hat die britische Regierung unter William Pitt die Konvention von Kloster Zeven verworfen und die Truppen in Norddeutschland verstärkt.

September: Französische Truppen unter dem Herzog d'Aiguillon siegen bei Saint-Cast in der Bretagne über englische Landungstruppen.

Oktober: Niederlage Friedrichs gegen die Österreicher unter Daun bei Hochkirch.

Der französische Außenminister Bernis tritt wegen der politisch-militärischen Entwicklung zurück. Sein Nachfolger wird Choiseul.

Dezember: Dritter Versailler Vertrag zwischen Frankreich und Österreich.

| 1759 | *April:* Sieg des Marschalls de Broglie über hannoversche Truppen unter Ferdinand von Braunschweig bei Bergen.
August: Schwere Niederlage Friedrichs II. bei Kunersdorf gegen österreichisch-russische Truppen. Sieg Ferdinands von Braunschweig über die Franzosen bei Minden und Eroberung Münsters.
September: Britischer Sieg über französische Truppen in Kanada leitet die Eroberung dieses Kolonialbesitzes ein.
Oktober: Kapitulation von Quebec. Vernichtung eines Großteils der französischen Flotte vor Lagos und Quiberon. |
|------|------|
| 1760 | *Juli:* Französischer Sieg unter dem Kommando des Marschalls de Broglie bei Corbach/Kassel.
September: Kapitulation Montreals und sämtlicher französischer Truppen in Nordamerika.
November: Sieg Friedrichs II. bei Torgau über ein österreichisches Heer unter Daun. |
| 1761 | Liaison Ludwigs XV. mit Anne Coupier de Romans und Geburt des Sohnes Louis-Aimé de Bourbon.
Tod von Kriegsminister Belle-Isle. Choiseul, der auch dieses Ressort übernimmt, leitet eine Reform von Heer und Marine ein.
Abwehr französischer Vorstöße durch Ferdinand von Braunschweig bei Vellinghausen/Westfalen. |
| 1762 | *Januar:* Tod der Zarin Elisabeth. Ihr Nachfolger Peter III., ein Bewunderer des Preußenkönigs, schließt einen Sonderfrieden mit Friedrich II. und gibt dem Krieg eine neue Wendung.
August: Verbot des Jesuitenordens in Frankreich. – Sieg einer französischen Vorhut bei Johannisberg.
September: Friedenssondierungen in London durch den Herzog de Nivernais. |
| 1763 | *Februar:* Frieden von Paris zwischen Großbritannien und den bourbonischen Höfen. Frankreich verliert den Großteil seiner nordamerikanischen Besitzungen. Großbritannien ist endgültig führende Kolonialmacht. Der Frieden von Hubertusburg beendet unter Vermittlung Sachsens den Krieg zwischen Preußen und Österreich. Der territoriale Besitzstand bleibt unverändert. Friedrichs II. einzige Gegenleistung für den Gewinn Schlesiens besteht in der Zusage, zu gegebener Zeit die Wahl von Maria Theresias Sohn Joseph zum römisch-deutschen Kaiser zu unterstützen. |
| 1764 | *15. April:* Tod der Marquise de Pompadour. Sie stirbt in den königlichen Gemächern in Versailles.
Dezember: Tod des Dauphins Ludwig (Louis-Stanislas). |
| 1765 | *August:* Tod Franz' I. Stephan. Neuer römisch-deutscher Kaiser wird sein Sohn Joseph II. |

1766	*Februar:* Nach dem Tod von Stanislaus Leszczynski fällt das Herzogtum Lothringen an Frankreich.
1767	*März:* Tod der Dauphine Marie-Josèphe.
1768	*Juni:* Tod der Königin Maria Leszczynska.
1769	*April:* Einführung der Madame du Barry bei Hof als neue königliche Mätresse.
1770	*Mai:* Hochzeit des Dauphins Ludwig (Louis-Auguste) mit Erzherzogin Marie-Antoinette von Österreich.
	Dezember: Entlassung und Verbannung Choiseuls.
1771	*Mai:* Der Graf von Provence (später Ludwig XVIII.), ein Bruder des Dauphins, heiratet Louise von Savoyen.
1773	*November:* Der Graf von Artois (später Karl X.), ein weiterer Königsenkel, heiratet Marie-Thérèse von Savoyen.
1774	*10. Mai:* Ludwig XV. stirbt in Versailles an den Pocken. Sein Enkel und Nachfolger Ludwig XVI. wird der letzte französische König vor der Revolution.

Kommentiertes Personenregister

Da Madame Pompadour und Ludwig XV. nahezu auf jeder Seite vorkommen, erfolgt hier keine Angabe von Seitenzahlen.

in den Österr. Erbfolgekrieg, seit 1757 Kriegsminister: 28, 148, 178, 180, 242 f.

Benedikt XIV., 1675–1758, Papst seit 1740, griff mit einer Enzyklika in den Jansenismus-Streit ein: 56, 83 f., 86, 119, 241

Bernis, Abbé François-Joachim de Pierres de, Graf de Brioude, 1715–1794, Politiker u. Schriftsteller, bereitete Madame d'Étioles auf die Hofetikette vor. 1752–1755 Gesandter in Venedig, 1756 franz. Verhandlungsführer beim Bündnisabschluß mit Österreich, 1757/58 Staatssekretär des Äußeren. Rücktritt wegen polit. Differenzen, 1758 Ernennung zum Kardinal: 18, 106 ff., 126 ff., 131, 140, 144, 148 ff., 153 ff., 160, 178, 209, 215, 221, 224, 226 f., 229, 232

Berryer, Polizeileutnant: 77, 173

Besenval, P. V., aus schweiz. Familie in franz. Diensten, Verf. zeitgenös. Memoiren: 128

Binet, Kammerdiener Ludwigs XV., verwandt mit der Familie Le Normant d'Étioles: 14 ff.

Boisgelin, Oberst de, Regimentskommandeur, beteiligt am franz. Vorstoß bei Johannisberg (1762): 181 f.

Boissy, Bühnenautor: 216

Bouchardon, Edme, 1698–1762, Bildhauer: 230

Boucher, François, 1703–1770, Maler, Radierer u. Kupferstecher, dessen Werke glänzende Zeugnisse des Rokokos sind, Protegé der Madame Pompadour: 65, 165, 201, 228

Boulogne, Louis d. J., 1654–1733, »erster Maler des Königs« 1725, Direktor der Pariser »Académie Royale de Peinture et de Sculpture«, schuf Decken- und Wandgemälde in Versailles: 65

Bourbon, franz. Dynastie, die in direkter Linie von Heinrich IV. (seit 1589) bis zu Karl X. (bis 1830) die Könige stellte. Die span. Bourbonen gehen zurück auf Philipp von Anjou, einen Enkel Ludwigs XIV., der nach dem Aussterben der span. Habsburger 1700 als Philipp V. König von Spanien wurde. Spanisch-bourbonische Nebenlinien etablierten sich im Verlauf des Österr. Erbfolgekrieges in Parma-Piacenza und in Neapel-Sizilien

Bourbon, Louis-Aimé de, 1761–1787, Sohn Ludwigs XV. u. der Anne Coupier de Romans, legit. u. von den königl. Töchtern erzogen, starb als Abbé in Italien an den Pocken: 186 f., 229, 243

Bourbon, Louis-Henri Herzog de → Condé, Louis-Henri de Bourbon

Boyer, Monsignore, Bischof von Mirepoix (Südfrankreich), Führer der erzkonserv. Partei bei Hof, Vertrauter des Dauphins Ludwig u. erbitterter Gegner der Madame Pompadour: 15 f., 24, 118, 120 f., 123

Brancas, Herzogin de, Vertraute der Madame Pompadour: 37, 44, 126, 219

Braunschweig, Ferdinand Prinz von, 1721–1792, aus der herzogl.-braunschw. Familie, preuß. Feldmarschall, schlug im Siebenjährigen Krieg mehrere Schlachten erfolgreich gegen franz. Armeen: 151, 181, 241 ff.

Bretagne, Ludwig Herzog von, 1707–1712, älterer Bruder Ludwigs XV., starb wie seine Eltern an den Masern: 236

Bridge, Höfling aus der Umgebung Ludwigs XV., ergebener Freund der Marquise: 15, 213 f.

Broglie, Victor-François, 1718–1804, seit 1760 Marschall, zahlreiche Siege im Siebenjährigen Krieg, für den Sieg über Ferdinand von Braunschweig bei Bergen (1759) von Kaiser Franz I. zum Reichsfürsten ernannt: 177, 242

Brunetti, Maler (Ausgestaltung von Bellevue): 65

Buffon, Georges-Louis Leclerc, Graf de, 1707–1788, Naturforscher u. Direktor des »Jardin des Plantes« in Paris, Verf. einer 44bändigen Naturgeschichte, nahm teilweise Gedanken der modernen Entwicklungstheorie voraus, zum Kreis der Madame Pompadour gehörig: 92 f., 197

Burgund, Ludwig Herzog von, 1682–1712, Dauphin 1711/1712, Vater Ludwigs XV., Enkel Ludwigs XIV., starb wie sein älterer Sohn (Herzog von Bretagne) und seine Frau Marie-Adelaide von Savoyen an den Masern: 236

Burgund, Ludwig Herzog von, 1751–1761, ältester Sohn des Dauphins Ludwig u. der Marie-Josèphe von Sachsen, Enkel Ludwigs XV.: 49, 165, 168 f., 228 f., 240

Burgund, Marie-Adelaide von Savoyen, Herzogin von, Mutter Ludwigs XV., starb 1712 an den Masern: 236

Byng, George, Viscount Torrington, 1663–1733, brit. Admiral im Span. Erbfolgekrieg, seit 1727 Lord der Admiralität, mußte 1756 gegen Marschall Richelieu die Festung Mahon auf Menorca räumen: 140

Chardin, Jean-Baptiste-Siméon, 1699–1779, malte nach niederl. Vorbildern: 228

Cavendish, Frederick Lord, brit. Regimentskommandeur, 1758 bei Saint-Cast durch den Herzog d'Aiguillon gefangengenommen, den Madame Pompadour in ihren Briefen deshalb mit »Cavendish« anredete: 172 ff., 229

Châteauroux, Marie-Anne de Nesle, Herzogin de, vormalige Marquise de La Tournelle, 1717–1744, einflußreiche Mätresse Ludwigs XV., Schwester von Louise de Mailly und Pauline de Vintimille: 9, 14, 17, 19, 24, 29, 45, 100, 150, 214, 238 f.

Chaulnes, Herzog de, Vertrauter der Madame Pompadour: 37, 49, 225

Chévreuse, Herzog de, Sohn des Herzogs de Luynes, zum Kreis der Königin Maria Leszczynska zählend: 10

Chévreuse, Herzogin de: 10, 14

Chimay: Fürstentum im Hennegau, seit 1612 im Besitz des Hauses Hénin-Riquet: 59

Choiseul-Amboise, Étienne-François Graf de Stainville, Herzog de, 1719–1785, aus lothringischer Familie, als Gesandter in Wien beteiligt am Bündnis mit Österreich, 1758–1770 Minister des Auswärtigen, 1761 Übernahme auch des Kriegsressorts, arrangierte die Ehe zwischen dem späteren Ludwig XVI. u. Erzherzogin Marie-Antoinette, verlor nach dem Tod der Pompadour an Einfluß, wurde gestürzt durch Madame du Barry: 73 f., 109, 147, 154, 156 f., 160 ff., 175, 186, 188, 190, 197, 226 f., 230, 243

Choiseul-Amboise, Louise-Honorine Crozat, Herzogin de: 161, 197

Dampierre, Monsieur de, Orchestermitglied im Theater der »Petits Appartements«: 37

Dancourt, Florent-Carton, eigentl. Sieur d'Ancourt, 1661–1725, Dramatiker
u. Schauspieler an der Comédie française: 216

Darini, Carlo, apostol. Nuntius in Paris: 214, 229

Dauphin, Titel der Grafen von Vienne, Herren der Dauphiné, seit 1349 Titel
des franz. Thronfolgers

Dauphin Ludwig (Louis-Stanislas) → Ludwig XVI. (Louis-Auguste)

Dauphine → Maria-Theresia, Dauphine u. → Marie-Josèphe (Maria-Josepha),
Dauphine

Daun, Leopold Graf von, 1705–1766, österr. Feldmarschall, Sieger von Kolin
(1757) u. Hochkirch (1758): 149, 243

Deffand, Marie-Anne Marquise du, 1697–1780, führte in Paris einen bedeu-
tenden lit. Salon: 32

Dehesse, Schauspieler im Theater der »Petits Appartements«: 38

Desmaret, Père, Beichtvater Ludwigs XV.: 125

Diderot, Denis, 1713–1784, Schriftsteller u. Philosoph, Mitherausgeber der
»Encyclopédie«: 93 f., 230

Dinant, Maler (Ausgestaltung von Bellevue): 65

Dombes, Prinz de, Enkel Ludwigs XIV. u. der Marquise de Montespan, Orchestermitglied im Theater der »Petits Appartements«: 38, 40

du Barry, Marie-Jeanne Bécu, Gräfin, 1743–1793, letzte Mätresse Ludwigs XV.,
während der Revolution wegen Unterstützung der königl. Familie hingerichtet: 100, 209, 220, 243

Dubois, Guillaume, 1656–1723, Erzieher Philipps von Orléans, 1715 Staatsrat, 1721 Kardinal, 1722 Leitender Minister, strebte Sicherheitssystem der
Großmächte an: 163

Dubois, Sekretär des Grafen d'Argenson: 73

du Fort, Maler (Ausgestaltung von Bellevue): 65

Dufresny, Charles, Seigneur de la Rivière, 1648–1724, Abkömmling Heinrichs IV., Verwalter der königl. Gärten u. Verf. geistvoller Lustspiele: 38,
216

Duplessis, Joseph-Siffred, 1725–1802, Porträtist der Hofgesellschaft: 228

Duras, Herzog de, Bekannter der Madame Pompadour aus dem Kreis der
Madame de Villemur: 36

Duvaux, Lazare, Kunsthändler: 164

Duverney → Pâris-Duverney

Elisabeth Farnese, Königin von Spanien, 1692–1766, Prinzessin von Parma,
zweite Ehefrau Philipps V., betrieb für ihre Söhne in Italien Expansions-
politik, Begründung bourbonischer Nebenlinien in Parma und Neapel-
Sizilien, Schwiegermutter der französischen Prinzessin Louise-Elisabeth:
151, 237

d'Esparbes, Gräfin, Vertraute der Madame Pompadour, von d'Argenson in
eine Intrige gegen die Marquise verwickelt: 231

d'Estrades, Gräfin, geb. Huguet de Semonville, durch ihren verst. Ehemann verwandt mit den Le Normants d'Étioles, bis zur Intrige um Madame Choiseul-Romanet langjährige engste Vertraute der Marquise de Pompadour: 18, 37, 41, 63, 70 ff., 107, 122, 168, 215, 218, 230

d'Estrées, Gabrielle, um 1573–1599, Marquise de Montceaux (1595), Herzogin de Beaufort (1597), Mätresse Heinrichs IV.: 14

d'Estrées, Louis-Charles-César le Tellier, Marquis de Courtanvaux, Herzog (seit 1763), 1695–1771, Marschall, siegte im Siebenjährigen Krieg bei Hastenbeck (1757) u. nahm Hannover ein: 130, 145 ff., 181, 242

d'Estrées, Marschallin: 148

d'Étioles, Alexandrine Le Normant, 1744–1754, Tochter der Madame Pompadour: 48 f., 52, 82, 91, 197, 239, 241

d'Étioles, Charles-Guillaume Le Normant, aus begüterter Familie, Ehrenritter des Oberlandesgerichts, heiratete 1741 Jeanne-Antoinette Poisson, Scheidung 1745: 13, 50 f., 86, 194, 213 f., 238

d'Étioles, Jeanne-Antoinette Le Normant → Pompadour, Jeanne-Antoinette Poisson, Marquise de

d'Évreux, Graf, verkaufte Madame Pompadour sein Palais: 63

Falconet, Étienne-Maurice, 1716–1791, Bildhauer, bedeutender Vertreter der franz. Rokokoplastik, lieferte Modelle für Porzellanmanufaktur Sèvres: 64

Favart, Charles-Simon, 1710–1792, Dramatiker: 193

Filleul, Julie, Ehefrau Abel Poissons, Marquis de Marigny: 60

Flavacourt, Madame de, aus der Familie Nesle, vom Herzog Richelieu als königl. Mätresse vorgeschlagen: 29

Fleury, André-Hercule de, 1653–1743, wurde von Ludwig XIV. zum Erzieher seines Urenkels bestimmt. 1726 wurde ihm durch Ludwig XV., für den er lange Zeit die Politik bestimmte, die Kardinalswürde verliehen. Ernennung zum Leitenden Minister: 69, 100, 107, 110, 114, 158, 213, 223, 226, 237, 239

Fontenelle, Bernard le Bouvier de, 1656–1756, Schriftsteller u. Philosoph, Verbreitung seiner Ideen durch die Enzyklopädisten: 16

Franz I. Stephan, 1708–1765, röm.-deutscher Kaiser seit 1745, Herzog von Lothringen, seit 1737 Großherzog von Toskana, heiratete 1736 die österr. Thronfolgerin Maria Theresia, Vater der franz. Königin Marie-Antoinette: 237 ff., 241, 243

Friedrich II., der Große, 1712–1786, seit 1740 preußischer König, löste durch seinen Einfall in Schlesien den österr. Erbfolgekrieg aus, machte Preußen zur Großmacht: 99 f., 110, 143, 147 ff., 154, 170, 178, 180, 189, 220, 225 f., 238 f., 241 ff.

Fronsac, Herzog de, Sohn des Herzogs Richelieu: 49

Georg I., 1660–1727, brit. König seit 1717 u. Kurfürst von Hannover (Georg-Ludwig), begründete die Personalunion der beiden Länder u. die Herrschaft des Hauses Hannover in Großbritannien: 236 f.

Georg II. August, 1683–1760, brit. König u. Kurfürst von Hannover seit 1727, engagierte sich stark auf dem Kontinent. Zunächst ein Parteigänger Maria-Theresias, folgte er widerstrebend dem Rat Pitts u. schloß 1756 ein Bündnis mit Preußen: 237, 239, 241

Gesvres, Herzog de, Gouverneur von Paris, Jugendfreund Ludwigs XV.: 66

Gontaut, Herzog de, Schwager Choiseuls, intimer Freund der Madame Pompadour: 197, 231

Gramont, Herzogin de, Schwester Choiseuls: 197

Gresset, Jean-Baptiste-Louis, 1709–1777, Mitglied der »Académie française«, Verfasser friv. Versdichtungen u. Bühnenstücke mit meist antiklerikalem Unterton: 216

Greuze, Jean-Baptiste, 1725–1805, malte Familienbilder u. moral. Genreszenen: 228

Guay, Jacques, Graveur: 164, 195 f., 197, 230

Guibaudet, Tanzlehrer von Jeanne-Antoinette Poisson: 11

Guimard, Schloßdiener: 80 f.

Hadik von Futak, Andreas, Reichsgraf, österr. Feldmarschall, stieß 1760 im Siebenjährigen Krieg bis Berlin vor: 149

d'Hautefort, Marquis, Gesandter in Wien: 101

Hausset, Madame du, Kammerfrau der Madame Pompadour, verfaßte minutiöse Aufzeichnungen über das Privatleben der Marquise: 42, 48, 59, 80 f., 127, 158, 164, 186, 209, 218 ff., 223, 231

Heinrich IV., 1553–1610, franz. König seit 1589 nach der Konversion zum Katholizismus (»Paris ist eine Messe wert«), Sohn Antoines de Bourbon, eines Bruders Louis' I., Prinz de Condé, und der Erbin Navarras, Jeanne d'Albret, Begründer der bourbonischen Dynastie, vorher König von Navarra u. Führer der Hugenotten, wurde ermordet: 7, 14, 100, 139, 150, 224

Hénault, Ch.-J.-F., Präsident des Parlaments von Paris: 10, 12, 70, 76, 88, 198

Hildburghausen-Sachsen, Herzog von, im Siebenjährigen Krieg Befehlshaber der mit Österreich verbündeten Reichsarmee: 154

Hoym, Graf von, gab Meißener Fabrikationsverfahren preis: 95

Issé, Bühnenautor: 216

Janelle, Generalpostmeister: 28, 77, 128, 169, 198

Jansen, Cornelius, 1585–1638, Bischof von Ypern, Begründer des Jansenismus: 222

Jéliotte, Pierre, Gesangslehrer von Jeanne-Antoinette Poisson: 11

Karl III. (Don Carlos), 1716–1788, span. König seit 1759, Sohn Philipps V. u. der Elisabeth Farnese, erhielt 1732 das Herzogtum Parma-Piacenza (durch Erbe) u. 1735 das Königreich Neapel-Sizilien (bis 1759 als Karl IV.): 238

Le Normant, Elisabeth de Francini, Mutter von Monsieur Le Normant d'Étioles: 213

Le Normant, Hervé-Guillaume, Vater von Monsieur Le Normant d'Étioles: 213

Leroy, G., Oberjagdmeister, schrieb Erinnerungen nieder: 212

Lespinasse, Julie de, 1732–1776, Schriftstellerin u. Salonière: 32

Levis, Monsieur de, befehligte eine Vorhut bei Johannisberg (1762): 181 f.

Liechtenstein, Joseph-Wenzel Fürst von, Oberbefehlshaber der österr. Truppen in Oberitalien (1746): 240

Ligne, Charles-Joseph Fürst von, 1735–1814, aus dem Hennegau stammend, seit 1752 in österr. Diensten, Teilnahme am Siebenjährigen Krieg, 1814 Feldmarschall, umfangreicher polit. u. lit. Briefwechsel: 47

L'Isle, Erbauer des Schlosses Bellevue: 64

Lothringen, Karl von, 1712–1780, jüngerer Bruder Franz' I. Stephan, österr. Heerführer u. 1748 Statthalter der österr. Niederlande: 239

Louise-Elisabeth (Madame Première), 1727–1759, franz. Prinzessin, älteste Tochter Ludwigs XV., 1739 Heirat mit dem span. Infanten Philipp (1748 Herzog von Parma-Piacenza): 238

Louise-Marie (Madame Huitième), 1737–1787, franz. Prinzessin, jüngste Tochter Ludwigs XV.: 228

Lovendal, Marschall, Däne in franz. Diensten: 59

Luc, Louis Graf de (»Demi-Louis«), geb. 1741, natürl. Sohn Ludwigs XV. u. der Pauline de Vintimille: 48, 187, 214, 238

Ludwig XIII., 1601–1643, franz. König seit 1610, Sohn Heinrichs IV. u. der Maria von Medici, zunächst unter der Regentschaft seiner Mutter stehend, berief er 1624 Kardinal Richelieu zum Leitenden Minister u. 1642 Kardinal Mazarin zu dessen Nachfolger: 150

Ludwig XIV., 1638–1715, seit 1643 König von Frankreich, Sohn Ludwigs XIII. u. der Anna von Österreich, zunächst unter der Regentschaft seiner Mutter u. der des Kardinals Mazarin stehend, verkörperte er als Sonnenkönig den Höhepunkt der absolut. Monarchie, deren Niedergang sich bei seinem Tod schon andeutete: 7, 33, 47 f., 100, 121, 136, 150, 152, 161, 187, 190, 199, 211 f., 236

Ludwig XV., 1710–1774, franz. König seit 1715, Herzog von Anjou, Sohn Ludwigs Herzog von Burgund u. der Marie-Adelaide von Savoyen, Urenkel des Sonnenkönigs, rangierte bei seiner Geburt hinter Großvater Ludwig (Grand Dauphin), Vater u. älterem Bruder (Ludwig Herzog von Bretagne) in der Thronfolge nur an vierter Stelle, stand zunächst unter der Regentschaft Philipps von Orléans, dann des Herzogs von Bourbon-Condé, 1726 Übernahme der Regierungsgeschäfte u. Ernennung des Kardinals Fleury zum Leitenden Minister, verh. mit Maria Leszczynska (seit 1725)

Ludwig XVI. (Louis-Auguste), 1754–1793, franz. König seit 1774, Herzog von Berry, Enkel Ludwigs XV. u. zweiter Sohn des Dauphins Ludwig (Louis-Stanislas) u. der Marie-Josèphe von Sachsen, nach dem Tod des älteren Bruders Ludwig (Herzog von Burgund) u. des Vaters ab 1765 Dauphin, starb mit seiner Frau Marie-Antoinette von Österreich unter der Guillotine: 118, 205, 241, 243 f.

Ludwig XVIII., 1755–1824, franz. König seit 1814, Graf von Provence, jüngerer Bruder Ludwigs XVI., kehrte als legit. Thronerbe aus dem Exil zurück, errichtete eine konstit. Monarchie: 195, 205, 244

Ludwig (Louis-Stanislas), Dauphin, 1729–1765, Sohn Ludwigs XV. u. Maria Leszczynskas, Anhänger der erzkath. Partei bei Hof, verh. mit Maria-Theresia von Spanien, dann mit Marie-Josèphe von Sachsen, Vater Ludwigs XVI., Ludwigs XVIII. und Karls X.: 14 ff., 19, 24 ff., 45, 65, 71, 83, 120, 123, 125, 143, 150, 156, 163, 165 ff., 187, 228, 237, 239 f., 243

Ludwig, le Grand Dauphin, 1661–1711, Sohn Ludwigs XIV. und Großvater Ludwigs XV.: 236

Lützelbourg, Herzogin de, »Grand' femme« in den Briefen der Madame Pompadour: 165 ff.

Luxembourg, Herzog de, lebte wegen Auflösung des Herzogtums Luxembourg (1714) am franz. Hof: 16

Luynes, Herzog de, zum Kreis der Königin Maria Leszczynska gehörend, Verf. eines mehrbändigen Memoirenwerks: 10, 40, 209, 213 ff., 219, 224 f., 230

Luynes, Herzogin de, Hofdame der Königin Maria Leszczynska: 10, 26, 61, 87 f.

Luynes, Kardinal de, Bruder des Herzogs: 10

Machault d'Arnouville, Jean-Baptiste de, 1701–1794, Generalkontrolleur der Finanzen 1745–1754, Staatssekretär für Marineangelegenheiten 1754–1757, Günstling der Madame Pompadour: 58, 71, 86, 97, 103, 114, 118, 120, 126 f., 225, 239, 241 f.

Maillebois, Graf de, Darsteller im Theater der »Petits Appartements«, Verwandter der Madame d'Estrades: 38, 75

Mailly, Graf de, Ehemann der Louise de Mailly-Nesle: 214

Mailly, Louise de Nesle, Gräfin de, 1710–1751, seit 1738 offizielle Mätresse Ludwigs XV., Schwester von Pauline de Vintimille u. Marie-Anne de Châteauroux: 17, 21, 45, 214, 238

Maine, Louis-Auguste de Bourbon, Herzog de, 1670–1736, natürl. Sohn Ludwigs XIV. u. der Marquise de Montespan: 48

Maintenon, Françoise d'Aubigné, Marquise de, 1635–1692, seit 1669 Erzieherin der Kinder Ludwigs XIV. u. der Marquise de Montespan, Geliebte, später heiml. zweite Ehefrau des Sonnenkönigs: 199

Malesherbes, Chrétien-Guillaume Lamoigne de, 1721–1794, Direktor der Hofbibliothek, förderte die Verbreitung des »Encyclopédie«: 109

Maria-Antonia, Kurfürstin von Sachsen, Frau des Kurfürsten Friedrich-Christian (Bruder der Dauphine Marie-Josèphe): 104

Maria-Josepha, Kurfürstin von Sachsen, Königin von Polen, 1699–1757, Tochter Kaiser Josephs I., verh. mit August III., Mutter der Dauphine Marie-Josèphe: 170, 229

Maria Leszczynska, Königin von Frankreich, 1703–1768, Tochter des polnischen Exkönigs Stanislaus Leszczynski, seit 1725 verh. mit Ludwig XV., zwischen 1727 u. 1737 zehn Kinder, darunter acht Töchter (Mesdames de France), ein zweiter Sohn (Philipp Herzog von Anjou) starb als Säugling: 9 f., 18 f., 25 ff., 40, 45, 74, 79, 87, 92, 121, 125, 167, 192, 198, 214 ff., 237, 243

Maria-Theresia, Dauphine, 1726–1746, span. Infantin, Tochter Philipps V., seit 1744 verh. mit Dauphin Ludwig, Schwiegertochter Ludwigs XV., starb bei der Geburt ihrer Tochter Marie-Thérèse: 14, 16, 24, 239 f.

Maria Theresia, Erzherzogin von Österreich, 1717–1780, Tochter Kaiser Karls VI., gemäß Pragmat. Sanktion dessen alleinige Nachfolgerin in den habsburgischen Erblanden (1740), Königin von Ungarn u. Böhmen, als Frau Kaiser Franz I. Stephan Kaiserin des röm.-deutschen Reiches (1745–1765), Mutter der franz. Königin Marie-Antoinette: 99 ff., 110 f., 141 f., 145 ff., 150 f., 153, 156 f., 180, 222, 237 ff., 241, 243

Marie-Antoinette, Königin von Frankreich, 1755–1793, Erzherzogin von Österreich, Tochter Maria Theresias u. Kaiser Franz I. Stephan, seit 1770 verh. mit dem späteren Ludwig XVI., während der Rev. hingerichtet: 205, 241, 243

Marie-Josèphe (Maria-Josepha), Dauphine, 1731–1767, Tochter des sächs. Kurfürsten u. poln. Königs August III. u. der Maria-Josepha von Österreich, zweite Ehefrau des Dauphins Ludwig (seit 1747), zahlreiche Kinder, darunter die Könige Ludwig XVI., Ludwig XVIII. u. Karl X.: 166 ff., 170, 177, 222, 228 f., 240, 243

Marie-Thérèse (La petite Madame), 1746–1748, Tochter des Dauphins Ludwig u. der Maria-Theresia von Spanien: 165 f., 240

Marigny, Abel de Vandières, Marquis de → Poisson, Abel-François

Marlières, Orchestermitglied im Theater der »Petits Appartements«: 38

Marmontel, Jean-Francois, 1723–1799, Verf. von Tragödien, kom. Opern u. Romanen, 1771 Historiograph von Frankreich, 1783 Sekretär der »Académie française«: 92 f.

Marsan, Gräfin de, Schwester des Prinzen Soubise: 146

Maupeou, René-Nicolas, 1714–1792, Präsident des Pariser Parlaments (1763–1768), 1768 mit dem Justizressort betraut, entmachtete 1771 das Parlament u. beschnitt Privilegien des Amtsadels, fiel bei Ludwig XVI. in Ungnade: 117, 212

Maupertuis, Pierre-Louis Moreau de, 1698–1759, Physiker u. Mathematiker, 1746 auf Betreiben Voltaires Präsident der preuß. Akademie der Wissenschaften: 16

Maurepas, Jean-Frédéric Phélypeaux, Graf de, 1701–1781, Staatssekretär für Marineangelegenheiten 1723–1749, auf Betreiben der Madame Pompadour verbannt, dann seit 1774 Leitender Minister: 24, 35, 44 ff., 62, 68, 74, 109, 129, 224, 240

Mazarin, Jules, eigentl. Giulio-Raimondo Mazzarino, 1602–1661, aus siz. Adel, ab 1640 in franz. Diensten, Mitarbeiter des Kardinals Richelieu, 1641 Verleihung der Kardinalswürde, 1643 Regent des unmündigen Ludwig XIV. und Leitender Minister, sicherte vor allem auf Kosten Österreichs die franz. Vormachtstellung: 100

Biographien

Dirk Van der Cruysse

»Madame sein ist ein ellendes Handwerck«

Liselotte von der Pfalz – eine deutsche Prinzessin am Hofe des Sonnenkönigs. Aus dem Französischen von Inge Leipold. 752 Seiten. SP 2141

Ein unvergleichliches Bild ihrer Zeit hat Liselotte von der Pfalz in ihren 60000 Briefen hinterlassen. In diesen Universalreportagen beschreibt sie ihr Leben am Hof ihres Schwagers, des Sonnenkönigs Ludwig XIV., freimütig, spöttisch, oft derb. Die Intrigen und Ränkespiele, die politischen Krisen und die glänzenden Feste bei Hof fanden in »Madame«, der Tochter des Kurfürsten Karl Ludwig von der Pfalz, eine kluge und geistreiche Beobachterin.

»Van der Cruysses Werk berichtet so frisch, wie es seinem Objekt zukommt.«
Die Zeit

»Dirk Van der Cruysse gelang es in bravouröser Weise, diese ungewöhnliche Frau zu rehabilitieren.«
Die Welt

Helga Thoma

»Madame, meine teure Geliebte ...«

Die Mätressen der französischen Könige. 251 Seiten mit 11 Porträts. SP 2570

Die Herrscher des 17. und 18. Jahrhunderts konnten zwar ungehindert Kriege führen, Abgaben eintreiben und Schlösser bauen, beim Heiraten aber mußten sie sich der Staatsräson beugen: Fürstenehen hatten den dynastischen Erfordernissen zu entsprechen, der Repräsentation zu dienen und Thronerben hervorzubringen. Fürs Herz hielten sich insbesondere die französischen Könige Mätressen: geistreiche, schöne, sinnliche Frauen, die mit Intelligenz und diplomatischem Geschick erheblichen Einfluß auf die Staatsgeschäfte der Monarchen gewannen. Daß sie keineswegs nur genußsüchtige, eitle und verruchte Geschöpfe waren, zeigt Helga Thoma in sieben Porträts berühmter Mätressen der französischen Könige, und sie bricht eine Lanze für diese Frauen, die beim Volk verhaßt, aber bei Hof von großem Einfluß waren.

Biographien

Joan Haslip
Marie Antoinette

Ein tragisches Leben in stürmischer Zeit. Aus dem Englischen von Christian Spiel. 436 Seiten. SP 1743

Marie Antoinette, jüngste Tochter der österreichischen Kaiserin Maria Theresia, war ein Opfer der Politik. Um einen alten Erbfeind als neuen Verbündeten zu gewinnen, wurde sie völlig unvorbereitet mit vierzehn Jahren an den späteren König Ludwig XVI. verheiratet. Das unpopuläre Bündnis und die Heirat stießen in Frankreich auf bittere Ablehnung. Königin Marie Antoinette war den Intrigen bei Hof nicht gewachsen und geriet schnell ins politische Abseits. Sie übersah die Zeichen der Zeit und beschleunigte die tragischen Ereignisse. Die Französische Revolution bedeutete das Ende der absolutistischen Monarchie, das mit der öffentlichen Hinrichtung des Königspaars besiegelt wurde. Joan Haslip zeichnet ein einfühlsames Bild dieser widersprüchlichen Herrscherin.

Friedrich Weissensteiner
Franz Ferdinand

Der verhinderte Herrscher. 246 Seiten mit 77 Abbildungen. SP 1532

Eine bekannte Figur auf der geschichtlichen Bühne ist Franz Ferdinand vor allem durch seinen Tod. Die Schüsse von Sarajewo haben den Plänen ein gewaltsames Ende gesetzt, die dieser markanteste Kopf der ausgehenden Donaumonarchie für sein Land entworfen hatte.

Die rote Erzherzogin

Das ungewöhnliche Leben der Tochter des Kronprinzen Rudolf. 288 Seiten mit 27 Abbildungen. SP 1527

Reformer, Republikaner und Rebellen

Das andere Haus Habsburg-Lothringen. 320 Seiten. SP 1954

Die »anderen« Habsburger, das sind die Aufklärer und Liberalen im Erzhaus.

Große Herrscher des Hauses Habsburg

700 Jahre europäische Geschichte. 384 Seiten mit zahlreichen Abbildungen. SP 2549

Biographien

Thea Leitner

Habsburgs verkaufte Töchter

272 Seiten mit 16 Abbildungen. SP 1827

Thea Leitner bringt in ihrem Bestseller eine unbekannte Seite der europäischen Geschichte zur Sprache, nämlich die Biographien Habsburger Prinzessinnen, die schon im Kindesalter der Politik verschrieben wurden. Obwohl von Kindesbeinen an über sie verfügt wurde, waren sie als erwachsene Frauen keineswegs passive Opfer ihrer Herkunft.

Habsburgs vergessene Kinder

288 Seiten mit 34 Abbildungen. SP 1865

Thea Leitner verfolgte die Spuren von Nachkommen des Erzhauses, die von der Geschichtsschreibung bislang kaum beachtet wurden. Dabei stieß sie auf Menschen »mit ihren Ängsten und Leidenschaften und Verstrickungen, ihren heroischen Höhepunkten und ihren abgrundtiefen Nöten«.

Skandal bei Hof

Frauenschicksale an europäischen Königshöfen. 320 Seiten SP 2009

Vor dem Hintergrund europäischer Politik eröffnen diese erschütternden Tragödien ein Gesellschaftsbild, das die Skandale heutiger gekrönter Häupter als harmlose Geschichten erscheinen läßt.

Die Männer im Schatten

An der Seite berühmter Herrscherinnen. 260 Seiten mit 35 Abbildungen. SP 2324

Mit kriminalistischem Spürsinn folgt Thea Leitner dem Leben der Ehemänner berühmter Frauen: Maria Stuart, Katharina die Große, Maria Theresia und Queen Victoria. Sie beschreibt anschaulich, unterhaltsam und kenntnisreich die zu Nebenrollen verdammten Männer und wirft damit ein neues Licht auf die Biographien der berühmten Frauen.

Fürstin, Dame, Armes Weib

Ungewöhnliche Frauen im Wien der Jahrhundertwende. 352 Seiten mit 38 Abbildungen. SP 1864

Biographien

Brigitte Hamann
Elisabeth

Kaiserin wider Willen. 660 Seiten mit 57 Fotos. SP 2990

Das übliche süße Sisi-Klischee wird man in diesem Buch vergeblich suchen: Elisabeth, Kaiserin von Österreich, Königin von Ungarn, war eine der gebildetsten und interessantesten Frauen ihrer Zeit; eine Königin, die sich von den Vorurteilen ihres Standes zu befreien vermochte. Häufig entfloh sie der verhaßten Wiener »Kerkerburg«, weil sie nicht bereit war, sich von den Menschen »immer anglotzen« zu lassen. Statt dessen war sie monatelang auf Reisen, lernte Sprachen und trieb – im Rittersaal der Hofburg! – Sport. Schon vor dem Attentat war sie eine legendäre Figur geworden.

Meine liebe, gute Freundin!

Die Briefe Kaiser Franz Josephs an Katharina Schratt aus dem Besitz der Österreichischen Nationalbibliothek. Herausgegeben und kommentiert von Brigitte Hamann. 560 Seiten mit zahlreichen Abbildungen. SP 2228

Rudolf

Kronprinz und Rebell. 534 Seiten mit 35 Abbildungen. SP 800

»... ein Buch, das keineswegs nur historisch interessierte Leser fesseln kann, sondern auch eine reiche Fundgrube für psychologisch Interessierte bedeutet, weil Rudolfs späteres unglückliches Schicksal hier ganz klar und eindeutig aus den katastrophalen äußeren Umständen seiner Kindheit und Erziehung erklärt wird.«

Wochenpresse, Wien

Kronprinz Rudolf »Majestät, ich warne Sie...«

Geheime und private Schriften. Herausgegeben von Brigitte Hamann. 448 Seiten. SP 824

Diese Schriften geben einen aufschlußreichen Einblick hinter die Kulissen der k.u.k. Monarchie.

»Hier kommt der Kronprinz unmittelbar zu Wort... Es spricht ein erschütternd wirkender Zeuge für eine sich ausweglos abzeichnende Lage, die der sensible Prinz offenbar schon sehr früh erkannt hatte und nicht ändern konnte.«

Die Presse, Wien

SERIE PIPER

Biographien

Bruno Keiser

Adelheid
Königin, Kaiserin, Heilige

*Ein Leben in bewegter Zeit.
272 Seiten. SP 2995*

Daß auch Frauen Geschichte machen, beweist Adelheid (931 bis 999), Königin von Italien (947) und als Gemahlin Ottos des Großen Kaiserin des Römischen Reiches (962). Sie entwickelte schon damals ein Konzept von Europa und wirkte mit bei der Gestaltung und Bewahrung des entstehenden Reiches. Mit Hartnäckigkeit und Machtbewußtsein, mit Charme und Diplomatie setzte sie ihre Ziele durch. Ihr Leben spielte sich nicht nur in Palästen und Pfalzen ab, sondern auch im Kerker, auf Feldzügen und Reichstagen. Als Gründerin eines Klosters in Selz im Elsaß wurde sie 1097 heiliggesprochen. Das anschaulich erzählte Lebensbild einer klugen und tatkräftigen Herrscherin zur Zeit der letzten Jahrtausendwende läßt zugleich ein faszinierendes Bild der Zeit entstehen.

Jacqueline Dauxois

Der Alchimist von Prag
Rudolf II.
von Habsburg

Eine Biographie. Aus dem Französischen von Annette Meyer-Prien. 335 Seiten. SP 2764

Er fühlte sich immer von der dunklen und unheilvollen Seite des Universums angezogen: Sechsunddreißig Jahre herrschte Kaiser Rudolf II. über das Römische Reich Deutscher Nation. Er war einerseits ein kluger, den Künsten und den neuen Wissenschaften zugewandter Herrscher, ein leidenschaftlicher Sammler und Kunstmäzen, andererseits ein mißtrauischer, einsamer, in abstruse Phantasien eingesponnener Mensch. Rudolf II. verlegte den Hof von Wien nach Prag, das unter seiner Führung zu einer europäischen Metropole von Rang aufstieg, und umgab sich mit den besten Wissenschaflern der Zeit.

»Eine farbige Gestalt, die auch der heutigen Rehembogenpresse sehr zupaß käme.«
Stuttgarter Zeitung

Biographien

Jean Sévillia

Zita

Kaiserin ohne Thron.
Aus dem Französischen von
Elisabeth Mainberger-Ruh.
359 Seiten. SP 3007

Zita, die letzte Kaiserin von Österreich, Königin von Ungarn und von Böhmen, wurde 1918 nach nur zweijähriger Regierungszeit entthront und lebte seit 1919 im Exil. Sie wurde 1892 in ein dynastisch geprägtes Europa hineingeboren und erlebte im Lauf ihres beinahe hundertjährigen Lebens den Zusammenbruch des österreichisch-ungarischen Habsburger-Reichs, die Abschaffung einer Vielzahl von Monarchien, zwei Weltkriege, den Kalten Krieg und schließlich den Untergang des Kommunismus. In seiner kenntnisreichen Biographie schildert Jean Sévillia nicht nur das Leben einer berühmten Frau, sondern zugleich die bewegte europäische Geschichte des 20. Jahrhunderts.

Hélène Carrère d'Encausse

Nikolaus II.

Das Drama des letzten Zaren.
Aus dem Französischen von
Jochen Grube.
566 Seiten. SP 3001

Als Nikolaus II. (1868–1917) im Jahr 1894 den Thron bestieg, trat er ein geschichtsmächtiges Erbe an – Rußland befand sich im Stadium des Übergangs und war auf dem Weg zur Neubestimmung seiner selbst. Mit der traditionellen Autorität seines Amtes versuchte er, politische und soziale Reformen durchzusetzen und sein Land für den Westen zu öffnen. Sein Leben war geprägt von der ganz Europa betreffenden Frage, ob das Riesenreich im Osten in der Lage sein würde, sich zu erneuern, ohne in Chaos und Barbarei zu versinken. Hélène Carrère d'Encausse, eine der besten Kennerinnen der russischen Geschichte, schildert in dieser glänzend geschriebenen Biographie die gesellschaftlichen und wirtschaftlichen Hintergründe dieser Epoche des Umbruchs.

SERIE PIPER

Biographien

Heinz Ohff

Der grüne Fürst

Das abenteuerliche Leben des Hermann Pückler-Murskau. 372 Seiten mit 30 Abbildungen. SP 1751

Ein luxusverwöhnter, exzentrischer Snob, der Duelle focht und mehr Liebschaften hatte als Casanova: ein Abenteurer, der zu Pferd halb Afrika durchquerte, von höchstem Adel, aber republikanisch gesinnt, begabter Autor, genialer Gartenarchitekt: So jemanden wie den Fürsten Pückler-Muskau hat es im Deutschland des 19. Jahrhundert nicht noch einmal gegeben.

Ein Stern in Wetterwolken

Königin Luise von Preußen. Eine Biographie. 493 Seiten mit 34 Abbildungen. SP 1548

Heinz Ohff zeichnet in seiner Biographie das Bild einer Frau zwischen Legende und Historie und vermittelt zugleich einen lebendigen Eindruck der damaligen Zeit.

»Ein lesenswertes, kluges Buch.«
Die Presse

Karl Friedrich Schinkel oder Die Schönheit in Preußen

285 Seiten mit 38 Scharzweiß-Abbildungen. SP 2965

In seinem kurzen Leben hat Karl Friedrich Schinkel die Schönheit Preußens erfunden. Es gibt nichts, was Schinkel nicht gebaut hätte: staatliche Gebäude, Akademien, Kirchen, Kasernen, Repräsentationsbauten. Wer Berlin und Brandenburg heute bereist, stößt überall auf seine Spuren. Der große Biograph Heinz Ohff erzählt mit der ihm eigenen Leichtigkeit Schinkels Leben für und mit der Architektur. Der Bogen spannt sich über eine politisch bewegte Zeit von den Napoleonischen Kriegen bis in die Mitte des 19. Jahrhunderts mit dem Vordringen von Wissenschaft und Technik.

Biographien

Martha Schad
Bayerns Königinnen
407 Seiten mit 4 Abbildungen.
SP 2569

Über die aus dem Hause Wittelsbach stammenden Monarchen gibt es zahlreiche Veröffentlichungen. Doch wer waren die Frauen an der Seite dieser kunstsinnigen Herrscher? Bayerns Königinnen stammten alle aus führenden Dynastien Europas, waren schön und hochgebildet. Sie wirkten vor allem in ihren Familien, engagierten sich aber auch auf sozialem und kulturellem Gebiet, sie förderten Toleranz, Frömmigkeit und Liberalität im jungen Königreich, erlebten politische Niederlagen genauso wie privates Glück. Für ihre biographischen Studien zog Martha Schad bisher unerschlossene Briefe und Tagebücher aus dem Geheimen Hausarchiv der Wittelsbacher heran und schildert eindrucksvoll und kurzweilig das öffentliche und private Leben der bayerischen Herrscherinnen.

Kaiserin Elisabeth und ihre Töchter
201 Seiten mit einunddreißig Farb- und achtundzwanzig Schwarzweißabbildungen.
SP 2857

Einundzwanzig Salutschüsse kündigten 1855 die Geburt von Erzherzogin Sophie von Österreich an, der ersten Tochter des österreichischen Kaiserpaars Elisabeth und Franz Joseph. Ein Jahr später wurde Erzherzogin Gisela geboren. Als nach dem plötzlichen Tod der gerade zweijährigen Sophie endlich der ersehnte Thronfolger Rudolf zur Welt kam, war die Freude am Hof und beim Volk überwältigend. Zehn Jahre später folgte Marie Valérie, der erklärte Liebling von Mutter Elisabeth, der kleine Sonnenschein am Kaiserhof. Martha Schad schöpft für diese Familienchronik wie eine intime Freundin aus dem privaten Fundus der Kaiserfamilie. Anhand von Briefen, Tagebüchern, Gemälden und Photographien folgt sie den Lebenswegen der Töchter der Kaiserin und denen ihrer Nachkommen bis in die Gegenwart.

SERIE PIPER

SERIE PIPER

Reinhard Raffalt

Große Kaiser Roms

290 Seiten mit 11 Abbildungen.
SP 499

Wie lebten die römischen Kaiser? Wie regierten sie ihr großes Weltreich? In elf Porträts werden so berühmte Kaiser wie Cäsar, Augustus, Tiberius, Nero, Hadrian, Marc Aurel, Diokletian oder Konstantin vorgestellt, und es wird erzählt, wie sie die Geschichte und Bedeutung Roms maßgeblich bestimmt haben. Glanz und Verfall des Imperium Romanum, der politischen und kulturellen Weltmacht Rom, haben jahrhundertelang die Phantasie von Historikern und Erzählern beschäftigt. Reinhard Raffalt kennt sich aus in Kunst- und Religionsgeschichte und versteht es, aus trockenen historischen Daten lebendige, anschauliche Geschichte zu machen.

»Das Buch ist ein großer Wurf.«
Bayerischer Rundfunk

Manfred Fuhrmann

Cicero und die römische Republik

Eine Biographie. 347 Seiten mit zwei Karten, Stamm- und Zeittafel.
SP 1219

Marcus Tullius Cicero (106–43 v. Chr.) war bereits zu seinen Lebzeiten eine der berühmtesten und zugleich umstrittensten Persönlichkeiten des geistigen und politischen Lebens in Rom. Eine Fülle von Privatbriefen, Prozeß- und Staatsreden legt beredtes Zeugnis ab von Leben und Werk dieses Staatsmannes, Schriftstellers und Philosophen, der bald zum Klassiker lateinischer Eloquenz avancierte und maßgeblich die europäische Geistesgeschichte beeinflußte. Welches waren die Voraussetzungen und Hintergründe für das Denken und Handeln dieses Mannes, was waren seine Motive? Manfred Fuhrmann vermittelt in dieser Biographie gerade auch dem nicht einschlägig Vorgebildeten ein anschauliches Bild des Mannes Cicero.

James Cleugh

Die Medici

*Macht und Glanz einer
europäischen Familie. Aus dem
Amerikanischen von Ulrike von
Puttkamer. 489 Seiten mit
149 Abbildungen. SP 2321*

Die Chronik einer Familie, die
wie keine andere die Kultur
der Renaissance verkörperte.

Die Medici gehören zu den
großen Familien, die die europäische Geschichte und Kultur
entscheidend geprägt haben.
Sie waren Bankiers, Feldher-
ren, Päpste, Herzöge, Königinnen, Despoten, aber auch
geniale Förderer von Kunst
und Wissenschaft. Unter ihrer
Führung wurde Florenz zum
kulturellen Mittelpunkt Europas.

Unter den großen Familien,
die den Lauf der europäischen
Geschichte prägten, hat wohl
kaum ein Name helleren
Glanz als jener der Familie
Medici. Ob als Bankiers, Feld-
herren, Päpste, Herzöge, Despoten oder geniale Förderer
von Kunst und Wissenschaft –
die Medici haben auf vielen
Gebieten Weltruhm erlangt.
Sie gaben der römischen Kirche zwei Päpste und Frank-

reich zwei Königinnen. Der
Welt schenkten sie als großzü-
gige Mäzene der Kunst unver-
gleichliche Meisterwerke. Im
Mittelpunkt dieser Familienchronik steht deshalb auch die
strahlende Gestalt Lorenzos
des Prächtigen, des Staatsmannes und Dichters – die
ideale Verkörperung des Re-
naissance-Menschen. Er war
Förderer von Leonardo, Botti-
celli und Michelangelo. Unter
seiner Führung wurde Florenz
zum intellektuellen Zentrum
Europas. James Cleugh er-
zählt von den Verwicklungen
der Renaissance-Politik, den
Intrigen, Liebschaften, Kriegen und Morden der Medici,
und er befreit die Überliefe-
rung von Legenden und halben Wahrheiten. Das Ergeb-
nis ist eine einzigartige Chronik einer Familie, die dreihundert Jahre in Florenz herrschte
und deren Vermächtnis den
menschlichen Geist noch jahrhundertelang bewegt hat.

SERIE
PIPER

Mutter von Arthur Schopenhauer und Freundin Goethes

Johanna Schopenhauer
Im Wechsel der Zeiten, im Gedränge der Welt
Jugenderinnerungen, Tagebücher, Briefe
Herausgegeben sowie mit einer Einleitung und Wort- und Sacherklärungen
versehen von Rolf Weber
520 Seiten. Gebunden mit Schutzumschlag. ISBN 3-538-07107-1

Johanna Schopenhauer war eine berühmte Schriftstellerin und Weimarer
Salonniere, die mit viel Witz und Verstand offen für alle Eindrücke des Lebens
war. – Eine Fundgrube für Leben, Sitten und Bräuche des wohlhabenden
Bürgertums in Danzig und das kulturelle Leben in Weimar zur Zeit Goethes.

 **Artemis & Winkler**